本教材由江苏大学研究生教材建设专项基金资助出版

国际中文课堂
教学与管理案例分析

王丽媛　任晓霏　付　丽　编　著
黄雪云　参　编

东南大学出版社
SOUTHEAST UNIVERSITY PRESS
·南京·

内容提要

本书是国际中文教师及志愿者在国内外中文课堂上开展汉语教学的基础上汇编而成的,旨在呈现真实的国际中文课堂原貌,挖掘国际中文教师在教学中的奇思妙想,提炼汉语教学经验,总结教学及课堂管理中的常见问题,为国际中文教学研究及教学实践能力培养提供真实的研究素材,同时也为有志于从事国际中文教学工作的爱好者提供参考和借鉴。

本书中的海外案例来源于在英国、美国、奥地利、泰国、毛里求斯、南非、多米尼加、印度尼西亚等国任教的国际中文教师和志愿者。国内案例主要来源于江苏大学、南京师范大学、青岛大学、渭南师范学院等院校的国际中文教师和助理教师。

本书中的案例编写突出实践性和应用性,将一线教师的汉语课堂真实地呈现出来,并附上同行的分析点评,力求从多角度进行客观分析与述评,尽可能从年轻的国际中文教师视角展开对话,提供更真实、更接地气的教学设计、管理和建议。

图书在版编目(CIP)数据

国际中文课堂教学与管理案例分析 / 王丽媛,任晓霏,付丽编著. -- 南京:东南大学出版社,2025.6. -- ISBN 978-7-5766-2223-2

I. H195.3

中国国家版本馆 CIP 数据核字第 2025PD7604 号

责任编辑:刘 坚(635353748@qq.com) 责任校对:子雪莲
封面设计:王 玥 责任印制:周荣虎

国际中文课堂教学与管理案例分析
Guoji Zhongwen Ketang Jiaoxue Yu Guanli Anli Fenxi

编 著	王丽媛 任晓霏 付 丽
出版发行	东南大学出版社
出 版 人	白云飞
社 址	南京市四牌楼2号(邮编:210096 电话:025-83793330)
经 销	全国各地新华书店
印 刷	广东虎彩云印刷有限公司
开 本	787mm×1092mm 1/16
印 张	15
字 数	300 千字
版 次	2025年6月第1版
印 次	2025年6月第1次印刷
书 号	ISBN 978-7-5766-2223-2
定 价	69.00元

本社图书若有印装质量问题,请直接与营销部调换。电话(传真):025-83791830

前 言 PREFACE

《国际中文课堂教学与管理案例分析》是在国际中文教师及志愿者在国内外中文课堂上开展汉语教学的基础上汇编而成的,旨在呈现真实的国际中文课堂原貌,挖掘国际中文教师在教学中的奇思妙想,提炼汉语教学经验,总结教学及课堂管理中的常见问题,为国际中文教学研究及教学实践能力培养提供真实的研究素材,同时也为有志于从事国际中文教学工作的爱好者提供参考和借鉴。

《国际中文课堂教学与管理案例分析》中海外案例大部分来源于英国、美国、奥地利、泰国、毛里求斯、南非、多米尼加、印度尼西亚等国际中文教师和志愿者。国内案例主要来源于江苏大学、南京师范大学、青岛大学、渭南师范学院等院校的国际中文教师和助理教师。

本案例的编写突出实践性和应用性,将一线教师的汉语课堂真实地呈现出来,并附上分析点评,力求从多角度进行客观分析与述评,尽可能从年轻的国际中文教师视角展开对话,提供更真实、更接地气的教学设计、管理和建议。

国际中文教学环境、教学对象以及教学目标的多元化和多样性特点为国内国际中文教师人才培养提出了诸多挑战。当前针对不同国家和地区的汉语推广情况开展相应的汉语教学需要具备哪些基本的语言能力和教学素养,如何培养符合时代需求,拥有创新实践教学能力的国际中文教师成为重要的课题。《国际中文课堂教学与管理案例分析》案例中的教学对象主要以大学生为主,还有中小学生以及短期游学或社会上的业余学习者,还包括老年人等,这些汉语学习者的汉语水平参差不齐,涵盖零起点到中高级。限于篇幅,本案例没有展现完整的教案设计,只截取课堂组织实施过程中最有代表性的部分进行文本讲述和呈现。本案例在整理汇编的过程中引发了很多思考:如何取舍;如何解决志愿者教师教学过程中出现的知识体系缺失、教学能力不足而导致教学设计失误;案例编写是以引导为主还是以呈现为主;如何提示国际中文教学研究者重视一线汉语教师出现的常见问题,从而能够在人才培养过程中进行有针对性的回应;国际中文教师在课堂教学中的经验如何系统呈现;等等。受作者的能力水平所限,以及本着最大限度地提供最真实的海内外教学原貌的编写原则,编者没有对案例进行统一的格式编排和内容校正,同时,案例中也存在一些不合理、不完善、不系统的教学内容,思考再三,采取了保持案例原貌,以丰富案例背景的方式来解决这一难题,让读者了解案例设计的初衷以及当时的教学环境,为读者提供更多的解读视角,以激发读者思考。为了方便读者获得更多的引导,每个案例都附上阅读参考资料,读者可以通过阅读相关的参考文献了解相关行业知识。

本案例来源于一线国际中文教师,他们既有经验丰富的老教师,也有初入国外大中小学从事国际中文教育的海外中文志愿者,以及国内高校的国际中文教师。江苏大学汉语国际教育专业2021级和2022级研究生参与了案例分析。《国际中文课堂教学与管理案例分析》可以作为面向汉语国际教育专业本科生和研究生开设的实践课程的案例教材使用,丰富的案例呈现、多角度的案例反思和常见问题的梳理,能够帮助学生在缺乏海外汉语教学实践的情况下,间接了解国际中文课堂管理和设计、国际中文课堂跨文化交际中的"真人真事",在案例的反思和分析中体会国际中文教学的"真情真意",以期通过真实案例呈现探究国际中文教学的"真知真义"。

本教材通过对国际中文教育管理与教学实践中真实发生在国内国外、课堂内课堂外、线上线下的典型案例进行分析,使学生能在以下几个方面有所收获。

(1) 对国际中文教学的课堂管理有一定的了解,增强国际中文教师尤其是新手志愿者教师在课堂管理方面的不足,认识到课堂管理是课堂教学顺利实施的保证,提高课堂教学管理的能力。

(2) 了解不同国家、不同地区、不同类型、不同年龄、不同层次、线上线下多样化的教学情况,在这种情况下进一步理解国际中文教学的相关管理和掌握不同的教学方法和教学技巧,同时提升跨文化交际能力。

(3) 理论联系实际,提高国际中文教师和志愿者的国际中文课堂管理和教学的能力,为做一名合格的国际中文教师打下良好的管理和教学实践基础。

（4）线上案例教学为今后的线上汉语教学提供可供借鉴的经验,为国际中文教学形式提供新的参考,对今后海内外的线上汉语教学有一定的拓展和开发作用。

本教材的案例反映了当前国际中文教学过程的基本现状,即国际中文教师不仅面临与课堂教学设计和课堂管理相关的问题,还会遇到跨文化等问题。这也反映出国内高校人才培养的目标和效果遇到新的挑战,培养优秀的国际中文教师应该具备什么样的能力和素养,今后汉语国际教育专业在人才培养方面要加大对其实践能力的培养。

本案例共分六章,第一章为国际中文教育课堂教学与管理,第二章为语言要素教学,第三章为语言中的文化教学,第四章为语言技能教学,第五章为非学历汉语兴趣教学,第六章为线上汉语教学。

本教材是团队合作的成果,各章负责人如下：

第一章：黄雪云、王丽媛

第二章：王丽媛、付　丽

第三章：任晓霏、付　丽

第四章：付　丽、王丽媛

第五章：王丽媛、任晓霏

第六章：王丽媛、付　丽

本教材由王丽媛、付丽负责统稿。

在本教材编写过程中,得益于前贤同辈学者相关教材的引导,同时得到江苏大学汉语国际教育专业2021级和2022级研究生的支持,他们参与了案例的分析;感谢汉语国际教育专业2023级研究生对本案例中的参考文献进行校对,感谢本专业同行专家提出的建议和意见,也感谢东南大学出版社刘坚编审为本教材的出版而付出的辛勤劳动。

目录 CONTENTS

第一章　国际中文教育课堂教学与管理 …………………………… 001
第一节　国际中文教育的课堂管理 …………………………………… 002
　　案例1　课堂教学指令的训练 ……………………………………… 003
　　案例2　课堂规则的制定和检验 …………………………………… 005
　　案例3　第一次课的课堂组织与管理 ……………………………… 008
第二节　国际中文教育的课堂活动管理 ……………………………… 013
　　案例4　课堂游戏活动的设计 ……………………………………… 013
　　案例5　课堂活动环节的设计 ……………………………………… 016
　　案例6　课堂活动组织的成效 ……………………………………… 019

第二章　语言要素教学 ………………………………………………… 025
第一节　语音教学 ……………………………………………………… 026
　　案例7　语音教学小窍门 …………………………………………… 026
　　案例8　语音教学小方法 …………………………………………… 030
　　案例9　声调教学小技巧 …………………………………………… 034
第二节　词汇教学 ……………………………………………………… 039
　　案例10　巧用道具教生词 ………………………………………… 039
　　案例11　生词串联小故事 ………………………………………… 042
　　案例12　说唱并重练生词 ………………………………………… 045
第三节　语法教学 ……………………………………………………… 049
　　案例13　HSK语法点教学 ………………………………………… 049
　　案例14　情境化语法操练 ………………………………………… 052
　　案例15.1　图示语法教学 ………………………………………… 056

案例 15.2　图示语法教学 ··· 061
　第四节　汉字教学 ··· 067
　　　案例 16　汉字入门课设计 ··· 067
　　　案例 17　趣味汉字教学 ·· 070
　　　案例 18　偏旁不简单 ··· 074
　　　案例 19　一笔一画有意义 ··· 077
　　　案例 20　遇见书法 ·· 080
　　　案例 21　创意汉字教学 ·· 084
　　　案例 22　巧学汉字 ·· 087

第三章　语言中的文化教学 ·· 093
　第一节　语言要素文化教学 ··· 095
　　　案例 23　中国人的起名文化 ······································· 095
　　　案例 24　城市文化主题介绍 ······································· 098
　　　案例 25　国家文化 ·· 102
　第二节　文化体验教学 ··· 106
　　　案例 26　中国人的饮食文化 ······································· 106
　　　案例 27　家庭文化体验 ·· 110
　第三节　文化实践活动 ··· 114
　　　案例 28　志愿者境外教学与生活点滴 ··························· 114
　　　案例 29　文化的"碰撞" ·· 117
　　　案例 30　"拍照"知多少 ·· 119

第四章　语言技能教学 ··· 123
　第一节　听说教学 ·· 124
　　　案例 31　听说课的课堂活动设计 ································· 125
　　　案例 32　听说教学设计 ·· 128
　　　案例 33　听说教学活动设计 ······································· 134
　第二节　读写教学 ·· 140
　　　案例 34　写作课教学设计 ··· 140
　　　案例 35　读写课程的语言能力训练 ······························ 145

第五章 非学历汉语兴趣教学 ························ 149
第一节 中小学生的汉语兴趣教学 ···················· 150
案例 36 华裔学生的课堂管理 ······················ 151
案例 37 灵活多样的课堂教学 ······················ 155
第二节 面向老年人的汉语教学 ······················ 160
案例 38 老年人的汉语课堂设计 ···················· 160
案例 39 老年人的文化交流 ························ 164

第六章 线上汉语教学 ································ 169
第一节 线上教学的管理与活动 ······················ 170
案例 40 线上综合课的组织与管理 ·················· 170
案例 41 线上教学的参与度 ························ 180
案例 42 线上教学对话训练 ························ 184
案例 43 线上教学的学习效率 ······················ 189
案例 44 中外教师教研活动 ························ 194
案例 45 线上中文数字教学 ························ 197
第二节 线上语言知识和语言技能教学 ················ 202
案例 46 线上语音教学 ···························· 202
案例 47 线上中级听说课 ·························· 206
案例 48 线上阅读课 ······························ 212
案例 49 精读与泛读 ······························ 215
案例 50 汉字部件教学 ···························· 222
案例 51 汉字教学与文化 ·························· 224

第一章

国际中文教育课堂教学与管理

国际中文教学是以汉语作为第二语言进行的教学活动，国际中文课堂是培养汉语学习者掌握汉语综合运用能力的重要场所。课堂教学过程的顺利实施离不开有效的课堂管理，课堂管理贯穿课堂教学和课堂活动的始终。课堂教学管理是师生建立情感、展开有效互动的重要环节。国际中文教师不仅要具备良好的业务能力素养，同时也要具备健康的人格、掌握基本的课堂教学管理方法，能够运用沟通协调能力促成课堂交流和项目活动顺利实施。良好的课堂教学环境，出色的课堂管理能力，形式多样的课堂活动的组织，都是国际中文课堂管理不可或缺的因素。本章主要围绕国际中文教育课堂管理与教学的相关案例进行解读。

第一节　国际中文教育的课堂管理

衡量国际中文教学课堂教学实施的有效性，一般通过教学目标和课堂管理两项指标来评定。教学目标的实现，需要师生共同促成，这对课堂的有效教学和科学管理提出了一定要求。对国际中文教师而言，知识传授的准确性与教学管理的艺术性同样重要，在课堂组织实施的过程中，后者的作用甚至大于前者。国际中文课堂中，教学管理会面临各种各样的问题与挑战，国际中文教师需要做到课前充分了解学生，形成有效的预防策略，从而达到课堂上能够灵活应对，顺利组织实施教学。建立积极有效的课堂管理规则和行之有效的教学秩序能够极大地提高课堂教学效率，提升课堂教学效果。本节以国际中文教育的课堂管理案例为例，探讨如何形成有效的课堂教学管理方法，制定有效的课堂管理规则与制度。通过案例的探讨，希望能够增强国际中文教师对国际中文课堂国际性、开放性等特点的了解和认识，关注课堂管理、组织与实施，确保课堂管理科学有效，教学目标得以顺利达成。

案例1　课堂教学指令的训练

一、案例基本信息

1. 教学地点：英国

2. 教学对象：英国某小学3—6年级初级汉语水平学生

3. 课堂管理目标：

（1）结合当地的教学环境，采取合理的方式制定课堂指令和规则要求，以期达到课堂管理有序；

（2）操练常用的汉语课堂指令，学生听指令完成教师布置的任务；

（3）建立和谐融洽的师生关系，营造良好的课堂氛围。

二、案例自述

为确保汉语课堂的教学效率，教师要求学生在课堂上尽量少用母语或者不用母语，鼓励学生多用汉语进行交流，形成课堂使用汉语交流的习惯。国际中文教师应尽早地将课堂指令用语呈现给学生，让学生在课堂学习的过程中熟悉课堂用语，了解课堂流程。

汉语课堂第一节课除了让学生对汉语和中国有初步的认识和感知之外，一般会教给学生课堂上一些常用的汉语指令，包括"起立、坐下、坐好、安静、举手、看我、认真听、跟我读、对不对、是不是"等。这些指令语的讲解旨在让学生们明白我说出这些汉语指令的意思，而不是让他们也学会用汉语表达这些指令。所以在教完这些指令时，我会进行"你说我做"的课堂活动，即我用汉语说出指令，学生做相应动作，以此来考查学生是否已完全掌握所学指令语的意思。学习完这些指令语后，我还会给学生提出一些汉语课堂要求：一是开始上课时要起立互相问好，当我说"同学们好"或者"大家好"时，同学们应该说"老师好"；二是上课时要保持坐姿端正，有任何问题或者需求时需要举手示意；三是汉语课堂实行奖惩机制，对积极回答问题和特别认真听讲的同学给予奖赏，全班一起用"棒，棒，你真棒！"的形式表示鼓励，并奖励该学生一颗星星，而获得两颗或两颗以上星星的同学下课后可兑换小贴纸或熊猫小礼物。我告诉学生，只有认真学习、认真听讲、认真操练，才能真正学会汉字。所以上课时不许讲话、走动、吵闹、做与课堂无关的事情。这样，学生明白并记住了我的汉语指令，我的汉语课堂也就一直保持着良好的秩序。（胡珊珊）

三、总结反思

国际中文课堂正式开始之前,教师需要明确课堂管理要求及口令。这一方面有利于教师有条不紊地进行教学管理和提高课堂教学效果;另一方面有助于规范学生课堂行为、提高课堂学习效率。教师在教学管理方面,要根据学生的实际情况灵活应变,制定出切合学生实际情况的指令,使教师在后续的教学管理和成绩处理等方面都能够有所依据。在实际教学中,我在课程正式开始前就给学生介绍指令语并解释意义,要求学生听懂会做即可。课堂管理相关要求及口令的记忆训练,不仅有助于学生掌握汉语知识,还极大地方便了日后教学活动的展开。我在学生了解指令语后,还提出了明确的课堂要求,主要包含课堂纪律、提问方式以及奖惩机制。这些课堂要求不仅能够帮助教师顺利组织课堂,营造良好有序的教学环境,还能提高学生的课堂积极性。此外,由于各个国家和地区以及各教育机构的教育管理条例和规则要求不同,在指令和规则制定后,具体实施之前,一定要请本土教师来审核这些指令和规则是否符合当地的教育管理条例和教学法规,一定要确保教师制定的指令和规则等合情合理合法。(胡珊珊)

四、案例分析

教师的课堂指令如果生动、简洁和明确,能够充分调动学生的积极性,提高课堂教学参与度,有助于增强师生互动、生生互动,提高课堂教学效果。案例中的教师要求学生记住汉语课堂指令,并用"你说我做"的活动来强化学生对指令的记忆能力和执行能力。课堂上让学生接触10个左右的指令语,对于初级汉语水平的学生来说难度较大,即使用"你说我做"的方式进行操练,有一部分学生可能会无法掌握,从而挫伤自信心和降低对汉语学习的兴趣。在营造课堂气氛、调动学生学习的积极性时要注意言语得体,避免突出对比,以免影响学生学习的积极性。多做正面引导、示范引导。在教学管理方面,教师应该循循善诱,要对学生更有耐心,用适合的方式引导学生,培养学生的自主性。我们从案例中可以看出教师制定课堂管理规则是师生商议后共同制定的,这既能体现师生的平等,还能体现以"学生为中心"的原则。

总的来说,案例中的教师能够根据学生的水平因材施教,制定出有效的教学指令和课堂管理制度,并且取得了良好的成效,保证了良好的课堂秩序,便于日后教学内容的顺利展开。班级制度的建立和课堂用语的规范使用,是课堂教学中的一个重要环节,要根据学生的年龄段和班级的规模和人数,合理、因地因时制定教学指令和课堂管理制度。总之,从学生实际出发,从当地教育教学环境入手,制定出师生双方共

同遵守的课堂管理规则,更能体现出教师的教学管理能力和课堂应变能力。(戚心怡、王丽媛)

五、思考

在国际中文课堂上,你是如何发出课堂指令和要求的?效果如何?

六、相关文献阅读

1. 李维婷. 对外汉语新手教师与熟手教师课堂指令语的对比分析[A]. 第十一届国际汉语教学研讨会论文集,2012.

2. 李莉. 对外汉语初级综合课教师指令语研究[D]. 北京:北京外国语大学,2017.

3. 郑伟平. 初级阶段对外汉语教师课堂指令语调查研究——以综合课和听说课为例[D]. 广州:广州大学,2019.

4. 靳迪. 新手汉语教师课堂指令语研究——以线上初级综合课为例[D]. 南宁:广西民族大学,2023.

5. 陈楠,周小兵. 基于礼貌策略的中美汉语教材指令语对比研究[J]. 华文教学与研究,2020(2):47-54.

6. 王添淼,富聪,杨灿. 国际中文新手、熟手教师课堂指令语类型对比研究[J]. 民族教育研究,2022,33(5):169-176.

7. 孙迪. 对外汉语初级阶段课堂指令语研究[J]. 海外华文教育,2014(2):185-191.

8. 王添淼. 欧洲二语教师专业发展历史演进及启示[J]. 云南师范大学学报(对外汉语教学与研究版),2022,20(4):39-47.

案例2 课堂规则的制定和检验

一、案例基本信息

1. **教学地点:** 中国江苏镇江
2. **教学对象:** 成人中级语言班
3. **课堂管理目标**

(1) 制定课堂管理规则,在课堂管理过程中,检验课堂规则的有效性;

(2) 根据实际情况调整课堂管理规则,做到课堂管理规则与实际情况相吻合;

（3）与学生建立融洽和谐的师生关系，在轻松欢快的学习氛围中教授知识。

二、案例自述

开学之初，我们制定了课堂规则，大部分同学都能很好地遵守。后来班级里突然来了几个插班生，其中两个乌兹别克斯坦的男生，在我的3—4节课有时会迟到，因为1—2节课和3—4节课之间有半个小时的休息时间，所以他们会选择出去吃早饭。有一天我正式地告知他们，上课不能迟到，以免错过生词听写时间。在这之后孔尧和小王子两个学生又出现了迟到现象，这时我在他们走进教室时，告知他们已经迟到了5分钟，生词听写已经结束，错过的听写环节，你们打算怎么处理？是课后补上，还是接受惩罚。两位同学歉意地说："可以接受惩罚。"结合本节课将要讲的内容"体力"一词，我灵活机动地决定让他们做一次示范，并提议能否为大家展示"深蹲""俯卧撑"。两位同学表示没有问题，并进行现场展示。我借机告知两位同学，如果以后再出现迟到现象，就要受到相应的惩罚。在讲解本课生词"体力"时，我借机举了孔尧和小王子深蹲的行为。我说他们可以一口气做10个深蹲，他们的"体力"好不好？学生们开心地笑了。课堂规则的制定要与学生的实际情况相适应，规则过于严苛或过于松散都不能很好地约束学生的课堂行为，使课堂处于无序的状态。好的课堂规则是在与学生的不断磨合中逐渐建立的，而课堂规则的实行重点在于关注个别违背课堂规则的同学，了解他们违背课堂规则的原因，这是维系课堂规则的重要内容。教师既要考虑到个别情况，也要兼顾整个班级情况，遇到特殊情况，应该及时向同学们解释，以免使课堂规则处于失效状态。（王丽媛）

三、总结反思

课堂管理是确保课堂教学顺利实施的基本保证，也是一名国际中文教师综合能力的体现。国际中文教师不仅要具备扎实的专业基本功，还要具备教学管理和组织能力。在实际的国际中文课堂教学中，要想建立一套良好的课堂规范，创造轻松愉悦的课堂氛围是一种挑战。来自不同国家和地区的学生都有自己独特的人文习惯和学习风格，学生面对新的学习和生活环境，有一个认识、了解和融入的过程。国际中文教师需要针对课堂教学环境，循序渐进地建立规则，组织实施课堂教学。留学生的课堂迟到现象是普遍存在的，对于新手教师来说，这个问题是个难题，处理不好既会伤了学生的自尊心，也会影响师生感情。我在教学中针对学生迟到这一普遍现象做了总结和梳理：1.根据学生迟到的频率和原因灵活处理。不能不分青红皂白地进行批评，既要保护学生的自尊心，又要尽最大可能确保教学效果。2.了解学生迟到的真实原因,有针对性地提供帮助。如果学生迟到的频率较高,教师屡次告知但收效甚微,我们应该了解和深入分析学生迟到的原因,是学习态度、学习习惯抑或是客观实际困难导致的,并提供相应的学习引导、学习方法,尽可能地帮助学生解决实际的困难。教师的最终目标是给学生营造一个和谐有序的课堂学习环境,良好的师生关系,轻松愉悦的学习氛围。教师是班级课堂秩序的建立者和维护者,对于影响课堂秩序的行为,教师不仅不能逃避,而且要积极应对,寻求解决策略和应对方法。(王丽媛)

四、案例分析

学生在学习成长的过程中受民族文化和家庭教育的影响,形成了不同的学习态度和学习习惯。在中国的传统教育观念中,珍惜时光、勤奋刻苦是普遍的认知。学生在社会、学校和家庭中,都会深受这种观念的影响,所以对课程的重视程度较高,对规范的课堂行为有比较明确的认识。相对来说,语言课程不同于普及教育课程,它的灵活度更高,对学生的约束力相对宽松,导致学生对语言课堂的规则和秩序重视不够,尤其是在时间的管理上体现得更为明显。在中国教师眼里,学生上课迟到、早退是学习态度问题,对上课时间要卡得很准,上课铃声响起时同学们就应该坐在位置上了。但在国际中文课堂上,对时间的把握可能就没有这么严格了,但是也不能将迟到视为正常的课堂秩序。教师应通过课前环节的设计让学生领会迟到对于语言学习来说是一种无形的损失。久而久之,学生迟到的现象必然会逐渐减少。为保证课程正常有序地进行,在课堂组织与管理方面,教师也需要提炼一些行之有效的方法和技巧。

通过本案例,我们在教学中应该注意:

(1)课堂规则是建立在师生双方共同遵守的基础之上的,是在师生双方彼此了解的情形下形成的,不能凭空设立一些无法实现或不被认可的课堂规则。课堂规则不能以牺牲师生情感为代价,应是以解决实际问题为出发点、以培养和提升学生语言能力为目标、以增加课堂效率为前提而设定的一系列课堂管理规则。

(2)教师在处理课堂问题的时候可以采取多种方式,不一定非要耳提面命,可以另辟蹊径,这样往往会有意想不到的效果,但是一定要注意学生的接受程度,不能触碰学生的自尊心。

(3)教师应该具备随机应变的能力,面对突如其来的问题和矛盾应该有从容处理的能力。案例中的教师将生词与前面的小插曲相融合,从学生的身边小事入手,让同学能够很迅速地理解词汇意义。这也给我们一定的提示,即在生词讲解的过程中,教师要结合学生的经历和之前学过的内容,这样才能使学生更好地理解词义,同时也不要忘记营造课堂趣味氛围,这将有助于拉近教师和学生的距离。

但该案例实施的一个前提是,教师让迟到的同学做深蹲的行为,一定是在了解学生的体能、性格特征等前提下进行,避免成为变相的"体罚"。另外,如果学生现场不配合会形成尴尬的课堂气氛,甚而影响到师生关系。在本案例中学生并没有对做深蹲的行为产生异议是因为他们已经和教师建立了深厚的情感,学生并不单纯地认为这是一种惩罚,同时这种行为也带有一些调节课堂气氛的因素,因而是可行的。

总而言之,国际中文教师不仅应该具备扎实的专业基础知识,还要有处理课堂突发事件的应变能力,即遇事不惊、从容不迫。扎实的专业知识加上良好的课堂管理能力,是一名合格的国际中文教师所必备的素养。(姜岐珊、付丽)

五、思考

如果在你的课堂上,学生迟到了,你会如何处理呢?

六、相关文献阅读

1. 刘涛,刘富华. 国际汉语教师课堂教学能力培训策略研究[J]. 东北师大学报(哲学社会科学版),2013(1):185-188.

2. 梅娟. 韩国中学汉语课堂问题行为案例研究[D]. 长沙:湖南师范大学,2017.

3. 梅玉琴(Thantita Meklai). 泰国南部地区高中汉语课堂管理现状与提升策略研究[D]. 济南:山东师范大学,2022.

4. 宋秋前. 课堂管理问题问诊与矫治[J]. 教学与管理,2002(12):41-43.

案例 3　第一次课的课堂组织与管理

一、案例基本信息

1. 教学地点:多米尼加共和国圣地亚哥

2. 教学对象:小学 5、6 年级汉语水平为高级的华裔学生

3. 课堂管理目标:

(1) 建立师生关系,了解学生的汉语掌握程度;

(2) 熟悉课堂指令,了解课堂程序及主要教学环节;

(3) 做好课堂可能突发事件的应急预案。

二、案例自述

在多米尼加的第一次课,至今让我记忆深刻。此前我曾在亚洲有过一年的成人汉语教学经验,但是对于海外中小学汉语教学还是知之甚少,这让我的第一次课吃了"大亏"。课前我查阅了学生的资料:"华裔""小学""接近母语者水平"……这些闪光点都让我对学生充满了期待,同时自己也产生了懈怠,觉得一切尽在掌握之中。

第一次课,我提前进入教室等待学生的到来。我拿出之前在大学的教学经验,心平气和并且缓慢地说:"同学们,你们好,我是你们的新老师,我叫王术智,现在我们来互相认识一下,告诉我你的名字和年级。"一番自我介绍过后,我开始上课,学生们打破课前的寂静,开始变得活跃,甚至有些吵闹,我觉得这可能是小孩子的天性,并没有进行有效的管理。快下课的时候,一个学生大声说道:"老师,你说话好慢啊,像乌龟一样。"这时全班突然安静下来,我愣在讲台上,在我之前的教学经验和认知中从未遇到过如此"口无遮拦"的学生,也从未遇到过令我无从对答的情况。这时那个学生又说道:"老师,你好丑啊!"这回全班都笑了起来,我强忍住心中的怒火,一时之间不知道应该如何处理,还好这时下课铃声响起,我灰溜溜地逃回办公室。

当天晚上我痛定思痛,马上给有海外中小学教学经验的老师打电话寻求帮助,在大家的帮助下我改变了之前的课堂管理方式,我发现海外中小学课堂和大学课堂的管理模式是完全不一样的。大学生往往守规矩、懂事,老师基本不会在课堂管理上浪费太多时间,但是中小学生大多活泼、好动、不太懂事,此时针对这样的课堂,老师制定好明确且严格的课堂纪律显得尤为重要,这样才能保证课堂教学有序进行。所以,第一次课课前一定要对自己的教学对象有所了解,即华裔汉语教学和非华裔汉语教学在课堂用语、语速、理解能力上都相差太多,用教外国人的教学方法教授华裔是不可取的。在总结了这些教学管理经验之后,我大概花了一个月的时间才让这个班级的教学管理秩序走上正轨。此后我的第一次课都会按照如下的程序进行。

针对中小学生的课堂教学管理:首先,做好充分的课前准备,对学生的汉语水平、各项技能有大致的了解,对学生的家庭背景、学习环境要心中有数;其次,因地制宜地制定明确的课堂纪律和奖惩机制;再次,利用礼物、游戏等加深师生感情,拉近师生距离;最后,不管是华裔还是非华裔,中小学课堂都要放慢教学进度,增加复习和做游戏的比例,每节课新内容的教学不宜过多,注重温故知新,以兴趣为导向。(王术智)

三、总结反思

针对中小学的第一次汉语课堂教学,我得到这样的教学启示:一定要在课前做好充足的准备工作。面对这次教学突发事件,我总结自己束手无策的原因可能存在以下几点:第一,我没有认识到大学生和小学生的年龄差异,大学生守规矩、懂事,教师在课堂管理上不会浪费太多时间,而小学生活泼好动,因此一定要制定严格的课堂管理规则。第二,我没有对自己的教学对象进行全面深入的了解。华裔汉语教学和非华裔汉语教学在课堂用语、语速、理解能力上都有一定的差距,用教外国人的教学方法教授华裔学生是不可取的。第三,过于自信的我在第一次上课前想当然认为这些有基础的小学生是不难教的,以为上课模式可以跟之前一样,所以对这次课缺乏重视,没有向同事深入了解这些学生的情况,也没有对任教国家的教学法规和相关制度进行深入了解。第四,在教学过程中实际上已经出现了危机的预警,但是并未引起我的重视,反而我凭借自己的武断认为这是小孩子的天性,因此我的疏忽造成了后续课堂管理的失控。第五,在面对学生恶意的玩笑时,我没有采取任何积极的处理措施。此次授课经历,让我对课堂管理有了重新的认识,它和课堂教学同等重要,不容忽视。

(王术智)

四、案例分析

"凡事预则立,不预则废。"案例中教师最大的问题在于没有做好应对课堂突发事件的心理准备,从而导致处理的方式不够机智。教师不仅要从学生、教材、教学方法和教学环境等方面进行周全准备,还要积累面对不同类型的学生采用不同的教学管理的策略和方法。教师在备课的过程中,要处理好理论与实践的关系,在课前对学生的资料进行翻阅的同时,也要积极地向有经验的同行进行咨询。华裔学生的突出特点是在多元文化背景下成长起来的,在待人接物、汉语素养和行为习惯等方面都具有特殊性。他们可能深受父母的影响,具有较好的汉语基础,但相对于母语为汉语的中国人所具备的基本素养和行为习惯,还是有很大的差异。因此教师要做好心理准备,以开放、积极的心态面对第一次课带来的意想不到的挑战。

在案例中,学生提到的教师的语速问题,采取的是进行现场反馈。教师很容易在接下来的授课中做出相应的调整。为了避免这种情况出现,教师可以在自我介绍的环节中积极地感知学生的汉语基础、语速和语调等相关信息,及时调整授课语速及词汇等级。除此之外,教师应了解中小学生具有注意力集中时间短、活泼,喜欢生动形象而非抽象等特点,针对该群体设计灵活多样的活动,并对课堂上的突发事件做好心理准备与应对预案。此外,地域习俗与民族禁忌等也是需要了解的一个方面。虽然课前拿到的资料能够帮助教师对学生有部分的了解,但仅仅靠这些资料是不够的,教师应该尽可能多渠道全方位了解学生,因此教师还可以通过与当地教师(最好是班级的任课教师)进行沟通交流,在条件允许的情况下通过查看学生试卷或者进行课前调研等方式深入了解学生。总而言之,课程的准备工作要尽可能全面细致,做到理论与实践相结合。

"良好的开端是成功的一半。"教师上好第一堂课会为后续的课堂奠定一个良好的基础,因此第一堂课的有效的教学设计、组织与管理,是不容忽视的。然而语言课程与其他课程不同,它是一个长期的、循序渐进的学习过程,教师应具有长远的教学眼光,持之以恒的耐力和信心,通过不断的相互了解和磨合逐渐形成适合彼此的授课模式和沟通方法。语言教学不仅要有良好的专业技能,同时也需要在经验的基础上形成教学智慧。教学是一个不断建构的过程,教师是主导,但同时也需要师生双方共同努力才能完成。当前的汉语课堂,除了花时间和精力用在提升课堂兴趣之外,也要注重将学习汉语的严谨态度和求实精神通过教师的课堂教学得以展现。过于花哨的课堂,必然会失去应有的深度和广度;而过于死板的教学,也将使学生失去语言学习的兴趣。因此,如何在两者之间找到一个有效的平衡点,是国际中文教师在今后的教学实践过程中不断努力的方向。"不以规矩,不能成方圆。"教师在上第一堂课的时候最好和学生一起制定班级的规章制度与奖惩制度,并以书面形式确立下来,贴在教室里。这样做能够提高学生的参与感、责任感与认同感,有利于班级管理。(姬笑笑、周子钰)

五、思考

你在上第一堂课之前,会做哪些准备工作呢?请分享一下。

六、相关文献阅读

1. 佟星晨. 零基础泰国职校学生汉语课第一单元教学设计——以泰国孔敬商业学院为例[D]. 石家庄:河北师范大学,2013.

2. 杨峰. 第一堂汉语课[J]. 孔子学院,2013(04):40-43.

3. 陈艺,余子侠. 孔子学院汉语教师问题及培养建议[J]. 世界教育信息,2016,29(10):61-66.

4. 郑帅. 泰国零起点中学生第一堂汉语课研究——以泰国 SRICHOMPOO

WITTAYA SCHOOL 为例[D]. 西安:西安外国语大学,2016.

5. 陈怡璇. 韩国汉语零基础第一堂课教学设计与思考——以韩国延世大学孔子学院为例[D]. 成都:四川师范大学,2017.

6. 唐冬妮. 苏格兰小学汉语课堂管理影响因素分析研究——以"苏格兰中小学孔子学院"小学汉语课堂为例[D]. 成都:四川外国语大学,2018.

7. 曹梦. 多米尼加共和国汉语教学情况调查[D]. 长春:吉林大学,2019.

8. 孙安. 多米尼加汉语教学现状调查报告[D]. 长春:吉林外国语大学,2020.

第二节　国际中文教育的课堂活动管理

国际中文课堂教学中,在以教师为主导,以学生为中心的教学原则的指引下,组织形式多样寓教于乐的教学活动来提高教学效能。课堂活动能活跃课堂气氛,使汉语知识的传授和机械的语言技能训练变得生动有趣,同时课堂活动还能促进学生对知识的掌握和运用。在进行教学设计时,课堂活动的安排一定要有详细的组织规划,更要注意细节和可能突发的情况,教师以不变应万变的能力来掌控课堂,更好地完成课堂活动,使课堂活动达到应有的效果。本节以课堂活动的设计、课堂活动的互动模式和课堂活动的效果评价等方面对相关活动案例进行介绍和分析,以期获得行之有效的课堂活动设计与管理的方法,激发国际中文教师积极尝试和探索课堂活动的热情。

案例 4　课堂游戏活动的设计

一、案例基本信息

1. 教学主题

水果词汇的教学

2. 教学背景

课型: 综合课

教学地点: 中国江苏镇江

教学对象: 成人初级班学生

说明: 本案例重点介绍课堂词汇教学中的游戏设计环节,选择的词汇以生活中的常用词汇为主,以此来增加学生的参与度,通过多人多次参与来提高词汇的复现率。选择学生"喜闻乐见"的游戏来进行词汇训练。

教学时长: 45分钟

3. 教学手段: 卡片、实物

4. 教学目标:

(1) 知识目标:学习生活中的一类词语及常见句型搭配。

（2）技能目标：学生能够快速识别这类词语的语音特征，能够运用这些词汇进行简单的对话和交流，并能够描绘这些词语的基本特征。

（3）情感目标：通过学习这些词汇，了解中国人的日常生活习惯、饮食特点及地域特征。增进学生对中国百姓的认识和了解。

二、案例自述

课堂游戏不仅能活跃课堂气氛，也可以让学生通过游戏方式来巩固练习，还可以考查学生对所学内容的掌握程度。在讲解以"水果"为主题的这一课时，我在教学过程中增加了"水果蹲""萝卜蹲"等游戏环节，以六种生活中常见的水果为例。在进行完相应的生词讲解、搭配练习及常用句型后，便进入了游戏环节，让学生通过年轻人喜爱的游戏方式，操练、巩固和强化本节课的词汇学习，通过游戏的方式不断地重复和再现新词语，增加学生对新词语的辨识度，提升开口率。

为了让学生更容易理解游戏规则，我邀请两位中国学生给他们做示范。在确保学生都明白游戏规则后，将学生分成两组，让每组各派三位同学上台一起玩游戏。上台后，我拿着准备好的生词卡片，让六位游戏参与者选择自己喜欢的水果，并用汉语介绍这种水果的产地、颜色、味道，旨在考查他们对所学生词和句型的掌握程度，并邀请台下的学生在整个过程中担任裁判和监督者。一切准备就绪后开始正式的游戏，这个过程重点关注时间的分配，达到恰到好处即可，避免因游戏时间过长而影响授课进度。从教学效果来看，学生们很喜欢这个游戏，无论是台上还是台下，参与度都很高。"水果蹲"的游戏不仅让学生记住了本节课所学的所有词汇，而且还活跃了课堂氛围，同时也能获得教学反馈。合理有效的课堂游戏能够大大提高教学效果和学生的学习兴趣。（胡珊珊）

三、总结反思

在国际中文教学中，讲授词汇的目的是增加留学生对汉语的了解，提升语言的运用能力，增加对中国当代社会生活的了解和形成以母语为汉语的民族思维习惯。在教授生词时，运用图片、实物等具象的教学辅助工具，能够直观地展示汉语词汇，帮助学生在实际的情景中感知、识记和理解汉语词汇。适当地在课堂上增加一些能够让学生参与进来的游戏环节，不仅能够活跃课堂气氛，营造语言训练环境，还可以提升学生的开口率，提高词汇的复现率，调动大家的学习兴趣的同时，还能减轻学生的学习负担和压力。

课堂游戏是提高学生学习兴趣、搞活课堂气氛的重要方法,但课堂游戏不宜过长且须注意安全。游戏的时间、数量必须适度。游戏过多,忽略了主要教学内容和教学进度,容易喧宾夺主。课堂游戏应该为课堂教学服务,当它成为一种摆设,或者是为游戏而游戏的时候,课堂游戏就失去了它的魅力。抓住游戏活动的核心在于学习而不是游戏。否则,过多的游戏活动可能会对教学目标的实现产生负面影响。(胡珊珊)

四、案例分析

在国际中文课堂教学中,游戏活动的设置可提高学生的学习兴趣,进而提升教学效能。在本案例中教师在游戏活动的组织与管理上应注意以下几个方面:

(1) 游戏规则讲解不宜复杂。教师为了讲清楚游戏规则,邀请了两位中国学生一起做示范。但是在海外教学等教学环境中,很可能邀请不到中国学生进行课堂游戏规则的讲解。因此,教师需要改变规则的讲解形式,可适当运用学生母语进行规则讲解或者播放关于游戏流程的视频,这样不仅便于学生理解游戏规则,还可以节省游戏规则讲解的时间。

(2) 游戏环节的设置需进一步完善。案例中的教师准备了六张水果卡片,邀请六位学生上台参与游戏,虽然台下的学生变成了监督员,但仍不能保证每位学生都能参与其中。如果时间允许,教师还可以适当增加难度,由六位学生变为六组学生,分别为"苹果组""香蕉组""橘子组""草莓组""葡萄组""西瓜组",让各组学生进行比赛,看看哪个组能够获得最终的胜利,这样就不需要担心有学生在台下"滥竽充数"了,也能更加高效地检验学生的生词熟练度。

(3) 教师应明确游戏活动的教学目标。首先,教师在设计游戏时为了避免单调、枯燥,可以适当增加语音、汉字、句型等其他内容综合训练,而不仅仅停留在词汇层面。在游戏时,教师需要高度注意学生写出、说出甚至表演出的语言点,考查学生对知识的掌握情况。其次,教师还要对学生在游戏活动中的表现进行总结点评。教师对获胜的学生进行肯定,肯定时也需注意措辞。对游戏中的失败方也应当给予一定的肯定和鼓励。最后,游戏的结束并不意味着学习的落幕,教师还要对本次游戏中学生的语言偏误等问题进行有针对性的查漏补缺,帮助学生进行总结和自我反思。(陈倩)

五、思考

如果有的学生对你设计的游戏不感兴趣,不想参与,你会怎么做?

六、相关参考阅读

1. 陶贞安.对外汉语语法之课堂案例教学实践探析——基于可能补语教学案例的分析[J].才智,2018(2):85.

2. 李星.对外汉语综合课课堂教学案例分析——以预科班《我都做对了》为例[D].武汉:华中师范大学,2014.

3. 叶军.国际汉语教学案例分析与点评[M].北京:外语教学与研究出版社,2015.

案例5　课堂活动环节的设计

一、案例基本信息

1. 教学内容

《魅力汉语》第四册:倒霉的一件事

2. 教学背景

课型:复练课

教学地点:中国江苏镇江

教学对象:汉语水平达到中高级程度的来华留学生,学生多为韩国人。

说明:本节课为汉语综合课后的复练课,学生的阅读理解能力和口语表达能力较好,课堂上能用汉语进行交流。

教学时长:90分钟

3. 教学手段:PPT

4. 教学目标

(1) 知识目标:复习综合课上所学的生词、语法和句型,让学生在复练中掌握所学知识点并学会表达运用。

(2) 技能目标:通过学习帮助学生掌握表达心情的常用句型和词汇,提升语言听说能力和话语组织表达能力。

(3) 情感目标:通过课文的学习,帮助学生更好地了解如何用汉语表达个人情感,进而了解中国人的日常生活和性格特点。

5. 教学重难点

重点:运用本节课所学生词和句型来描述事件的起因、经过和结果,使学生准确、流利地表达个人情感。

难点:学生能够根据情景来得体地表达个人情感,并能礼貌地作出回应;能够运用汉语的思维方式和表达方式让学生结合亲身经历把故事有条理地讲述清楚。

二、案例自述

我所教授的班级是来华语言专修生中级班,班里大多数都是韩国大学生,汉语水平已经达到中级程度。学生们上课非常认真,十分尊重老师,课堂上也不需要使用其他媒介语,课堂气氛轻松活跃。本节课为复练课,上课所使用的教材是由江苏大学出版社出版的留学生汉语基础系列教材《魅力汉语》综合教材第四册,一周两课时,旨在帮助学生复习学过的内容,给他们提供更多的语言训练环境。复练课的主要环节有:讲练综合课教材的课后练习及拓展阅读部分;组织课堂趣味活动,设置情景对话训练。

以2018年11月20日的课堂为例,首先导入部分设计话题。引导学生根据个人的生活经历,结合本节课所学的生词和句型说一说自己或他人遇到过最倒霉的事情。话题贴近生活,能引起学生的共鸣;学生的参与度很高,踊跃发言。如:"有的说在下坡的时候骑车摔倒了;有的说老公发现孩子不是自己的;还有的说女朋友跟最好的朋友在一起了……"师生互动频繁,气氛融洽。

针对本节课所学的生词和句型,进行限定性的话题训练。通过分组选择不同的话题来进行汇报表演,内容围绕"最开心的事情"和"最伤心的事情"展开。在学生汇报和分享的过程中,营造语言训练环境,提高学生的开口率和参与度,在此过程中帮助他们了解和学习汉语的常用表达方式,掌握汉语中描述性格特点和生活经历等的常用句型和句调。

情景训练是在跨文化环境中进行的。师生互动过程中,教师要把握好课堂节奏、情感互动和语言学习之间的关系。情景训练既让学生能够得到规范的准确的句型操练,了解汉语表达习惯,同时也要让学生通过汉语来表达和描述自己民族语言的性格特点和生活方式,使课堂既高效又富有情感,避免语言学习枯燥、乏味。课堂上不乏一些生动有趣的跨文化交流实例,例如:当我们描述中国人比较害羞腼腆的时候,有一个俄罗斯女孩表达了作为俄罗斯人也有害羞腼腆的一面。她上课时很少说话,但在今天的语言训练中,她也能积极地参与进来,说自己最开心的一件事,就是在课堂上能够听懂老师和同学的分享。同学们积极参与和大胆表达,这让我既惊喜又感动,也激励我在课堂上要多设置贴近学生生活和学习的情景训练,让每一位同学都能参与其中。在讨论结束后,我们开始进行短文阅读,主题是关于梅雨天气的。我先给学生五分钟的时间来阅读,然后让他们回答阅读后面的三个问题,紧接着询问他们喜欢什么样的天气及其原因,大家都能根据自身情况畅所欲言。(陈睿)

三、总结反思

总体来说我对本次的课堂教学效果比较满意,课堂上既能带领学生完成复练任务,又提高了学生的开口度。通过这次复练课,我对课堂活动的组织有以下几点体会:1. 课堂活动的有效开展,需要教师提前做出细致规划。比如:活动主题是否新颖有趣,活动目标是否实际可行,活动内容是否贴近学生的生活等。2. 不同课型的前后内容衔接要合理。此次复练课的安排为:第一课时进行讨论,第二课时做阅读理解题。第一课时的讨论充分调动了学生们的积极性,使课堂气氛十分活跃,学生的参与度很高,效果很好。紧接着进行第二课时的阅读理解练习时,学生们能静下心来完成阅读任务。3. 同一次课涉及两个及两个以上主题时,学习主题的关联性要强。复练课主要是对学生学过的内容进行巩固,并使他们掌握所学过的内容。我设计的话题是说一说遇到过最倒霉的事情,后来又引导他们继续说一说最开心的事情和最伤心的事情。这两个话题与第二课时中的阅读理解,即关于梅雨天气的内容并无直接相关的联系,因此引导学生说一说由于天气原因所引起的倒霉的事情可能更好些。(陈睿)

四、案例分析

1. 吕必松主张"保证教学的趣味性是激发学习热情的一个重要手段"。教人未见其趣,必不乐学,国际中文教学亦是如此。案例中复练课的课堂设计既合理新颖又活泼有趣,这样的课堂安排能很好地提高学生的注意力和参与度。教师使用情景法,使较为枯燥的阅读理解课堂被趣味的话题讨论带动起来,让学生能够自主地开口讲述;学生在课堂中也不会感受到压力或无聊,提高自己的口语能力的同时还能够提高所学知识的使用率,进行有效复练。

2. 案例中教师组织趣味汉语课堂活动,在课堂中适当开展活动能够使学习汉语的氛围更加愉悦,也能够改善学生的学习态度,提高学生学习汉语的积极性,让他们从被动学习转换成主动学习。让学生在玩中学,这既可以让学生们巩固所学知识,又能活跃课堂气氛,使学生们在愉快的教学氛围中自然习得汉语知识,提高学生们的开口度,有利于深化知识点的理解与掌握。

3. 教师在反思中提出了学习主题关联性要强,这是值得肯定和学习的地方。课堂教学是一个循序渐进、层层深化的过程。第一课时的教学是第二课时的知识基础和内容的铺垫,第二课时是第一课时知识、技能的拓展和内容的深化。因此两个课时的有机结合更须关注教学主题的关联性。(刘梦迪)

五、思考

在教学中,如何让你的课堂活动更加生动有趣呢?

六、相关文献阅读

1. 周健.汉语课堂教学技巧325例[M].北京:商务印书馆,2001.
2. 朱勇.国际汉语教学案例争鸣[M].北京:高等教育出版社,2015.
3. 刘纯旺.论对外汉语课堂教学技巧[D].西安:西北大学,2012.
4. 王钧蓉.对外汉语课堂教学技巧研究[D].成都:四川师范大学,2010.

案例6 课堂活动组织的成效

一、案例基本信息

1. 教学主题:情景对话训练

2. 教学地点:中国江苏镇江

3. 教学对象:成人初级语言班

说明:本课程的学生大多是非洲学生,学习汉语已有8周,共计48课时。

4. 教学时长:3课时(前2课时为餐馆用餐相关知识、文化、技能的学习与训练,后1课时为模拟餐馆用餐的展示及点评)

5. 教学手段:PPT、自制菜单

6. 教学目标

(1)知识目标:操练课文中的语言点,引导学生使用"我要……""我也要……""我很喜欢……,你们呢?"、"最近……"以及词汇的使用,如互相询问"最近你怎么样?""最近你忙不忙?"等,本次课型为语言训练课,旨在让学生更灵活自由地表达。

(2)技能目标:通过在设定的场景中增强学生的文化理解能力和交际能力,让学生掌握在餐馆用餐时所需要的语言及非语言的交际技能。

(3)情感目标:将课堂模拟为真实的店内就餐环境,促进学生主动利用汉语输出,达到学以致用的目的,进而提高学生学习汉语的热情和兴趣。

二、案例自述

我是江苏大学文学院语言文化中心的一名志愿者,志愿活动时间为每周三下午,我的主要任务是负责语言训练,班里的学生大多来自非洲。至2018年11月21日,学生学习汉语已有8周,共计48课时。在周二学习课文《中国美食》的基础上,周三进行一次课堂实操活动,活动规则为:一名中国志愿者与4—5名留学生组成一组,模拟在中国餐馆吃饭的情景。一名留学生扮演服务员,其他人则扮演就餐人员,利用前两节课做好充分的准备,准备时间为90分钟,第三节课为各组表演汇报时间,表演时长为7—10分钟,最后教师做点评。

教师课前对中国志愿者进行了严格的培训,例如交代志愿者加强对留学生语音的纠正,严格要求志愿者的发音,以取得更好的课堂表演效果,也有助于留学生的语音学习。在活动进行中,志愿者和留学生一同观看,用心感受,记录他们的优缺点,取长补短。在活动结束后,及时反馈学生的学情,以取得更好的活动效果。

教师布置给我们志愿者的任务如下:

1. 提议:如,今天天气很好,我们一起去吃午餐(晚餐),怎么样?

2. 劝说:有的同学表示同意,有的同学表示不同意(我今天太忙了),但经过劝说,都能参加。

3. 寒暄:引导本组学生讨论最近的学习和生活情况,互相询问"最近你怎么样?""最近你忙不忙?"等等,志愿者注意引导(非指定)学生使用"怎么样"这个词完成最近个人生活与学习情况的陈述,例如"最近的汉语课越来越难了""最近的医学课很有意思"。

4. 沟通:与服务员沟通,进行点餐,同时服务员应有适当的话语,如"欢迎你们,这是菜单""请点菜"。

5. 商议:商议吃什么,喝什么。(这部分引导学生使用"我要……""我也要……""我很喜欢……,你们呢?")这部分可以根据学生的具体掌握情况及性格特点自由灵活地组织语言。

6. 对比:对比各个国家的用餐文化的异同点,例如"在英国,我们用刀和叉;在中国,我们用筷子""请客和AA制"。(这部分旨在引导学生学会用不同的视角去分析异域文化,学会换位思考。志愿者注意:在这一环节所使用的语言不宜过分复杂,让学生意识到文化差异即可)。

7. 买单:请服务员报菜品的价格,给出总数,商讨付款方式。

8. 告别。

经过两节课的准备,第三节课,志愿者抽签决定表演的顺序,同学们依次上台展示。每个小组都展示出不同的风采,有的小组制作了简单有趣的菜单,有的小组在与服务员沟通时询问了今日的特色菜,有的小组的服务员表演得很到位,有的小组在等待上菜时聊到了周末的计划,大多数小组在买单时都选择了微信支付,二维码扫一扫,这些付款方式都具有中国特色……总之,每个小组各具特色的课堂表演使得课堂活动非常成功。留学生在课堂活动中,不仅汉语水平得到了快速的提升,而且对于中国文化的了解也更加深入。课堂活动的最后 10 分钟,志愿者与留学生一起评选最佳表现小组,并说明他们的优点与缺点,同时也对自己的小组活动进行总结。(孔艺霖)

三、总结反思

本次活动从策划、准备到实施，整体效果都较为理想。由于学生们刚学过《中国美食》这一课，所以在活动中他们都能熟练地说出中国菜名和餐具名称。非洲学生对中国文化的兴趣以及自身的性格特点使得他们也能较快融入活动中。在活动过程中志愿者标准的发音有明显的带动作用，学生们能自觉意识到自己发音上的问题，在交流中完成语音的自查与纠正，效果显著。而且在展示结束后立刻进行点评和总结，也能让学生更好地取长补短,认识到其问题所在。但由于学生是初级汉语水平,有些语言点他们掌握得尚不牢固,有些话题还无法自如地表达,需要志愿者的协助,因此前期的准备时间比较久。虽然这种活动的学习效果明显,但由于耗时的问题,相同类型的活动不宜多次举行。针对这一问题,我认为《中国美食》的教学中可以提出"餐饮上的文化差异"等问题,先鼓励学生积极思考,再引导学生表达,最后在课堂上进行讨论,这样在后续配套的模拟真实场景活动中学生既能复习之前的表达内容,又能增加新的见解,而且还可以节省时间,一举多得。(孔艺霖)

四、案例分析

人本主义心理学强调学生在学习中的主体作用,强调学习者态度、动机、情绪的重要性,而"以学生为中心"的核心之一就是通过调动和激发学生的学习动机实现"意义学习"。所谓"意义学习",则应体现为学生在"真实"的语言环境中为实现"真实"的语言交际目的而进行主动的学习。人本主义心理学支持语言教学"做中学""在交际中学会交际"的理念和方法,因此"情景剧"的编演成为国际中文教学中较为高效的教学形式。而教师在课堂上的角色也从单纯的知识传授者转变为活动的组织者和情景剧的编导者。情景剧这种教学活动,更能激发学生爱中文、说中文的兴趣,使他们形成用中文思考、用中文表达的习惯。

语言课堂活动的一个重要的目的是为学生营造一个"真实"的语言交际环境。本案例中设计的"餐馆点餐"活动,让学生分别扮演餐馆服务员和顾客,完成"提议→劝说→寒暄→沟通→商议→对比→买单→告别"等餐馆就餐的情景剧。案例中,教师将语言点的学习和操练融入活动的每一个环节,志愿者的加入也能有效降低汉语初学者完成任务的难度,并能照顾到每一位学生的实际情况,适时调整语言的难易度,且能保证最后的展示效果。但要注意的是,也恰恰是志愿者的加入,如果处理不当,志愿者有可能会在整个活动过程中"喧宾夺主"。因此在志愿者的培训过程中,教师一定要反复强调"课堂活动的主体是学生",志愿者要谨记自己的职责是"引导和帮助"。本案例中,教师要求情景剧的编排须结合本课的语言点,且每一种角色类型都需要有一定的语言输出,这一点非常可取。总而言之,课堂活动应具备以下几个特点:

1. 具有目的时效性

作为一种教学手段,课堂活动具有目的时效性,前一环节的学习是后一阶段的展示环节的前提和基础,展示环节语言的输出是前一环节学习的目的和检验。所以,在具体的国际中文教学中,教师应该根据学生的学习情况和接受能力,制定明确的教学目标,合理开展课堂活动,以确保教学的有效性。

2. 具有趣味互动性

课堂活动需要通过师生之间、学生之间的良性互动,才能营造良好的教学环境,取得最佳的教学效果。因此,增强课堂活动的趣味性,构建轻松、和谐的教学氛围,是提高汉语国际教学质量的必要手段。在实际教学活动中,教师应该充分发挥自己的主导作用,合理地组织和引导学生,利用新鲜有趣的课堂活动营造轻松愉快的学习气氛,以吸引学生的注意力,充分调动学生学习的积极性和主动性,巩固学生的语言知识,提高学生的汉语技能。

3. 具有交际实用性

与传统的课堂教学方式相比,模拟真实情境的课堂活动具有很强的实用性和交际性,教师可以通过创设各种生活和学习情境,为学生提供真实的汉语交流机会以提高学生的语言实际交际能力。在国际中文教学中,教师应根据教学主题,设置相应的模拟情境,还原语言的真实空间,以提升国际中文教学的质量和效果。

4. 具有竞争激励性

课堂活动的互动性使得其带有一定的竞争激励性。在开展课堂活动中,教师可以通过小组比赛、游戏竞赛、合作学习等方式,给学生提供展示汉语能力的机会;学生可以自主探究、合作学习,通过活动环节的展示形成良好的竞争氛围,激发自身的好胜心,促使自己全身心地投入学习活动中来,使自己在获得认同感和成就感的同时,更加积极主动地学习和巩固汉语知识。(王怡)

五、思考

你记忆最深的课堂活动是什么?请简单介绍一下活动流程并分享你的体会。

六、相关文献阅读

1. 车文博.人本主义心理学[M].杭州:浙江教育出版社,2003.

2. 叶军.国际汉语教学课堂活动的有效性[J].孔子学院,2011(5):43-47.

3. 孟祥隆.课堂活动在汉语国际教学中的应用[J].亚太教育,2016(9):97.

4. 宋雨菡.课堂活动在汉语国际教学中的应用[D].郑州:郑州大学,2013.

5. 陈曲.课堂活动在对外汉语教学中的应用研究[D].西安:陕西师范大学,2014.

第二章

语言要素教学

国际中文教学中语言要素教学是一项重要的教学内容，要想给学生打好汉语基础，国际中文教师需要具备一定的语言要素教学能力。语言要素能力不仅体现出教师的语言基本功，也能体现出教师对语言的整体感知、理解和运用能力。为了帮助学生准确规范地掌握和运用汉语，国际中文教师需要对汉语的语音、词汇、语法、汉字等进行系统的学习，相应地也要掌握语言要素的常用教学方法。本章主要围绕语言要素的基本构成进行相关的案例解读。

第一节 语音教学

语音是国际中文教学的重要组成部分，语言教学中语音的任务是让学习者掌握汉语普通话正确流利的发音，熟悉汉语常用的语音和语调。汉语语音教学主要涉及声母、韵母、声调的教学，语流教学，篇章诵读中的语调教学等，最终实现学生发音清晰、准确、流畅、自然。国际中文教师的语音教学能力能够保证学生掌握汉语的语音、语调，帮助学生更好地了解汉语的语音特点，培养学生良好的发音习惯，为学生的口语交际打下坚实的语音基础，进而塑造其良好的汉语语音面貌。本节围绕语音教学进行相关案例的解读，提供语音教学的方法和技巧，以期对国际中文语音教学有启发和借鉴意义。

案例 7　语音教学小窍门

一、案例基本信息

1. 教学主题

语音教学

2. 教学背景

课型：语音教学课

教材：荣继华编著《发展汉语 初级综合(1)》，北京语言大学出版社

教学对象：本科一年级日、韩留学生

说明：主要针对日、韩留学生舌面前高圆唇元音 ü、前鼻音韵母 an、en、in 和后鼻音韵母 ang、eng、ing 不分的情况进行语音教学。

教学时长：45 分钟

教学地点：中国山东青岛

3. 教学手段

图片、PPT

4. 教学目标

(1) 知识目标：使学生掌握前鼻音 an、en、in 和后鼻音 ang、eng、ing 的发音技巧和发音方法，能正确发音。

(2) 技能目标：将之前学过的单元音 i、ü 进行巩固，且由单元音过渡到复元音的学习，以培养学生的听音、辨音和发音能力。

(3) 情感目标：加深对汉语语音的了解和认识，增强学习汉语的自信心。

5. 课前准备

(1) 汉语语音的发音部位及发音技巧图片；

(2) 教学活动、PPT、教案的设计与打磨。

二、教学设计

1. 复习导入

利用 PPT 依次将元音 i、u、ü 的发音部位及发音技巧图片展现给学生。

首先，让学生意识到 i 和 ü 是两个不同的韵母，出现的环境并不相同。如：i 可以和双唇、舌尖前、舌尖中、舌面音组合，ü 只能和鼻音、边音、舌面音组合。"ni shi"和"nü shi"以及"li shi"和"lü shi"不同。

其次，让学生熟悉 i 的发音，找到 i 的发音部位，然后保持发音部位不变，嘴型慢慢撮圆。可以适当选用联想法，引导学生想想嘟嘴的样子，以解决 ü 的发音问题。

引导学生掌握元音 i、ü 的发音方法，并多次练习。练习过程中，教师适当纠音。

2. 学习新知

利用 PPT 依次将前后鼻音韵母的发音部位及发音技巧图片展现给学生。

采用试探法、夸张法进行教学。an 为前响复元音韵母,结尾落到鼻音上,鼻翼振动;ang 等为后响复元音韵母,结尾落到喉部,喉部振动。可让学生先找鼻翼振动,再找喉部振动的方式,以区分前响韵母和后响韵母。

引导学生掌握前鼻音韵母 an、en、in 和后鼻音韵母 ang、eng、ing 的发音方法,并多次练习。练习过程中,教师适当纠音。

3. 课堂操练

利用相近的语音来辨析所学的前后鼻音的差异,采用教师领读、学生跟读、学生领读、点读和教师纠音等环节练习和巩固。

4. 总结

通过两国学生读音比赛,学生之间进行点评和纠音,最后教师对两国学生的发音技巧进行总结并给予评价反馈。

三、教学反思

本次课主要是针对日、韩学生的舌面前高圆唇元音 ü、前鼻音韵母 an、en、in 和后鼻音韵母 ang、eng、ing 进行的教学,并对其偏误进行分析及纠正。本案例中所使用的语音教学方法是针对日韩学生进行的设计,对其他国家学生的纠音需要进一步探索尝试,授课过程中注意要因材施教。

对于学生来说,初学发音时,若发音方法和发音部位掌握得不准确,形成错误的发音,久而久之会导致语音的"僵化"或"化石化",对形成规范的语音带来一定的困扰。一般来说,受母语影响,不同国别的学生在学习汉语时会有不同的发音难点。有经验的教师会通过学生的母语和汉语的语音系统对比来找出学生发音的难点,从而运用相应的语音教学方法和教学技巧来进行语音教学和纠音。在国内的多国籍留学生班级中纠音时,教师要尽可能多地提供丰富的纠音案例和多元纠音方法。因为有的发音对一些国家的学生来说是难点,但是对另外一些国家的学生来说可能会比较容易。教师在纠音时,既要有针对性,又要顾全大局。虽然授课类型以及不同专业对学生的汉语口语要求标准不一,但在初级阶段的语音教学过程中,语音的准确性和规范性,不仅能提升学生的成就感和自信心,同时也是在汉语口语交际中能够顺利地表情达意、及时作出回应的重要前提,汉语中有大量的同音词和声调,语音的规范性能够确保学生顺利地进行言语交际,避免歧义和交际障碍。因此初级阶段教师对学生的发音尽可能严格要求,让他们打好语音基础,为今后的汉语学习奠定良好的基础,这样学生对汉语学习也会充满期待。(崔云忠)

四、案例分析

在国际中文课堂的语音教学中,图示法、情景法、听辨法、比较法等都是较为常用的方法,直观易懂、易于操作。

从上述案例的教学设计中,可以看出教师注意到了教学对象的国别化特征,但是没有展示详细的语音教学及纠音策略。在国别化的语音教学中,教师应该根据以往的教学经验,总结分析此类学生群体语音学习过程中常见的偏误,并结合学生母语的语音特征进行对比分析,预测本次语音课堂的教学重难点和学生易产生的偏误,进而"量身打造"语音教学方法,尽量避免学生母语负迁移现象的发生。

本案例中教师注意到日韩学生鼻韵母中元音发音模糊,元音到鼻辅音的发音缺乏语音的动态滑动过程,鼻辅音发音不到位等现象。从案例的环节设计来看,针对国别化的语音教学时,第一步应该直截了当地示范正确的发音,让学生边听边感受、边听边模仿。当学生发生语音偏误时,快速确定学生是由于发音部位还是发音方法不同造成的偏误,适时采用图示法、比较法、听辨法来纠正学生的语音偏误。

教师在导入时就引出声母和韵母的不同搭配,这样对语音初学者会造成一定的困难。在语音导入环节不宜过早进行声韵拼读,可以采用情景法来引入"蜜蜂"活动的动图,让学生一起模仿蜜蜂的声音。首先从简单的 ong 开始学习,让学生尝试发音,学生掌握以后,可单独展开后鼻音-ng 的教学。通过手势、口型的观察,让学生试着张大嘴巴、摸着鼻子的振动,感受后鼻音的发音。学生掌握了语音的发音部位和方法,有了一定的辨别语音能力之后,再展开元音和鼻音韵尾的拼读练习,最后结合词汇教学将本次学习的韵母和声母进行搭配学习。

案例中的联想法,所举的例子不太恰当,教师应该选择一个生活中更常见、学生更熟悉的内容进行联想。例如:针对 ing 的教学,可以用衣服的 i 练习好这个单韵母,再慢慢滑向后鼻音;用小鱼的"鱼"练习好撮口呼 ü,可以联想小鱼吐泡泡的样子,体会发音时的唇形。

本节课的重点在于练习读好后鼻韵母,在设计时要注意练习方式的多样性,在学生掌握好发音技巧之后,再尝试总结和分类,包括后鼻韵母的声母搭配情况。由于案例中的练习写得十分简略,所以我们无法判断其是否通过多种形式来进行操练。另外,练习的语言素材是否贴合生活、契合本课主题需要重点考量。在语音教学时也可以由浅入深,总分结合,举一反三。(刘苏宜)

五、思考

你在语音教学中遇到过哪些问题？是如何处理的？介绍一下你的语音教学小技巧。

六、相关文献阅读

1. 长坂泉. 日本汉语学习者汉语鼻韵母感知及偏误研究[D]. 上海：上海外国语大学，2022.

2. 李明泽. 韩国高中生汉语语音偏误分析及教学策略——以韩国束草女子高中为例[D]. 长沙：湖南大学，2016.

3. 陈爽. 留学生汉语语音偏误与影响因素分析——以韩国留学生为例[J]. 汉字文化，2018(S2)：28＋38.

案例 8　语音教学小方法

一、案例基本信息

1. 教学主题

绕口令练平翘舌音

2. 教学背景

课型：综合课

教学对象：多国籍成人初级语言班，学生来自韩国、蒙古、俄罗斯等国家。

说明：本课程为初级汉语综合课程中的语音复练课，教学内容为平翘舌音的操练，班级整体汉语水平为零基础。本节课主要对近期所学语音进行操练，不需要耗费太长时间在讲解上。

教学地点：中国江苏镇江

教学时长：45分钟

3. 教学手段

板书、PPT

4. 教学目标

（1）知识目标：纠正学生的语音偏误，结合词汇对所学语音进行复练。利用绕口令对相近读音进行辨读，在语流中更好地掌握平翘舌的发音。

（2）技能目标:引导学生用各种方式朗读绕口令,进而增强学生对平翘舌音的掌握能力,使学生能够更加流畅地不依靠拼音进行朗读。

（3）情感目标:鼓励学生开口说话,使其主动输出所学习的汉语词汇,克服说平翘舌音的畏难情绪,增强课堂的趣味性。

二、案例自述

我所教授的复练课,主要是帮助学生复习近期所学语音知识,训练其辨音的能力以及在语流中的正确发音。由于班上学生接触汉语的时间较短,很多学生对新学的语法和词汇的熟悉度不够,我通常在一节课的开始带领学生复习近期学习的词汇,之后再针对相关词汇组织学生进行趣味活动。

复习过程中,我发现学生在实际的语言表达中,难以区别平舌音和翘舌音,尤其是"s"和"sh"发音模糊。于是,我在课堂中运用了简单的绕口令帮助学生区分与练习。

首先,我在白板上把第一则绕口令"四与十"写下来,要求学生试着在草稿纸上为绕口令注音,并邀请一位学生在白板上展示自己的答案,我和其他学生一起检查其正误。学生们对这种纠错学习方式很感兴趣,他们共同观察、讨论,争先恐后地寻找错误,在复习拼音知识的同时,还活跃了课堂气氛。

其次,我带领学生一起朗读绕口令。在齐读时,我发现学生仍有意识地借助拼音,虽然表现良好,但是脱离拼音提示后明显朗读准确度降低。因此,我将拼音全部擦除,要求一位学生按顺序朗读绕口令,其他同学则一边听一边找出错误发音。在全部学生能够较为准确地朗读绕口令后,我把时间交给学生,让他们自由朗读,不断练习平舌翘舌的发音方法。我再针对个别学生的错误情况进行个别纠正。

再次,我在白板上写下了第二则绕口令《三月三》。和第一则一样,我从标注拼音开始,纠正拼音写法和发音。由于第二则绕口令描绘的是一幅登山场景,难度较第一则更大,我用了几分钟时间给学生解释含义。学生理解含义以后,对富有挑战性的绕口令更感兴趣,学习热情更大,纷纷跃跃欲试。于是我改变了之前的教学方法,让学生自主学习、自由朗读,鼓励他们与同桌进行句子接龙,互相纠正发音。

最后,我和学生们一起重读了两则绕口令。通过这节课的学习,我发现借助于富有节奏韵律感的绕口令对平舌音和翘舌音进行集中训练,较之于枯燥的讲解发音方法进行单一的字词发音练习,更能激发学生的学习热情,高效地改善学生发音,不失为复练课中一种行之有效的练习方式。

附两则绕口令:

四与十

你说四,我说十;
四是四,十是十。
四个十是四十,十个四也是四十;
四十不是十四,十四不是四十。
要想说对四,舌头碰牙齿;
要想说对十,舌头别伸直。

三月三

三月三,小三去登山,
上山又下山,下山又上山,
登了三次山,跑了三里三,
出了一身汗,湿了三件衫,
小三山上大声喊,离天只有三尺三。

(陈欣馨)

三、教学反思

学生在刚刚接触汉语时,在语音学习中,经常存在一些发音不准、音节拼读错误等问题,教师要及时关注到该现象,并进行相应的纠音训练。但在此过程中,如果一味地让学生去跟读、领读,学生就会觉得汉语语音学习很无聊,进而失去学习拼音的耐心,教师需要灵活运用一些能让学生感兴趣的学习方法来快速提高他们的发音准确度和学习热情。通过让学生读绕口令的方式来练习他们的平翘舌发音,也是一个较为有效的教学活动和方式。学生在练习的过程中,不仅能及时发现自己和同学的错误,还能纠正彼此的发音错误,学习热情也会相应提高。

初级语音教学阶段,如果个别学生的某些发音不准,老师不宜在课堂上重复且长时间去纠正该生的发音,一些错误的纠音方式极有可能使学生受挫,从而造成拼音难学、汉语难学的错误认知,导致学生失去对汉语的学习兴趣。那正确且高效的纠音方式是怎样的呢?

首先,作为教师,应考虑到学生的心理情感,要给予学生最大的支持,鼓励他们发出正确或接近正确的读音。若个别学生持续语音犯错,比较好的办法是进行课下辅导,一方面,可以减少学生的焦虑和畏难情绪,让学生在课堂上不要有挫败感,尽可能给予他更多的成就感;另一方面,教师可以利用课下更充足的时间,向学生讲解发音原理,指导学生更好地发音。

其次,某些音难发是正常的,应采取循序渐进、细水长流的方法进行教学。在具体的语音教学中,教师应根据发音情况,灵活地运用其中某种教学法或不同教学法穿插使用,使语音教学变得更高效、更便捷。

如果大多数学生发音不准,我们就要在课堂上采取集中纠音的方式。具体纠音方式有很多,如手势法、对比法、带音法、演示法等,在此基础上,教师还应设计一些活动或小游戏来帮助学生对所纠正的发音进行巩固。绕口令并不是唯一的纠音办法,还可以让学生把汉语的拼音和自己的母语发音相比较,找出异同,这样也能很好地训练发音。(陈欣馨)

四、案例分析

绕口令对改善学生发音不准的问题有一定的帮助,尤其是针对学生的发音难点平翘舌音,如此反复操练十分有效。案例中的留学生处于初级阶段,汉语拼音的练习活动有限,教师能将绕口令用于教学中,能增加国际中文语音课堂教学的趣味性。

绕口令可以激发学生学习汉语的热情,活跃课堂氛围。绕口令是我国民间文艺中别具特色的语言艺术形式,它在儿童读物、语言技能类训练、舞台表演中广泛使用。一方面,绕口令形式多样、朗朗上口,可以帮助学生磨炼唇舌,矫正发音,提高语言表达能力;另一方面,将绕口令应用于国际中文语音教学中,不仅可以训练学生正确流利的发音,更能激发学生对汉语语言艺术的探索,进而提高学生学习汉语的积极性和吸引力。

绕口令在国际中文语音教学中,有利于学生控制气息,改善学生的语音面貌。田静指出绕口令具有声韵调、节奏性、停顿和押韵等特点,汉语绕口令可以体现出汉语语言的独特性和文化特色。此外,绕口令有助于锻炼汉语普通话,可以帮助学生找准发音部位、领会发音方法及控制发音力量,提高说话的流畅度。案例中的教师用两个绕口令反复操练学生的语音发音,在复习词汇的同时加深对语音的记忆,这样学生的说话流畅度越来越好,而且能够逐渐脱离汉语拼音认读汉字、词汇和语句。

针对初级阶段的语音教学,我们利用绕口令时,需要注意以下问题:

在国际中文语音课堂教学中,绕口令的使用也要注意,完全是汉字和拼音单独出现的绕口令,会使得学生对于汉语绕口令所表达的意思理解不清晰,以及单纯反复操练绕口令也会显得很枯燥,达不到预期的语音教学效果。教师可以结合图文对绕口令进行"整体—局部—整体"的解读,如对于《三月三》这则绕口令的学习,我们可以先让学生从整体上视听这则绕口令,然后再结合图片进行"三、山、衫"的解读,最后让学生在理解绕口令的基础上进行操练,以提高语音的准确性和流利度。此外,在学生练习绕口令的同时也可以加入游戏竞赛,如朗读比赛、小组比赛、男生女生对抗赛或者师生比赛等等,通过读绕口令的比赛活动,提高学生的参与感和积极性,培养学生朝准而快这个目标努力。(吴莎莎)

五、思考

在你的国际中文语音教学中,有没有用过绕口令?请和大家分享一下。

六、相关文献阅读

1. 薄金成.浅析对外汉语教学中的语音偏误及教学启示[J].汉字文化,2022(8):83-84.

2. 王克瑞,杜丽华.播音员主持人训练手册:绕口令[M].北京:中国广播电视出版社,2012.

3. 田静.汉语绕口令语言研究[D].青岛:青岛大学,2014.

4. 鲁健骥.对外汉语语音教学几个基本问题的再认识[J].大理学院学报,2010,9(5):1-4.

5. 李蕊琢.绕口令在蒙古国初级汉语学习者语音教学中的应用研究[D].西安:西安石油大学,2021.

案例 9　声调教学小技巧

一、案例基本信息

1. 教学主题

声调教学

2. 教学背景

课型:语音教学

教材:荣继华编著《发展汉语 初级综合(1)》,北京语言大学出版社

教学对象：零基础韩国留学生。

教学时长：45分钟

教学地点：中国山东青岛

3. 教学手段

卡片、PPT、图片等

4. 教学目标

（1）知识目标：对汉语拼音中的"阴平、阳平、上声和去声"四个声调有整体认知，并能够掌握声韵的拼读。

（2）技能目标：能够在听读词语训练中，准确识别字词的声调；能够正确朗读"阴平、阳平、上声和去声"声调；注意识别声调具有区别意义的作用。

（3）情感目标：培养学生语音学习的兴趣和声调意识，感知汉语的声调特征；让学生体会汉语声调韵之美，领会汉语的常用句式的声韵特征。

5. 课前准备

（1）布置学生学习任务清单（听音频材料，汉语拼音书写练习等）。

（2）教师了解学生的预习情况，有针对性地提炼出重难点。针对学生的预习反馈进一步对教案进行精简和打磨。

二、教学设计

1. 汉语声调知识示范及讲解（10分钟）

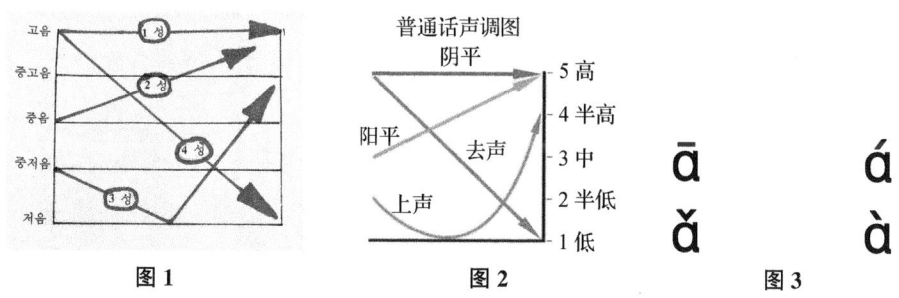

图1　　　　　图2　　　　　图3

针对韩国学生设计汉语声调展示图片：

（1）展示汉语和韩语对应的声调表（在这里可以针对学生的国别具体放置相应语言的声调表）。

（2）运用全身反应法进行课堂声调操练。操练过程当中教师要注意学生的反馈，并给予进一步的示范及讲解。

2. 四声的训练

（1）带读，学生跟读。运用夸张法给学生讲解，一边带学生跟读，并随机挑选学生朗读并帮助其纠正发音。运用夸张法建立课堂训练规则，增强课堂教学效果，如阴平拉长，无限延伸，保持不变；阳平抬脚，抬头；上声疑问语气引导；去声加重语气。

（2）把语言和行为联系在一起，通过身体动作教授语言。教师通过让学生跟读音节的方式训练四声朗诵，如："a"。

学生：ā

教师：á

学生：ǎ

教师：yes, à

注意事项：初级阶段的语音教学是重点，也是难点。第一，一定要打好基础，培养学生的声调意识，让学生明白声调的作用。第二，初级阶段的教学，教师一般会借助媒介语进行教学，教师可适当营造汉语氛围。第三，声调的教学与交际教学结合起来。如"半数""半熟""板书""搬书"等。第四，充分利用板书设计的灵活性，使课堂更具有活力，让声调对比更明显。第五，可以利用图片、动画等特征鲜明的教学素材增加声调学习的趣味性。

3. 轻声学习环节（15分钟）

回顾"mā ma、yé ye、jiě jie、bà ba"的读法并且告诉学生第二个声调就是轻声（也就是没有声调），并且带着学生多次练习。通过集体展示、小组展示和单独展示等方式强化口腔肌肉训练，为学生准确流利朗读汉语声调打好基础。

4. 巩固操练（10分钟）

练习一：听读训练。教师示范朗读语音，学生找出相对应的卡片并朗读出来。教师念到"mā ma"，让同学们举起来并且读出来，连续操作，给学生练习的机会。

练习二：听写训练。首先教师告诉学生们将会朗读学习过的"mā ma、yé ye、jiě jie、bà ba"中的任意一个语音，学生在空白卡片上写出教师的朗读语音。该过程中教师边读边看同学们的书写情况。

5. 课堂小结（5分钟）

首先，回顾本节课的重点讲述内容，总结语音训练的易错点，强化重点内容，梳理训练方法；其次，指出四个声调和轻声训练的重点；最后，布置课后作业。（崔云忠）

三、教学反思

汉语声调具有区别意义的作用。在汉语听读训练中,对于母语中没有声调区别的学生而言,汉语声调既是重点也是难点,不能准确掌握声调发音是导致学生洋腔洋调的原因之一。语音学习初期,掌握正确的声调发音方法,保证足够的声调发音训练,对学生掌握一口流利的汉语是非常重要的。如果初期学生不能够准确流利地发音,带着错误的发音习惯继续学习汉语,后期错误就很难纠正过来。从学生大多采用平声调来读所有有声调的音节的学习效果反馈来看,发音方法的讲解要有针对性和适用性,根据教学对象的特点选择合适的教学方法,通过全身反应法和夸张法来帮助培养学生的声调意识。全身反应法将肢体语言与口语紧密结合,有利于让学习者身临其境地感受、理解并学习语音。本节课的重要目标之一是教授学生正确的声调发音方法,提供充足的、典型的声调训练材料。另外,通过课上课下的操练和教师的纠音示范检查作业等环节确保学生学习效果。

国际中文教师在教授汉语时,面临很多的挑战,备课时要充分考虑教学对象的特点,不仅要备教学内容,还要对学生的学情有充分的了解。充分了解学生母语并发现该语言与目的语之间的异同,有利于我们更好地安排教学内容,也能让我们及时发现学生学习汉语的难点,对症下药,及时纠正学生在学习汉语时出现的偏误。(崔云忠)

四、案例分析

汉语的声调非常重要,具有区别意义的作用。例如,"大妈"和"打骂",它们的拼音完全一样,唯一的区别是声调不同。在汉语学习初级阶段,为避免洋腔洋调,学好声调就至关重要。该教师能够根据教学对象的特点选择合适的教学方法,通过全身反应法和夸张法来帮助学生掌握正确的发音方法,保证充足的发音训练。学生多练习、多模仿,是学好语音的必经之路。如何在枯燥的语音训练中增加学生学习的趣味性,是课堂设计要解决的重要问题。该教师能够在语音训练材料选择上,注意结合学生的特点选择喜闻乐见的语音训练材料,使课堂氛围增色不少。教师及时有效的示范和耐心的引导,是课堂的灵魂,也是师生之间建立友好和谐且富有情感的互动的关键。教师的示范发音规范、准确,富有启发性,学生的模仿大胆、真实。学生的适时模仿、教师的及时纠音,能够确保课堂语音教学的实效,使课堂语音教学无可替代的作用发挥到最佳效果。

案例中的教师也可以设置一些相关活动,例如唱歌活动等,帮助学生熟悉声调,增强课堂学习的趣味性,提高学生的学习兴趣。此外,学习声调的过程中,教师也可以适当增加一些对话训练。在布置作业的环节中,鼓励学生到真实的语言环境中,运用课堂上所学的对话,使作业更具有趣味性和可操作性。汉语和韩语在发音上有共同性,同时也存在许多差异性,教师需要注意韩语和汉语在发音上的异同点并加以运用,以减少学生的母语负迁移影响。(曹贵美)

五、思考

声调教学过程中,你遇到过哪些问题,又是如何解决的呢?

六、相关文献阅读

1. 宋春阳.谈对韩国学生的语音教学——难音及对策[J].南开学报,1998(3):72-76.

2. 任少英.韩国汉字音和普通话声调的对应关系[J].汉语学习,2003(3):41-44.

3. 赵金铭.对外汉语教学概论[M].北京:商务印书馆,2004.

4. 冯丽萍,胡秀梅.零起点韩国学生阳平二字组声调格局研究[J].汉语学习,2005(4):63-69.

5. 侯晓虹,李彦春.初级汉语水平韩国留学生汉语双音节词声调的发音规律研究[J].语言文字应用,2006(S2):9-13.

6. 郭宏.韩国学生汉语学习中语音偏误例析[J].西南民族大学学报(人文社科版),2007(7):197-199.

7. 喻江.声调教学新教案[J].语言教学与研究,2007(1):77-81.

第二节 词汇教学

汉语词汇教学是国际中文教学中最为基础的一个教学环节,在任何课型中词汇教学都是最受关注的一部分。汉语词汇教学的基本任务是根据《国际中文教育中文水平等级标准》的要求,国际中文教学词汇大纲的要求,在相关汉语词汇等级框架体系下,要求学习者掌握一定数量的汉语词汇的音、形、义和基本用法,培养其在语言交际中对词汇的正确理解和表达。词汇教学贯穿学习者初、中、高整个教学阶段,也是其他各类课型的重要组成部分。讲好词汇课,是语言教学的起点。在现代汉语中,语素、词和固定短语是词汇的三大基本单位,词汇教学与语音教学、语法教学和汉字教学有着密切的关系。词汇教学也是教学方法、教学模式和教学技巧呈现比较集中的部分。本节以词汇教学的相关案例解读为切入点,重点呈现词汇的展示、词义的讲解、词汇的搭配所使用的常用方法和教学技巧。

案例 10　巧用道具教生词

一、案例基本信息

1. 教学主题

词汇教学

2. 教学背景

课型:综合课

教学地点:毛里求斯

教学对象:小学初级班

教学时长:45 分钟

3. 教学用具

图片、绳子

4. 教学目标

(1)知识目标:掌握生词"项目、跳高、跳远、赛跑、拔河、跳绳"的基本意义及用法,能够在常用语境中使用生词。

（2）技能目标：能够在正常的语流中听辨、复述本节课所学的生词，在不同的语境中选择适当的词汇进行日常交际，了解词语搭配规律，熟悉词汇意义和结构组成特点，对学过的生词可以按照规范的笔顺书写。

（3）情感目标：培养学生生词学习的兴趣，使他们感知汉语生词的形、音、义，让学生在愉快和谐的氛围中轻松学会生词。

二、教学设计

1. 导入

教师通过展示教具和示范等方式引导进入有关运动的话题，通过组织同学参与讨论等方式营造学习语境。

2. 生词讲解

生词内容：项目、跳高、跳远、赛跑、拔河、跳绳。

以旧带新：复习学过的生词"走、跑、踢足球、打篮球、打羽毛球"。通过动作提示帮助学生回顾学习过的生词，再用汉字图片展示法加强学生的记忆。

讲解生词：

展示词语：跑——跑步——赛跑——比赛

教具：绳子。我从"跑"引申到"赛跑"：跑步在比赛当中叫赛跑，"赛"就是"比赛"的意思，所以，赛跑就是比赛跑步。之后我让两个学生站在教室的前面，两个学生拉着绳子站在教室后面，我说："开始。"教室前面的两个学生开始跑，看谁第一个冲到绳子前，谁就是胜利者，即可得到贴纸。

展示词语：跳——跳起来——打篮球——投篮

打篮球、打羽毛球

接下来，我问学生："打篮球的时候，我们需要怎么做，才能把篮球投入篮筐中？"学生告诉我说："要跳起来。"我说："很好，跳就是 jump。打篮球时，如果跳得越高，就越容易进球。高，就是 high，跳高就是一项运动。"之后，我让两个学生拉着绳子，另外两个学生分别跳高，跳得高的就是胜利者，即可得到贴纸。

展示词语：跳——跳起来——跳远、跳绳、跳高

然后，我把绳子放在地上，让每个学生上来体验一下，看看谁跳得远。我问学生："是不是谁跳得远，谁就是最好的啊？"学生点头。我告诉学生们，跳远也是一项运动，跳是动作，远表示距离。

后来我又给学生一根绳子，学生用这根绳子跳起来，每个学生体验后都很高兴，

开始纷纷问我:"老师,这个运动用汉语怎么说?"我告诉他们,这叫"跳绳"。

展示词语:拔——拔河——拔萝卜

把全班同学分成两队,展示拉的动作叫"拔",而这项运动叫作"拔河"。有的同学就问:"老师,这明明是一根绳子,应该叫拔绳啊?"我说:"拔河这项运动起源于中国古代,古人把中间的分界叫作'河界',所以叫作拔河。"

学生们利用一根绳子,记住了本课应该掌握的生词。我相信在真正的运动中,每个学生都能记得更牢,在玩中学、寓教于乐不失为一种高效的教学方式。

3. 课堂练习

教师板书书写生词,学生跟写生词。学生齐读、小组读、个人读生词及常用搭配词组。课堂书写生词及搭配词组,注意强调笔顺。

4. 课堂总结

板书——"打和跳",让学生学会归纳。(贾昌明)

打	跳
打篮球	跳高
打羽毛球	跳远
打网球	跳绳

三、教学反思

这节课我首先用全身反应法引导学生回顾之前学过的与本节课相关的词语,然后再用图片展示法加强学生的记忆。在正式讲授本节课生词部分这一环节时,我充分利用生活中常见的道具——绳子,来设计适合授课对象的简单而易操作的教学活动。在教学中我始终坚持以学生为中心,让学生充分参与到教学活动中。我的课程授课对象是小学生,这个年龄段的学生普遍存在活泼好动、注意力时间较短等特征,如果让他们长时间地保持一个学习姿势,往往会降低学习效果,所以设计丰富的课堂活动能够更好地吸引他们的注意力,激发他们的学习兴趣,让他们在玩中学,学中玩。本节课学生全程配合度较高,能够在教师的引导下举一反三,让教师能够按照由易到难、循序渐进的原则进行生词教学,并引发同学们进行主动思考,提出问题。(贾昌明)

四、案例分析

首先,案例中教师在教授生词前,通过使用身体动作的方式让学生了解学过的生词,一方面可以让学生复习学过的内容,又可以把新旧知识联系起来,缓解学生的畏难情绪;另一方面可以集中学生的注意力,提高学生的学习兴趣。接着教师用图片展示法加深学生记忆,为本节课的知识讲解奠定基础。其次,本课生词的教学也可以说是一根绳子的汉语课,通过"绳子"这个教具,教师根据不同运动的特征改变"绳子"的用途,开展一系列的课堂活动,让学生积极地参与到活动中去,使他们在游戏中学习到本课生词,并且让学生清楚地理解"赛跑""跳高""跳远""跳绳""拔河"之间的差异,帮助他们更好地学习、理解本课生词,同时增强了课堂趣味性。在学中玩,在玩中学,寓教于乐。最后,让同学们自行进行归纳,提高他们的自主归纳能力,加深学生的印象。这可以检验本节课的学习效果,方便教师对学生知识的理解程度进行准确把握。

但是,本案例设计的教学活动需要充分考虑教室的可操作空间,教室中有大量的桌椅,空间相对拥挤,像跳绳、跑步这些教学活动并不太适合在狭小的教室中进行。如果教学活动设计是将学生先带出教室然后又回到教室,一节课的教学时间是有限的,这样的教学活动会占用大量的时间。拔河活动本身具有一定的危险性,任课教师在设计教学活动时还需要考虑教学活动的安全性和可操作性。本节课的生词教学中任课教师主要讲了和跳相关的词语,并没有展示相应的句型,教师还需要注意设计复述、跟读、练习等环节。最后对本节课的总结与归纳不太充分,教学总结并没有很好地概述本节课的内容,也需要改进。(袁婷)

五、思考

你在讲授生词的过程中会遇到哪些问题呢?你又是如何讲解的呢?

六、相关文献阅读

1. 朱勇. 国际汉语教学案例分析[M]. 北京:高等教育出版社,2013.

2. 崔永华. 对外汉语教学设计导论[M]. 北京:北京语言大学出版社,2008.

3. 吕明,吕立杰. 初级对外汉语模拟课堂中教具使用的问题与对策[J]. 教育理论与实践,2016,36(9):61-62.

案例 11 生词串联小故事

一、案例基本信息

1. 教学主题

词汇教学

2. 教学背景

课型: 听说课

教材: 马箭飞主编《汉语口语速成:基础篇》,北京语言大学出版社

教学对象: 汉语进修生

说明: 本课程的学生来自多个国家,包括欧洲、非洲、亚洲、拉丁美洲等,文化差异较大。学生基本已通过 HSK 四级考试,汉语基础较好。

教学地点: 中国江苏南京

教学时长: 45 分钟

3. 教学手段

图片、PPT

4. 教学目标

(1) 知识目标:熟练掌握所学的生词并能运用所学生词进行造句。

(2) 技能目标:结合所学习的生词和情景引导学生进行生词串联,形成一个小故事,进而增强学生的交际能力,让学生在会话中了解生词的含义及具体使用场景。

(3) 情感目标:通过模拟真实的会话环境,鼓励学生开口说话,主动输出所学习的汉语生词,克服口语交际中的畏难情绪。

二、案例自述

词汇是建筑汉语大厦的根基,如何让学生理解生词含义并能够灵活运用更是课堂教学中的重中之重。我所教授的学生基本都已经通过了 HSK 四级考试,汉语基础较好。词汇的学习可以借助较为简单的汉语词汇进行讲解,造句练习学生也都可以参与进来。此外,学生来自多个国家,欧洲、非洲、亚洲、拉丁美洲的都有,文化差异较大,生词练习时学生也能够结合自己的文化说出一些大家感兴趣的故事。我在备课时也会结合学生的情况准备例句,有时候会用一些我们班级学生才知道的"梗"引导学生用生词造句,让学生更有参与感。因此班级学习氛围很好,学生们参与交流的积极性很高,以上这些条件都为我的生词串联小故事的词汇操练活动打下了坚实的基础。

生词串联小故事设计一般我会用在复习课上,但需要在学习新课时就对学生进行循序渐进地引导。我会在课件制作时先用图片串联故事,最好是结合有趣的动图讲个小故事。为了提高学生的兴趣,一般故事的主人公会是班里性格较好,非常愿意开口的学生。在一章节大课学习完毕之后,结合本节课的主题,教师选取重点词汇,

开始生词串联小故事的操练。此项操练活动一般是在四节课的最后一节开展,上课之时,将班级同学进行分组,比如今天学习的是如何租房子,那么将全班同学按照人际关系进行分组,如朋友两人、一家四口人等一起租房,由一人扮演房东,结合今天学习的生词和情景进行故事准备,每组最多准备10分钟,然后上台表演学生设计的故事。这种生词串联小故事的活动对生词的理解和运用都很有帮助,我们班的学生也很期待。(徐晓晓)

三、教学反思

在国际中文教学中,词汇的教学尤为重要。因此在词汇教学的操练环节我一般会设计生词串联小故事,将学生分组,每组最多准备10分钟,然后上台表演所设计的故事。我觉得,让学生在情境中学习能够更好地记忆生词,也利于他们在真实情境中的运用。当然,我的设计也存在不足。设计生词串联小故事活动时我往往思虑甚少,没有充分考虑可能会出现的问题和情况,如果在哪一个环节中出了问题,可能我并不能及时做出反应和采取应对措施。在今后的教学中我也要加强学生活动管理方面的能力。(徐晓晓)

四、案例分析

从教学对象和学情来看,本案例的教师在充分考虑班级汉语水平和造句能力的情况下,针对班级实际情况进行了特别的教学设计,用生词串联小故事的方法,从复习词语、锻炼学生造句能力等前期一系列的复习手段,循序渐进,不断巩固和夯实学生的词汇知识,使造句作为教学手段成为可能。生词的造句通过生动的方式,不仅充分锻炼学生的词汇能力,而且通过造句的手段将学生的词汇体系进行有效的联结,使原本独立的词汇相互关联,利于学生的词汇习得,锻炼学生的语言组织能力。

从教学手段和课堂效果来看,教师不是将造句作为一个教学任务进行的,而是通过小组教学法、课堂体演法等能够激发学生学习兴趣的教学方法,充分考虑学生的学情和学生之间的人际关系,在进行大量的前期准备和铺垫的情况下,通过情境设置、词汇串联和课堂表演等多种活泼的教学元素的参与,来活跃课堂气氛,使每个学生都能够高度地参与到课堂中,自觉、自主且具有创造性地展示自己。

但值得注意的是,教师在选取故事主人公时,一般会选择班内性格开朗,善于表达,组织能力强的学生,在分组表演时也会将彼此较熟悉的学生分到一组,这样能够让表演编排更为高效,但有时也会出现一些小状况,如学生更愿意和同国籍的同学交友,基于这样的情况,多个同国籍的学生在一个组内,容易使用母语进行沟通,客观上降低了使用汉语的频率。教师在进行分组表演的时候可以采取多样的分组形式,将学生打乱,在主人公的选取上,可以和班级内的学生进行充分的沟通和商量,在情节上也可以与被选中的主人公进行讨论,部分听取主人公的意见,将"被选为主人公"正面地强化为一件积极的事情,而不是局限于的少数同学。(顾云钊)

五、思考

在词汇教学过程中,你有什么好的教学方法呢?

六、相关阅读文献

1. 朱勇.国际汉语教学案例与分析[M].北京:高等教育出版社,2013.

2. 孔子学院总部/国家汉办.国际汉语教学通用课程大纲[M].修订版.北京:北京语言大学出版社,2014.

3. 魏玮.对外汉语初级口语慕课词汇教学研究——以《初级汉语口语入门》和《初级汉语口语》为例[D].保定:河北大学,2021.

4. 田诗园.基于语素教学法的对外汉语词汇教学[J].汉字文化,2022(21):142-145.

案例 12　说唱并重练生词

一、案例基本信息

1. 教学主题

基础词汇教学

2. 教学背景

课型: 汉语体验课

教材: 无

教学对象: 英国小学四年级学生

说明: 苏格兰的中小学语言教学政策规定小学的外语学习不设置考试,小学的汉语课堂以兴趣引导为主,一周一次课。志愿者教师课堂上一般不指定教材,内容由教师按照教学建议及规划自行设计安排。

教学时长: 35分钟

教学地点: 英国

3. 教学手段

实物、图片、PPT

4. 教学目标

(1) 知识目标:掌握数词、量词和名词的搭配以及亲属称谓词。

(2) 技能目标:培养学生在家庭生活中准确地称呼身边的亲人的能力;让他们学会打招呼。

(3) 情感目标:让学生了解中国的称谓文化,并懂得如何区分这些称谓。

5. 课前准备

(1) 制作数字、颜色卡片。

(2) 教学活动、PPT、教案的设计与打磨。

二、教学设计

1. 导入

教师课堂上跟学生打招呼,进而启发学生关注在家里如何与身边的亲人打招呼。

2. 生词讲解

引导学生关注中国儿童在打招呼之前如何称谓。

家庭称谓:家庭成员(爸爸、妈妈、爷爷、奶奶、哥哥、姐姐、弟弟、妹妹)

日常用语:你好、谢谢、再见

常见词组:爷爷好、奶奶好、哥哥再见、谢谢哥哥

把词语编成了一首歌,设计动作,增强课堂的可参与性。

nǐ hǎo nǐ hǎo　　bà ba mā ma
你好你好,爸爸妈妈
wǒ de jiā　　wǒ de jiā
我的家,我的家
wǒ ài wǒ jiā　　wǒ ài wǒ jiā
我爱我家,我爱我家
zài jiàn　　zài jiàn
再见,再见

3. 课堂操练

句型:① 我家有……口人。

② 我有……。

复习数字1—10。

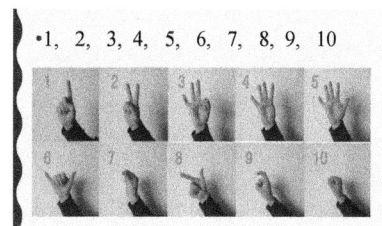

通过齐读、小组读、个别读的方式复习学过的生词及常用词组。

操练句型：教师通过营造特定的情景讲授句型1和句型2，并提问学生，让他们回答。学生熟练句型后开展课堂活动。

活动环节：同学们互相介绍自己家里有几口人，并向老师介绍自己的家庭成员。

4. 课堂小结

展示PPT，总结本节课学过的生词、词组及常见句型。（李超）

三、教学反思

苏格兰各地区中小学的汉语课，更多的是兴趣体验课，以词汇和常用句型讲解为主，语法点讲解不多，大多围绕某个主题进行交际练习。考虑到教学对象是中小学生，教学的方式方法以突出趣味性和实用性为主。作为志愿者，我们一方面入乡随俗，借鉴本土化的方法，另一方面根据实际的教学环境尝试一些其他的教学方法。中小学生对新事物有良好的接受能力，可以大胆尝试，增强学生对汉语的喜爱。

汉语体验课还是要突出"体验"二字，歌曲游戏等让学生的参与感更强。对于小学生来说，大脑以及肢体都比较灵活，眼睛在看，耳朵在听，嘴巴在唱，手也能跟着比画，上课注意力会更集中，课堂效果也会更好，相应的教学效果也会提升。（李超）

四、案例分析

该案例中，教师每周只有一次汉语体验课，且教学时长为35分钟，这就导致学生学得快、忘得也快。所以，在每一次学习新课时，如何将前面学过的知识融入新知识中去，这是教师必须考虑的问题。比如在教授数词、量词和名词搭配之前，教师可以提问学生的家庭成员以及电话号码，在一问一答的过程中巩固称呼语和数词。教师也可以设计一个把数词和称呼语结合在一起的小游戏，在学完称谓词之后，引导学生以旧带新进行练习。

初级汉语学习阶段的学生学习热情一般较为饱满，教师应该更加注重精心策划、组织、指导教学，让学生无论是在有意识还是无意识的学习状态中都能动脑想、动口说、动手写。相比较于简单的歌唱和舞蹈，汉语体验课的智力小游戏对学生来说更有挑战性,课堂上也可以设立一个奖励机制,表现好的学生可以获得贴纸奖励,当贴纸数量累积到一定数量后就可以换取相应的奖品。小学生们的竞争意识强烈,适当的奖励机制能够激起学生们的好胜心,他们会积极跟上教师的节奏,对游戏的参与度也会更高,教师也能获得更好的教学效果。如此一来,教师和学生之间会形成一种良性互动。互动教学的本质在于"活动",以学生为中心,围绕教学内容,让被动学习变为主动学习,促使学生手脑口齐用,从而活跃课堂学习气氛,提高学生的学习兴趣。(冯笑迎)

五、思考

为了吸引学生的注意力和提高学习汉语的兴趣,你用过哪些好的教学方法呢?

六、相关文献阅读

1. 赵金铭.对外汉语教学概论[M].北京:商务印书馆,2004.

2. 余佩.对外汉语数字教学案例分析[D].武汉:湖北工业大学,2018.

3. 魏建立.对外汉语教学中的数字教学技巧探究——以坦桑尼亚多多马大学为例[J].湖北函授大学学报,2014,27(13):114-115.

第三节 语法教学

语法在语言要素教学中占有重要的地位,一直以来都是语言教学的重点和难点。汉语重意合而形式变化少,语序和虚词是重要的语法手段,词类和句法成分不是简单的对应关系,并且有大量的量词和语气词,这些特点使汉语语法教学必然呈现独有的教学方法和技巧。国际中文教育语法教学的总体目标是培养汉语学习者用汉语组词造句、连句成篇的汉语表达能力。这种能力的培养是一个长期的过程,也需要国际中文教师在教学中运用各种教学手段和方法来更好地进行语法教学。一方面我们吸收借鉴语法教学的一般方法,另一方面也要结合汉语语法特点,提炼国际中文语法教学模式和常用教学方法。本节围绕语法教学进行相关案例的解读,提供语法教学的相关方法和技巧,多角度多方面地展示语法教学实践。

案例 13 HSK 语法点教学

一、案例基本信息

1. 案例主题

"二"和"两"的使用与区别

2. 教学背景

课型: 综合课

教材: 姜丽萍主编,《HSK 标准教程 1》,北京语言大学出版社

教学对象: 江苏大学 2021 级汉语零基础留学生(硕士、博士研究生)

教学地点: 中国江苏镇江

说明: 本课程是江苏大学硕士和博士留学生的汉语必修课程。教学班级为 2021 年春季硕士班和博士班一年级的学生,共 31 人。其中有 3 人通过 HSK 四级考试,汉语能力为高级水平,3 人通过 HSK 三级考试,6 人根据江苏大学研究生院的相关文件允许申请免听;7 人拥有初级汉语读写能力,水平相当于或略低于 HSK 二级,其余均为零基础。

教学时长: 90 分钟,其中本案例 20 分钟左右。

3. 教学手段

实物、图片、PPT

4. 教学目标

(1) 知识目标:掌握"二"和"两"在数字表达时的用法与区别。

(2) 技能目标:培养学生在使用汉语表达数字"二"的时候,能够说出正确的短语和句子。

(3) 情感目标:感受汉字的数字之美。

5. 课前准备

(1) 与"二"和"两"表达相关的词汇与短语,尽量使用他们已经掌握的词汇和句式,如"我家有两口人""我女儿今年十二岁"等等。

(2) 教学活动、PPT、教案的设计与打磨。

二、案例自述

综合课是综合讲授和训练留学生汉语听说读写能力的课程,"二"和"两"的区别与使用只是其中一个很小的语言点,但也是直接影响学生理解汉语数字"二"和正确表达的关键。

在 HSK 标准教程中,"二"首先出现在第一课的汉字版块第二项"认识独体字"部分,然后又出现在第五课《她女儿今年二十岁》,接着在第十一课《现在几点》的热身版块就出现了需要用"两点"描述的时钟图片。鉴于此,在完成第五课基本的教学环节后,教师将"二"和"两"这个语言点单独提出来操练。

主要环节:在 PPT 里给出课文的原句"她女儿今年 20 岁",请大家阅读复习;又给出另外两幅图:一幅是一个刚学会走路的小宝宝,图片下面用数字标明这个宝宝"2 岁";另外一幅图是一个背着书包上课的学生,用数字标明"12 岁",请 4 到 5 位同学分别用汉语表达图片内容,说出他们的年龄。接着再给出四幅家庭照片,分别是两个人、三个人、四个人和五个人的照片,用来复习"你家有几口人"的表达。(田海虹)

三、教学反思

在使用《HSK 标准教程 1》为江苏大学零基础硕士研究生和博士研究生(混合班)授课时,在第一课的汉字版块第二项"认识独体字"部分,就介绍了汉字"二",解释是:"二 means two"。但是其实我们知道汉语里表示数量"2"的还有一个非常重要的汉字,就是"两",特别是在量词之前,我们大多数用"两"表示数字"2",如:两位老师、两本书、两口人;特别是该教材第十一课《现在几点》,在热身版块就出现了需要用"两点"描述的时钟图片。但实际上,"两"这个汉字是 HSK 二级词汇,也确实出现在《HSK 标准教程 2》的第四课。那么,当学生需要在时间和数量词之前表达"2"的时候,如果老师不能提前根据实际需求引入"两"的教学,学生就会说出"＊二口人""＊二点""＊二个老师"这样的表达。

因此,教师在教学中要结合教材编写的内容和实际需求,及时引入"两"的教学,并给出适应当前学生汉语水平和表达需要的相应解释:

"二"和"两"既可以用于数字中,又可以用于量词前,但是它们的用法又有不相同的地方:用于表示数字、序号和号码时,一般用"二",如"二、十二、二十、二百";在量词和一些可以作量词的名词前面一般都用"两",如"两个""两年""两点(钟)""两岁"。

这样安排课程,虽然看似讲了超出当前等级的词汇,但是解决了学生的实际表达需要,避免学生表达出现偏误。通过该语言点的讲授和偏误的纠正,学生能够基本掌握这两个汉字的用法,说出符合汉语规则的句子。(田海虹)

四、案例分析

教师在教授语言知识的同时,会涉及相关的语法内容,讲与不讲的观点都有,但大多数侧重于讲。在教学过程中,学生会遇到一些混淆的知识点,如果时间允许,学生的自身条件还可以,教师就可以多涉及一些相关知识点。可能学生一开始理解起来有些困难,但经过复习和反复操练,慢慢地学生就会逐渐记住这个语法点,等真正学到相关知识点的时候,对学生来说,这就不是难点了。

本案例中的"二"和"两",教师采用的是由"二"引出"两",其实在成人汉语教学中,很多知识实际上可以举一反三,让学生了解一些差异。这样对学生来说,可以在学简单知识的同时,也会学到一些易混淆的知识点。学生能学会能记住固然好,即使不能记住也不要紧,毕竟在后面的教学中还会涉及。

不过教师讲完区别之后,在后续的教学中,一定要多复习,之后重现的次数多了,学生才能更牢固地掌握这个知识点。(王丽媛、付丽)

五、思考

你在教学过程中,如果碰到一些易混淆的知识点,但并不是学生现在必须掌握的知识点,你会怎么做呢?

六、相关文献阅读

1. 徐子亮,吴仁甫.实用对外汉语教学法[M].北京:北京大学出版社,2005.
2. 齐春红.汉语课堂教学案例与分析[M].北京:科学出版社,2016.
3. 黄燕飞.对外汉语课堂教学案例分析[J].文学教育(下),2021(8):175-176.
4. 陈慈.对外汉语课堂教学创新性分析[J].文教资料,2019(22):48-49.

案例 14　情境化语法操练

一、案例基本信息

1. 教学主题

趋向补语教学

2. 教学背景

课型:听说课

教材:马箭飞主编,《汉语口语速成·基础篇》韩文注释,北京语言大学出版社

教学对象:韩国成人汉语学习者

说明:本课程是寒假强化训练班课程,讲授对象为韩国大学生,教学等级为 B12,班级学生共 12 人,2 人为中级水平(中文系二年级),10 人为初级水平(8 人是中文系一年级、2 人是金融系选修生),班级整体汉语水平相当。

教学时长:45 分钟

教学地点:中国北京

3. 教学手段

实物、图片、PPT

4. 教学目标

(1) 知识目标:操练综合课学习的语法点,包括"趋向补语""被动句""是……的"强调句,本节课的重心为操练环节。

(2) 技能目标:设计话题引导师生、生生对话,进而增强学生的交际能力,让学生在会话中了解各类语法点的具体使用场景。

(3) 情感目标:将课堂模拟为真实的会话环境,鼓励学生开口说话,主动输出所学习的汉语语法点,克服口语交际中的畏难情绪。

5. 课前准备

（1）准备好各类生词、句型卡片。

（2）教学活动设计、PPT制作。

二、教学设计

1. 复习综合课学习的复合趋向补语知识点(5分钟)

$$S(主语)+V(动词)+（上、下、进、出、回、过、起、开）+来/去$$

利用PPT展示复合趋向补语中的各类趋向动词，让学生加深印象，并带着学生复述综合课中复合趋向补语的例句。

2. 讲解复合趋向补语中的"来"和"去"(5分钟)

图1　　　　　　　　　　　图2

根据综合课教师反馈，学生未能完全掌握"来"和"去"表达运动主体和参照点位置的功能，听说课教师就需要运用图示帮助学生巩固"来"和"去"的知识点。让学生根据PPT中的位置来加深对"来"和"去"运动轨迹的理解，可以根据图1，坐着的人对站着的人说："你快来吧"。根据图2，妈妈对孩子说："你快去吧"。再结合实际情况，以老师所处位置（中国）为参照点，让学生造句子"我们来中国""老师去韩国"。

3. 看图说话1(10分钟)

结合具体图例让学生看图说话,造出"两个学生上来""三个学生下去""妈妈回来了"等句子,将"来"和"去"用于其他趋向动词中。

4. 复习趋向补语与宾语共现的两类结构(5分钟)

S+V+(上、下、进、出、回、过、起、开)+来/去(+数量)+N(名词)

S+V+(上、下、进、出、回、过、起、开)+P 地点(place) + (来/去) + (了)

结合两类结构带着学生复述综合课和课文给出的例句,以加深印象。

5. 看图说话二与操练(10分钟)

让学生根据图例造句:"拿出来一些钱""气球飞上天去了""他带回来两盒茶叶"。设计填空练习,加强学生对"来"和"去"的理解。

来/去,填在对的位置上
- 1. 他昨天A从宠物店B买C了一只狗D。
- 2. 我爸爸A上周就B回C韩国D了。
- 3. 小鸟A飞上B天C了D。
- 4. 我们正在上课,小猫A跑进B教室C了D。

设计填空练习,加强学生对"来"和"去"的理解。

6. 活动设计(10分钟)

春节要到了,我们准备布置教室迎接新年。请同学们利用趋向补语共同完成布置教室的任务。(夏禹圣)

三、教学反思

通过听说课练习,我发现该班学生不爱主动发言,造句时也倾向于造短句子,不会主动造长句子。东亚学生在学习汉语语法时,对抽象结构能够很快掌握,但是缺乏形象思维,所以我在上听说课时,除了强调语法结构的操练,还用图示、动作、活动等多种办法让学生多角度操练语法点。

趋向补语是初中级语法教学的重难点,很多语言并不像汉语一样有丰富的趋向词表达。学生在本国时也学过趋向补语,但是当我给学生们操练时却发现他们还是没有很好地掌握这一结构,造出了"＊做出去了题目""＊想出去了办法"等错误句子。观察此类句子,发现主要是"来"和"去"参照点判断错误和趋向词语义理解等问题。因此,我在PPT上展示一个男孩和一个女孩,小女孩到小男孩身边是"来",小女孩离开小男孩是"去",再用手势强化记忆。

汉语教学语法和汉语本体语法固然是紧密联系的,但我们在教学过程中更要关注学生的认知和理解。某些教学解释虽然不一定完全符合"本体语法"的科学性,但如果能够让学生很快掌握的话,也是可以采纳的。教语法的时候,如果是像"趋向补语""把字句"这种形象化很明显的语言点,建议给出语法结构的同时画图和表演动作,让学生牢牢记住基础用法,再用抽象的事物模拟情境并举例操练,从而强化学生记忆。(夏禹圣)

四、案例分析

图示法、情景法、动作法都是语言教学中常用的方法,都具有直观、生动、易懂等优点,能够达到深入浅出的效果。

根据本案例中提供的信息来看,该教学项目的模式为"复练课",教师主要负责操练学生已学的语法,具体方式就是通过各种方式进行反复操练。在这一案例中,复练课开始的时候,操练进行得不太顺利,因为教师发现学生并没有很好地掌握"趋向补语"这一语法结构,造出的句子存在偏误,于是教师利用图示法,即用图画来展示语法点,这样可以使抽象难懂的语法变得更加清晰,并且用动作强化记忆。"趋向补语"这一语法点学生已经学习过,只是缺乏形象的思维能力,教师通过动作可以强化他们的记忆。

对于一些抽象的词语,教师则需要用形象化的方法来帮助学生理解,例如情景法。顾名思义,情景法主张在情景中介绍并操练新的语言点,这个情景要尽量做到真实。例如在讲解"趋向补语"时,教师可以创设情景:小明把水打翻了,水泼出来了,从而帮助学生理解"出来"。另外,针对"趋向补语"这一类难理解的语法点,建议教师使用演绎法,也就是先给出正确的语法结构,再让学生根据规则生成正确的句子。需要

注意的是学生需要接触大量的语言材料,在模拟情景中反复操练,才能逐渐掌握语法规则在语言中的实际运用。(汤玮琪)

五、思考

趋向补语是留学生易出错的语法点,在教授这个语法点时,你是怎样处理的呢?

六、相关文献阅读

1. 马子千,彭爽. 韩国学习者复合趋向补语"V+X来"习得情况调查及教学对策[J]. 东疆学刊,2022,39(3):118-126.

2. 刘欣钰. 韩国留学生趋向补语习得偏误分析[J]. 汉字文化,2021(14):106-107.

3. 刘美辰. 面向韩国学生的趋向补语教学设计[D]. 哈尔滨:哈尔滨师范大学,2017.

案例 15.1　　图示语法教学[①]

一、案例基本信息

1. 教学主题

第十三课 我是走回来的(复合趋向补语)

2. 教学背景

课型: 综合课

教材: 姜丽萍主编,《HSK 标准教程 3》,北京语言大学出版社

教学对象: 多国籍在线混合班

教学时长: 45 分钟

教学地点: 中国江苏南京

3. 教学手段

PPT、图片

4. 教学目标

(1) 知识目标:学生能够掌握上下结构的形声字;根据已学生词猜测出 3 个旧字

---

① 以下图片来自南京师范大学国际文化教育学院张小峰教授的授课课件,部分图片来自《HSK 标准教程3》。

新词"红酒、班长、遇见"的意思；使学生了解并掌握复合趋向补语描述动作的方向。

(2) 技能目标：通过利用表征图等来加深学生对复合趋向补语的理解，帮助学生提升语言的听说能力和话语组织表达能力。

(3) 情感目标：将课堂模拟为真实的会话环境，鼓励学生开口说话，主动输出所学习的复合趋向补语语法点，培养学生地道的口语表达方式和发音习惯。

5. 教学步骤

(1) 复习旧课。

(2) 学习新课。

(3) 课堂练习。

二、教学设计

1. 热身

(1) 学生两人一组，合作完成热身。

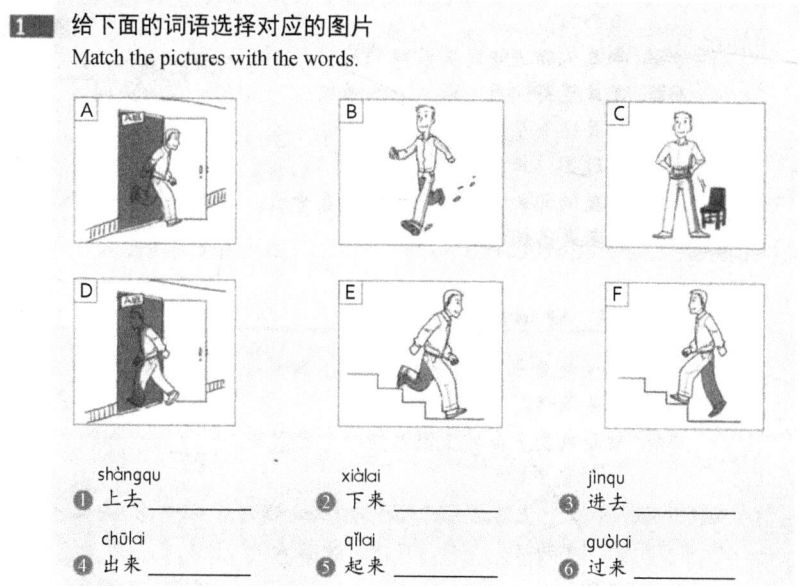

2. 语言点解析

趋向动词"上、下、进、出、回、过、起"等后边加上简单的趋向补语"来""去"以后，可以作其他动词的补语，表示动作的方向，构成复合趋向补语，对动作进行具体的描述。常用的复合趋向补语见下表中：

	上	下	进	出	回	过	起
来	上来	下来	进来	出来	回来	过来	起来
去	上去	下去	进去	出去	回去	过去	—

3. 语言点导入

教师出示具体和表征图的图片，利用图片动作引入语法点。

 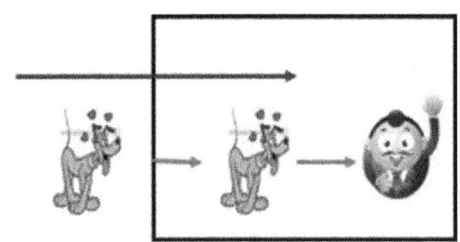

教师：现在我们在 A 教室。

教师：李明做什么了？学生：李明进来了。

教师：老师进什么地方来了？学生：老师进教室来了。

教师：老师走还是跑进教室来了？

教师引导学生说出：李明走进教室来了。

4. 语言点操练

（1）趋向动词识别：出示表征图，询问学生对应的趋向动词。

简单趋向动词有：进、出、上、下、回、过

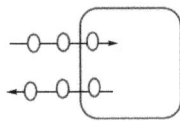 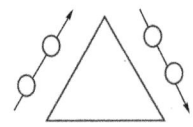 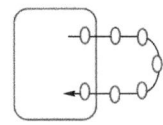 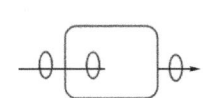

复合趋向动词有：出来、出去、上来、上去、进来、进去

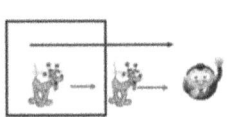 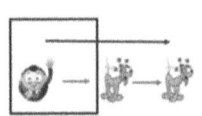 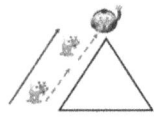 

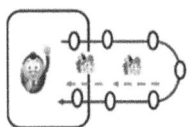 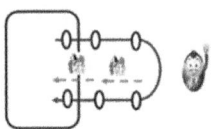

(2) 对话练习:利用本课热身1的图片进行操练,展示图片F并提问:

教师:他做什么呢?

学生:他走上楼去。

其他目标句:他从教室走出来了。

他跑过来了。

他走进教室去。

他走下楼来。

(3) 习题练习:

连词成句。

- 出去 跑 谁 刚才 了
- 就要 过 开 火车 来 了
- 同学们 走 教室 去 出 都 了
- 回 他 买 来 很多 东西

根据课文内容填空。

① 小刚_____回来了,还买回来很多东西。他给_____买了一瓶红酒,明天他和小丽一起_____。小丽问小刚给她买什么了,小丽让小刚快点儿_____,小刚说他自己就是最好的_____。

② 小丽_____很少去电影院看电影,她更_____在家看电视,因为可以_____吃_____看,坐久了还可以_____休息一会儿。同事觉得小丽_____多出去走走,这样生活更有意思。

5. 复述与总结

首先我们利用课本内容引入语法点,简单讲解后,将具体的图片内容和抽象的表征图结合起来对趋向动词加以巩固,可以让学生理解趋向动词的本义;其次利用课本内容进行口语操练能让学生熟悉使用的情景;最后利用考试题型再次练习,根据课文内容填写动词——兼顾了动词、考试题型和课本复习三方面的需求。(毛天培)

三、教学反思

在讲解"趋向补语"时,教会学生确定参照点,是准确使用趋向补语的关键。确定参照点之前,教师会讲解趋向动词的语义。以往的线下课程,可以直接利用进出教室、上下楼等动作直接展示,但是线上课程就使得展示困难起来,因此我们使用表征图来对学生进行分解教学,将抽象的表征图与形象的动作图片结合起来教学。分解讲语法的目的是将"大语法集合"化成"小语法点",以便于学生吸收。但是,"分"不是讲解的最终形式,分散的点太多,反而容易造成混乱,"合"才能让学生从整体上对某一语法点形成更加完整的认识。把握分散和整合的时机,需要在实践中不断总结优化。

由于线上授课,课堂教学方法有限,但实际上还可以通过归纳式的操练方法展示同类趋向动词的具体动作图片,让学生将这些图片归类到某种表征图下,并根据图片内容说句子。同时,为了使在线教学更加多样化,语法的载体不仅仅是图片,也可以是经典影视剧的视频,而这些教学素材的使用需要教师平时的积累。同类趋向动词的素材归到对应的表征图下,抽象与形象的结合可以使学生更好地掌握该类趋向动词的使用情境。(毛天培)

四、案例分析

本案例是综合课中的趋向补语教学,教师利用表征图来帮助学生理解和掌握趋向补语描述动作的方向。在教学开始,教师先用一组图片让学生复习趋向补语作为热身,接着用表格的形式列出了常用的趋向补语,然后利用图片和表征图引入语法点,一步步引导学生描述对象的行为、方向和位置,这充分发挥了教师的主导作用。最后在语言点操练的时候,教师将练习分为"趋向动词识别、对话练习和习题练习"三个部分,由机械练习到交际练习,再到回归课本与试题,层层递进,发挥学生的主体地位,训练学生的做题思维,以便教师在课堂上检测教学效果。

本案例中教师利用表征图教学趋向补语取得了一定的教学效果,但该案例在某些方面还可以做进一步改进。例如,语言点解析环节可以提供相应的例句和图片,展示"上、下、进、出、来、去"等的方向,以便学生能够初步理解,并和后续利用表征图展示的动作方向相呼应,以此达到提高知识复现率的目的,强化学生的记忆。语言点操练环节可以提供更多的例句并再次进行归纳总结,引导学生主动发现"动词+趋向补语"带宾语时宾语的位置,形成系统性知识。此外,由于汉语句子语序灵活,连词成句的习题练习中容易出现多种正确答案,比如"刚才谁跑出去了"和"谁刚才跑出去了",在初级阶段或学生首次接触某一语法点时不建议使用,这容易导致学生忽略重点,产生困惑。语法教学以练为主,要发挥学生的主体地位,教师在教学过程中可以提供更多趣味性的练习,利用线上教学设备展示图片和视频,影音结合,以激发学生的学习兴趣。最后,完整的教学过程应该包括布置作业环节,该案例的教学设计遗漏了这一部分。(鲍蓉、陈思缨)

五、思考

你觉得表征图有什么优点呢？你会在什么教学内容中使用表征图呢？

六、相关文献阅读

1. 居红.汉语趋向动词及动趋短语的语义和语法特点[J].世界汉语教学,1992,(4):276-282.

2. 吕文华.关于对外汉语教学中的补语系统[J].语言教学与研究,1995(4):37-46.

3. 钱旭菁.日本留学生汉语趋向补语的习得顺序[J].世界汉语教学,1997,11(1):95-102.

4. 陆俭明.动词后趋向补语和宾语的位置问题[J].世界汉语教学,2002,16(1):5-17+114.

5. 杨德峰.英语母语学习者趋向补语的习得顺序——基于汉语中介语语料库的研究[J].世界汉语教学,2003,17(2):52-65+2-3.

6. 周健.汉语课堂教学技巧325例[M].北京:商务印书馆,2001.

7. 陈真.趋向补语的对外汉语教学与游戏设计[D].桂林:广西师范大学,2012.

案例15.2 图示语法教学[①]

一、案例基本信息

1. 教学主题

动作的伴随教学

2. 教学背景

课型: 综合课

教材: 姜丽萍主编,《HSK 标准教程 3》,北京语言大学出版社

教学对象: 多国籍汉语学习者(非洲、欧洲、亚洲)

说明: 本课程是零起点外国学生来中国学习汉语半年后的汉语综合课课程,教学等级为初级班,班级学生共 30 人,班级整体汉语水平相当。

教学时长: 45 分钟

[①] 此案例图片均来自姜丽萍主编的《HSK 标准教程 3》。

3. 教学手段

实物、图片、PPT

4. 教学目标

(1) 知识目标:学会生词"笑、努力、总是、回答、站",操练综合课上学习的语法点,即动作的伴随:V_1 着(O_1) + $V_2(O_2)$。本节课主要是操练,不需要耗费太长时间在讲解上。

(2) 技能目标:设计话题引导师生、生生对话,进而增强学生的交际能力,让学生在会话中了解各类语法点的具体使用场景。

(3) 情感目标:将课堂模拟为真实的会话环境,鼓励学生开口说话,主动输出所学习的汉语语法点,克服口语交际中的畏难情绪。

5. 课前准备

(1) 准备好各类生词、句型卡片。

(2) 教学活动设计、PPT 制作。

二、教学设计

1. 复习综合课上学习的存在的表达:处所词 + V 着 + NP 知识点(5 分钟)

存在的表达:Location Word + V着 + Numeral + Measure Word + N

The Expression of Existence: Location Word + V着 + Numeral + Measure Word + N

利用 PPT 展示存在句的表达,让学生加深印象,并带着学生复述综合课中存在句的例句。

2. 讲解动作的伴随结构(5 分钟)

V_1 着(O_1) + $V_2(O_2)$ The Accompanying Action: V_1 着(O_1) + $V_2(O_2)$

吃苹果 + 看书

笑 + _____

教师讲解完伴随动作的结构后,学生基本掌握了 V_1 着(O_1) + $V_2(O_2)$ 的功能,教师引导学生说出"她吃着苹果看书""他们笑着聊天"。任课教师还可以根据所在环境的情况,描述一些真实情景,比如:老师怎么上课？坐着？站着？让学生根据实际情况用此结构说出新的句子。再结合实际情况,让学生造句子,例如"学生坐着上课""××玩着手机听课"。

3. 看图说话训练(10分钟)

喝饮料　+　　　　　　　　打电话　+

结合具体图例让学生看图说话,造出"她喝着饮料看电视""她走着路打电话"等句子,并让学生自己说一些新的句子,老师对错误的句子进行纠正。

4. 复习存在句和动作伴随句的两类结构(5分钟)

$$\underline{\text{location word} + V\text{着} + NP}$$

$$\underline{V_1\text{着}(O_1) + V_2(O_2)}$$

5. 看图说话与训练(10分钟)

A: 哪个女孩儿是马丽？
B: 你看,那个拿着＿＿＿＿＿就是。
A: 是不是那个又＿＿＿＿＿的？
B: 对,就是那个。

A: 我现在又＿＿＿＿＿,不想爬了。
B: 休息一下再爬吧。
A: 山太高了,多累啊。
B: 我们聊着＿＿＿＿＿,一点儿也不会累。

A：今天天气真不好！
B：是啊，我现在＿＿＿＿＿＿＿＿。
A：我们去旁边的咖啡店坐＿＿＿＿再走吧。
B：好啊。

A：为什么你的作业写得又快＿＿＿＿＿？
B：因为我写作业的时候很认真。
A：我不认真吗？
B：你＿＿＿＿＿＿，认真吗？

设计填空练习，加强学生对 V_1 着(O_1)＋V_2(O_2)的理解。如：

(1) 我喜欢听着歌＿＿＿＿＿＿＿。

(2) 我们不能＿＿＿＿＿＿＿开车。

(3) 我们的老师＿＿＿＿＿＿＿上课。

6. 活动设计(10分钟)

准备一张照片，让学生用"V着……"介绍照片里的人。(邹学娥)

三、教学反思

通过课堂练习，我发现亚洲学生不太爱回答问题，非洲学生课堂上回答问题积极一些。但亚洲学生在学习汉语语法时，对抽象的结构能够很快掌握，造出的句子准确率高，非洲学生语序混乱，可能是受英语或者其母语的影响。所以我们在上课时，除了强调结构的操练，还可以用图示、动作、活动等多种办法让学生多角度地习得语法点。

动作伴随结构是初、中级语法重难点，因为很多语言并不像汉语一样句式复杂。有些成绩较好的学生还会问道："'听着歌走路'和'一边走路一边唱歌'有什么不一样。"这时，教师就要给他们解释清楚，"一边……一边"是表示两个动作同时发生，而"V_1着(O_1)＋V_2(O_2)"句型中，V_1和V_2的关系就要复杂得多，有时可以表示两个动作同时进行，有时表示两个动作之间有手段和目的的关系。教师应给出相应的例句或描述一个场景，让学生在具体的语境中理解两者的不同。

汉语教学语法和汉语本体语法固然是紧密联系的，但我们在教学过程中更要关注学生的认知和理解。某些教学解释虽然不一定完全符合"本体语法"的科学性,但如果能够让学生很快掌握的话,那也是可以采纳的。教语法的时候,如果是像"V 着 NP"这种形象化很明显的语言点,建议给出结构的同时画图和表演动作,让学生牢牢记住基础用法,再用抽象的事物模拟情境并举例操练,从而强化学生记忆。(邹学娥)

四、案例分析

图示法、情景法、动作法都是语言教学中常用的方法,都具有直观、生动、易懂等优点,能够达到深入浅出的效果。

根据本案例中提供的信息来看,该教师项目的模式为"操练课",即教学对已学过的知识点进行操练。在这一案例中,复练课开始的时候,操练进行得不太顺利,因为教师发现学生并没有很好地掌握"V_1 着(O_1)+V_2(O_2)"这一语法结构,造出的句子存在偏误,于是教师利用图示法,也就是用图画来展示语法点,这样可以使抽象难懂的语法变得更加清晰,并且用动作强化记忆。"V 着 NP"这一语法点学生已经学习过,教师通过动作可以强化他们的记忆。

对于一些抽象的词语,教师则需要用形象化的方法来帮助学生理解,例如情景法。顾名思义,情景法主张在情景中介绍并操练新的语言点,这个情景要尽量做到真实。例如在讲解"V_1 着(O_1)+V_2(O_2)"时,教师可以创设情景,做出一系列动作帮助同学们理解。另外,针对"V_1 着(O_1)+V_2(O_2)"这一类难理解的语法点,建议教师使用演绎法,也就是先给出正确的语法结构,再让学生根据规则生成正确的句子,不过学生需要接触大量的语言材料来验证抽象规则在其头脑中形成的假设。

V_1 着(O_1)+V_2(O_2)确实是留学生学习的时候容易出错的语法点,遇到这个语法点时,首先,我会像本案例中的教师一样,大量利用图示来进行讲解,然后进行操练。另外,我会大量地结合学生的实际情况进行操练,比如问一些:"你喜欢喝咖啡吗?你喜欢看书吗?你喜欢喝着咖啡看书吗?"等等一系列的问题,尽量让每个学生都会被问到问题,以此来提高课堂的活跃度。(孙莹)

五、思考

V_1 着(O_1)+V_2(O_2)确实是留学生学习的时候容易出错的语法点,遇到这个语法点时,你是怎样处理的呢?

六、相关文献阅读

1. 刘柳,阚婷婷.对外汉语教学图示教学法研究[J].佳木斯教育学院学报,2011

(4):54.

2. 杨箐.图示法在对外汉语教学中的运用及作用[J].科技信息,2011(5):557+547.

3. 佟文晶.浅谈图示法在对外汉语教学中的应用[J].科教导刊(中旬刊),2011(10):84-85.

4. 李少萌.图示法在汉语国际教材中的运用——以《跟我学汉语》为例[D].重庆:重庆师范大学,2016.

5. 伍敏娴.图示教学法在对外汉语初级语法教学中的应用研究[D].长沙:湖南大学,2018.

6. 马岷含.图示法在初级阶段汉语综合课中的应用研究[J].侨园,2020(1):160.

第四节　汉字教学

汉字是一种古老的自源文字,经历了几千年的传承和演变,中国先民积累了丰富的识字、诵读、作文等宝贵经验。在国际中文教学中,将传统的识字方法和造字规律融入汉字教学中,能够将汉字的形、音、义的构成特点和规律落到教学实处,帮助学习者获得汉语认读和书写汉字的能力。提高汉字的教学效果,首先要增强国际中文教师的汉字文化底蕴,使得其在汉字教学设计中能够创新运用传统的识字教学方法,多元化多视角地将传统经验应用到汉字教学中,使汉字教学富有中国特色,汉字课堂教学生动有趣。本节围绕汉字教学进行相关案例的解读,明确汉字教学目标,培养学生的汉字思维,提供形象生动的汉字教学方法和技巧,以提升学生的汉字学习成效。

案例 16　汉字入门课设计

一、案例基本信息

1. 教学主题

认识汉字

2. 教学背景

课型: 汉字课

教材: 柳燕梅编著《汉字速成课本 第 2 版》,北京大学出版社

教学对象: 成人语言预科班

说明: 本课程是常州纺织服装职业技术学院留学生预科班的必修课程,共 10 人,汉语水平均为零基础。学生分别来自塔吉克斯坦、孟加拉国、刚果、也门等国。

教学时长: 45 分钟

教学地点: 中国江苏常州

3. 教学手段

实物、图片、PPT

4. 教学目标

(1) 知识目标:能正确认识汉字,了解汉字偏旁部首以及结构笔画,掌握相应的

识字方法。

（2）技能目标：能正确工整地书写汉字，并有一定的书写速度，具有适应实际生活需要的识字写字能力。

（3）情感目标：通过学习汉字的相关知识，从而了解汉字的造字原理和民族心理，使学习者在学习汉字的过程中更好地了解字音、字形和字义的文化关联。

5. 课前准备

（1）汉字视频、图片下载。

（2）教学活动、PPT、教案的设计与打磨。

二、案例自述

教授零基础汉语水平的预科班汉字读写是我最忐忑的一门课程。此前教授的学生都是有一定的汉语基础的，上课时老师讲的指令学生都能听懂。但是预科班的学生从未接触过汉语，而且想让他们对汉语感兴趣，日后学好汉语，就必须在初级阶段让他们打好汉字基础。

汉字笔画名称表

笔画	名称	例字	笔画	名称	例字
丶	点 (diǎn)	广	㇀	横钩 (héng gōu)	写
一	横 (héng)	王	亅	横折钩 (héng zhé gōu)	月
丨	竖 (shù)	巾	乙	横折弯钩 (héng zhé wān gōu)	九
丿	撇 (piě)	白	乛	横撇弯钩 (héng piě wān gōu)	那
㇏	捺 (nà)	八	㇅	横折折折钩 (héng zhé zhé zhé gōu)	奶
㇀	提 (tí)	打	𠃋	竖折折钩 (shù zhé zhé gōu)	与
㇀	撇点 (piě diǎn)	巡	乚	竖弯 (shù wān)	四
㇊	竖提 (shù tí)	农	乙	横折弯 (héng zhé wān)	沿
㇉	横折提 (héng zhé tí)	论	𠃍	横折 (héng zhé)	口
㇁	弯钩 (wān gōu)	承	ㄴ	竖折 (shù zhé)	山
亅	竖钩 (shù gōu)	小	㇗	撇折 (piě zhé)	云
乚	竖弯钩 (shù wān gōu)	屯	㇋	横撇 (héng piě)	水
㇂	斜钩 (xié gōu)	浅	㇍	横折折撇 (héng zhé zhé piě)	建
㇄	卧钩 (wò gōu)	心	㇌	竖折撇 (shù zhé piě)	专

因此在第一次上汉字读写课时,首先我给他们观看了一个关于汉字的小视频《三十六个字》,让他们找出视频中所出现的汉字。这样做不仅可以让学生认识汉字,还能激发他们对汉字学习的兴趣。不出所料,大多数学生能够找出一半的汉字,如"日、山、水、鸟、花、田、门"。接着介绍汉语象形字的字形及来源,帮助学生观察象形字的特点,做到快速识字。学生们的热情高涨,踊跃发言。

学生熟悉了象形字之后,我引导学生关注汉字的笔画名称表,展示并认读汉字的基本笔画。让学生介绍自己的中文名字包含哪些笔画和名称,引导学生一边认读一边书写,强调汉语笔画的书写顺序和练习方法,选出优秀的书写作业并展示。根据学生的书写情况,我总结提示常见的书写错误及误区。

本节课最后布置的作业内容为:熟记汉字笔画的名称并注意书写顺序,能够按照规范的笔画顺序书写学校名称及自己的中文名字,并于下节课前现场展示。(黄雅文)

三、教学反思

汉字和拼音文字相比,汉字书写是一门艺术,书写时有其独特的书写顺序和结构特征,这对留学生来说,需要时间来观察和适应,以掌握汉字的结构特征和书写顺序,否则学生在书写汉字时,常常感到无从下手和出现错写、漏写、多写等现象。因此,在教授学生汉字时,除了识记之外,书写也是其重点和难点。而反复示范和书空练习是书写中重要的环节。汉字具有独特的表意性,蕴含着丰富的文化内涵,教师可以充分利用这一特点,抓住学生的注意力,利用视频图片等互动方式,增加学生学习汉字的兴趣,加深学生对汉字的印象。在学生书写自己的中文名环节,教师强化汉字的笔顺笔画等知识,以达到巩固课堂知识的效果。(黄雅文)

四、案例分析

对于非汉字文化圈的留学生来说,汉字是重点,也是难点。跟综合课、听说课以及阅读课相比,汉字课更为基础,汉字的识记和书写的速度直接影响其他课程的学习效果。在当前的教育环境下,国际中文教师在备课授课过程中,也可以适当采用线上线下混合模式,以增强课堂的互动效果,提升学生的参与度。教学环节的设计也可以学生为主体,教师为主导,以练代讲,讲练结合,充分利用图片、视频等形象生动的教学资源提升课堂效率。

汉字学习过程中,要示范和引导学生关注汉字的认读和书写方法,遵循"先识后写"汉语教学原则,读写结合,采用"一看,二写,三想,四复习"的记忆汉字的方法,充分运用汉字具有形、音、义三位一体的特点,有效地提高汉字记忆的能力。在教学初期,教师要强调使用田字格本书写汉字的重要性,观察汉字的间架结构和布局,规范书写汉字。

汉字课教学的精髓是"短、快"。所谓"短",是指教学内容不要太多。本节课的导入部分对零基础的学习者来说内容过多,难以消化。作为首次汉字课,应从五个基本笔画教起,而且课堂上安排的练习活动过于繁琐,不利于教学目标的准确性和明晰性,不能给学生留下深刻的印象。

所谓"快",就是要在每个知识模块介绍完以后,快速插入实例和练习,让学生将理论知识和实际的汉字结合起来。比如基本笔画,一共有五个,但是不能五个教完以后再举例子,而应该在介绍完横、竖这两个笔画后就给出汉字,如"一、二、三"就只有横这个笔画,而"王"则是由横、竖两个笔画组成。学生只要学会一两个笔画,就能写出好多汉字,这样他们就会觉得汉字既有趣又简单。

案例中的教师或许可以把汉字基本笔画书写换成五个基本笔画来进行教学,在学完一个笔画之后,再引用导入视频中的汉字,或者用教师和学生的名字来举例教学,这样可能效果会更好一些。(薛聪慧)

五、讨论

对于非汉字文化圈的汉语学习者,怎样才能快速学会汉字呢?你有什么好的方法?

六、相关文献阅读

1. 鲁书萍,李晓琴.对外汉语教学初级阶段汉字教学的难点与对策[J].汉字文化,2021(10):86-87.

2. 孙放,张静.对外汉语教学中汉字教学策略探讨[J].汉字文化,2021(8):106-107.

3. 朱勇.国际汉语教学案例分析[M].北京:高等教育出版社,2013.

案例17 趣味汉字教学

一、案例基本信息

1. 教学主题

汉字课

2. 教学背景

课型: 汉字课

教学对象: 汉语初级班

教学地点: 奥地利格拉茨大学孔子学院

3. 教学手段

实物、图片、PPT 等

4. 教学方法

字理识字法和"趣解汉字"

5. 教学原则

遵循由浅入深、由易到难,循序渐进的教学原则。采用简易有序、自主性、探究性学习的教学方式。

二、案例自述

在汉语课上讲解汉字时,为了避免讲解汉字起源、造字规律及汉字的演变过程过于繁琐,要综合运用多种汉字教学方法,尽量做到删繁就简、言简意赅。我在汉字课上使用"趣解汉字"的方式,结合初级汉语汉字教学的原则,简化汉字教学流程,使学生能简单、快速地理解、识记汉字即可。

"趣解识字",也就是说尽量运用一些联想关联,具化形象等方式辅助记忆汉字。它与中国传统的识字启蒙教育的不同之处在于,趣解识字不关注汉字的起源和汉字的系统性,更多的在于帮助学生建立联想,快速识记汉字,包括趣解汉字和记忆联想。根据学习者的特点,联想过程中注意采用学习者生活中常用的事物和现象来解读汉字的意义。这种生动、形象、直观的学习方法易于被学生接受。趣解识字教学遵循由浅入深、循序渐进的教学原则,采取简易有序、生动有趣的教学方式,能激发初级学习者的学习兴趣,建立记忆的线索和联想的依据,激活学习者自主性、探究性学习的潜能。如:"宿舍"的"宿"字,可以联想成"一百个人住在一栋房子里";"信"可以联想为"一个人在桌旁写信,桌子上有三张信纸,上面的点是一支笔";等等。运用这种方式进行汉字教学,学生能快速地掌握和理解这个汉字的意思,并能准确书写出来,教学效果很好。但是这种教学方法适宜作为辅助教学方法,不适合作为深入学习汉字或汉语的学习方法。其如果作为系统学习汉字的方法,还是有一些弊端的。(孟慧欣)

三、教学反思

我在教学中发现用传统的"字理识字法"讲解汉字的起源、构字规律,运用汉字形、音、义的关系进行识字教学,对初级汉语学习者来说,课堂教学就会显得特别枯燥乏味。后来我在教学过程中摸索采用趣解汉字的方式辅导识记汉字,竟收获了良好的教学效果。

虽然"趣解汉字"带来了良好的教学效果,但在教学中也存在一些问题:

第一,要意识到此教学法不是长久之计,不具有通用性。在教学之初,采用这种方式,可以有效缓解学生对学习汉字的畏难心理,激发学生的学习兴趣,激活学生自主探究性学习的潜能,为学生建立记忆线索和联想,能够收获良好的教学效果。但是,HSK 汉字大纲有 2812 个字,数量多,并且汉字构成越来越复杂,如果还采用这种方式去记忆和联想,这对师生的记忆量和工作量都是一个不小的挑战。

第二,如果一直采用"趣解汉字"这样的"捷径",对于学生未来学习、理解汉字的能力将带来不利影响。在学生具备一定的汉语能力后,这种方法就显得不太适用。一方面,上千个汉字都采用这种方法,显然记忆量和工作量均不太可行;另一方面,为每个汉字建立联系来辅助记忆,也是一个难点,不可能为每个汉字都在符合情理的条件下,以及与汉字本身意义相关的条件下建立联系。

第三,要意识到一个汉字组配在不同的词中,具有不同的意义。学习汉字的意义在于认读、理解、运用、组词、造句,而不只是拼凑笔画。因此,为一个汉字的部件构成建立一个方便记忆的联系,这种看似捷径的方法,在汉字教学初期对于提高学生的学习兴趣是非常好的,但从长远来看,"趣解汉字"也在一定程度上限制了学生发展汉语的能力。

第四,"趣解汉字"不一定能阐释某些汉字的本义,不能完全概括一个字的所有意义。比如,案例中的"信",材料中将其联想为"一个人在桌旁写信,桌子上有三张信纸,上面的点是一支笔"。这个解释在学习"信"的名词用法"信件"时可以行得通。但是"信"的本义是人言为信、讲话诚实,这又如何解释呢?所以在学习"信任"这个词的时候,还能采用先前的解释吗?抑或是重新阐释?

由此可见,在教学初期,采用"趣解汉字"来教学固然有可取之处,但长期来看不可取也不现实。在学生具备一定的汉语的能力后,采用字理法教学,通过阐释偏旁部首、本源意义来培养学生识字、解字和用字的能力更加合理。总而言之,我认为"教无定法",在教学中采取最适合学生的教学方法,那才是最好的。(孟慧欣)

四、案例分析

字理识字法和"趣解汉字"都是汉字教学中常用的方法。在国内小学语文课堂中,字理识字法的内容十分丰富,效果反响良好,因此字理识字法在国际中文教育中也颇受欢迎。常见的字理教学法有:象形法、指事法、会意法、形声法、字族归类法、汉字演变法等,教师在讲解汉字时经常使用字理识字法向学生讲汉字的起源,汉字的造字规律以及汉字的演变历程。同时教师也逐渐意识到,初级汉语教学的初衷是让学生能简单、快速地理解识记汉字,而集中讲解汉字的起源、演变,很多汉字的演变没有规律可循,讲解起来比较复杂,也很枯燥。因此汉字教学过程中需要国际中文教师结合实际灵活运用汉字教学法。于是案例中的教师又引入了另一种方法,即"趣解汉字"。字理识字法和"趣解汉字"的区别在于一个是"理",一个是"趣"。案例中的教师根据学习者的特点,采用学习者乐于接受的生动、形象、直观的学习方法,激发学生的学习兴趣,在趣味中识字。比如:"宿舍"的"宿"字,可以联想成"一百个人住在一栋房子里";"信"可以联想为"一个人在桌旁写信,桌子上有三张信纸,上面的点是一支笔";等等。

对于汉语初级水平的学习者来说,汉字是一套完全陌生的书写系统,就像我们看到通篇陌生的文字也会产生畏难的情绪。尤其是在初级阶段,一定不能使学生产生厌烦、排斥、逃避的心理,而是要培养学生的兴趣,激发学生的学习热情。案例中的教师在引入"趣解汉字"的同时,也秉持着循序渐进、由浅入深的教学原则。采取简易有序,生动有趣的教学方式,建立记忆的线索和联想的依据,激活学习者自主性、探究性学习的潜能。以教学原则为枝干,在此基础上各种教学方法开枝散叶,使得汉字课堂有用且有趣,这一点是值得我们借鉴与学习的。但在案例中教师没有提及一些辅助教学手段,如课堂互动、课堂游戏等的引入。我们认为如果在字理识字法和"趣解汉字"的基础上再使用上述总结反思中提及的一些游戏、活动,那么汉字课堂将如虎添翼,收到更好的反馈。(肖怡、黄煜婷)

五、思考

在汉字课上,你是如何讲解汉字的意义的?对于本案例中的"趣解汉字"你是怎么看的,说说你的想法。

六、相关文献阅读

1. 张书玲.利用字理教学法科学识字[J].读与写(教育教学刊),2013,10

(2):221.

2. 谢林,田兴斌.字源教学法在对外汉语汉字教学中的教学探究[J].汉字文化,2023(3):93-95.

3. 李莹.对外汉语汉字文化教学研究[J].吉林省教育学院学报,2021,37(5):159-162.

案例 18　偏旁不简单

一、案例基本信息

1. 教学主题

形声字教学

2. 教学背景

课型: 复练课

教材: 姜丽萍主编,《HSK 标准教程 3》,北京语言大学出版社

教学对象: 成人初级语言班

教学时长: 45 分钟(一课时)

教学地点: 中国陕西渭南

3. 教学手段

教材、图片、教师口头讲练(可以借助黑板板书或 PPT,展现不同的偏旁及词组)

4. 教学目标

(1) 知识目标:通过形声字的讲解,了解汉字的构形特点,掌握快速识字的方法。

(2) 技能目标:通过了解形声字的特点和规律,使学生掌握如何具体分析形声字的构造,提升学生认读汉字的能力。

(3) 情感目标:通过学习形声字的相关知识,提升学生学习汉字的兴趣,从而深化汉字的造字原理和对规律的认识,使学生系统了解字音、字形和字义的文化关联。

5. 教学设计

新知导入:图片导入。从象形字入手,借助形象的图片帮助学生了解常用偏旁的意思。

讲授新课:讲授形声字的特征及规律。举常见形声字的例子,让学生了解形旁表

义、声旁表音的特征,按左形右声、上形下声等统一归类。

练习巩固:设计练习题。列举草字头、肉月旁、三点水、提手旁四个最常见的偏旁,让学生列举出相同偏旁的字;接着提升练习难度,列举几个不常用的字,如汐、捂、蓬等,让学生运用形声字规律准确读音并猜测其意。

课后作业:布置学生整理身边人的姓名、校园里标识牌等生活中常见的形声字,完成后上交。

二、案例自述

在往届的HSK教学上,不管学生的能力水平如何,我都会将形声字进行单独讲解。今年HSK三级教学教材选用的是北京语言大学出版社姜丽萍主编的教程,教程在编排上特意将形声字作为一个板块,目的也是通过形声字的掌握,快速识记汉字。

在形声字的教学中,首先从象形字入手,比如日、人、手,让学生先通过形象的图形了解常用偏旁的意思,然后举一些常用的形声字例子,让学生了解形旁表义、声旁表音的特征。最后按左形右声、上形下声等统一归类,旨在使学生全面了解形声字的构字规律,便于在阅读中活学活用。

上周一的形声字课堂中,参照教材教学,学生初步掌握形声字的特点和规律后,我特意设计相关练习题,列举了草字头、肉月旁、三点水、提手旁四个最常见的偏旁,让学生在偏旁后面继续列举这些偏旁的字。开始是个别学生回应,后来就成了此起彼伏的你一言我一语,相同偏旁的字越来越多,学生也越来越觉得偏旁有趣。看着草字头的字几乎包含了大半个植物界,肉月旁的字全面概括着身体的各个部位,三点水的字体现的是大大小小各种液体,提手旁的字全与手的动作有关(韩国学生崔准赫还举一反三指出足字旁的字与脚的动作有关),学生学习的兴趣越来越浓。接下来我列举了几个不常用的字,如汐、捂、蓬等,学生运用形声字规律准确读音并猜测出了意思。曹永闵兴奋地说:"老师,以后看到不认识的汉字我就可以先猜一猜了。""认字不认字,先认一半字"都会了。

作为巩固练习的课后作业,我布置学生从身边人的姓名、校园里的标识牌等生活中认识整理形声字,作业交上来都是几大页。打扫楼道的阿姨告诉我:"外国娃娃拉着我问我叫啥名字。"看来,课堂效果不错。(张静莉)

三、教学反思

形声字是汉字的一种造字方法,是在象形字、指事字、会意字的基础上形成的,由两个文或字复合成体,由表示意义范畴的意符(形旁)和表示声音类别的声符(声旁)组合而成。形声字是最能产的造字形式。迄今为止,大约有90%的汉字为形声字。从教学背景来看,将形声字单独作为一个板块来讲解是值得肯定的。总的来看,我从象形字入手讲解偏旁,再结合常见形声字讲解形声字规律、课上练习巩固、课下发现与探究,教学中环环相扣、层层递进,不仅让学生提升形声字认读的能力,更能够激发学生学习汉字的兴趣。我在教学中使用多样教具,课堂气氛比较活跃,学生上课也很主动。(张静莉)

四、案例分析

形声字的教学从象形字入手是很好的方法。本案例中的教师抓住汉字的象形性,结合图画的方式使汉字教学更加直观,再辅以字形结构归纳,使汉字的教学变得更加生动有趣,课堂的可操作性也更强,很大程度上减轻了学生的记忆负担,又激发了学生的学习热情,提升了学生举一反三的猜字能力。多个同部首汉字相互比较,加深了学生对于形旁含义的理解和记忆。案例中形声字课堂里学生争先恐后地发言也证实了此教学方法的有效性,调动学生对学过的汉字进行归纳分类,又能够活学活用,充分运用新知识。法国的白乐桑和张朋朋主编的《汉语语言文字启蒙》就是列举了约100个有意义的偏旁,让人们通过这些偏旁来认读汉字,可以作为借鉴的教学辅助参考书。

不过对于这种教学法我们也应当思考如下问题:首先,这种教学法是否会使学生形成一定的惯性思维?每次看到由两个偏旁构成的字,学生便从其偏旁入手,猜字和猜词能力的确得以提升,但也会出现泛化的现象,认字只认一半,过度举一反三,闹出误读误认的笑话。因为很多形声字简化后,省形省声的情况较多,如果单纯从省形省声上去猜测字的意思也是不可取的。对于学生而言,这个方法在面对考试时无疑是有效的,但在平时的学习中则不能过度依赖"猜",只猜不查是万万不行的,这一点教师一定要反复和学生强调。

其次,有些字由于古今字形读音的演变,形旁的表意功能已很模糊,声旁也无法准确表音,这样的情况在现代汉语中绝非罕见,对于这一类形声字,教师应当妥善处理。比如"袜"字在古代有 wà 和 mò 两个音,对应"足衣"和"兜肚"两种含义,后者的出现先于前者,但随着时间的推移,后一种字音字义逐渐消失,字形也逐渐简化,音、形、义固定成现在的面貌。这时,如果只告诉学生"袜"是形声字而不加以解释,反而会造成困扰和迷惑。但面对此类情况也要避免讲解的内容过于深入,因为这类形声字往往涉及很多古代汉语知识,而国际中文教师面对的是非中华传统文化背景的留学生,如果在教学中加入太多此类内容,会给学生的理解和记忆带来困难,毕竟,这类知识补充只是辅助学生理解和记忆汉字的手段。

最后,我们再进一步反思,在课堂形式的组织上,是否可以变得更有趣一些?如果只让学生自由发言,形式有些单一,发言与否全凭学生的意愿,这样部分性格内向、不愿在大家面前发言的学生课堂参与感不足。对于初级阶段的学生,教师可以课前制作卡片,让学生看看哪些偏旁部首可以相拼,拼出来是什么意思,可以组成什么词等,让汉字教学形式更加丰富多彩;当学生掌握了一定量的汉字后,还可以设计竞赛小游戏,给出常用的偏旁,让班上学生分组比赛说一说还可以组成什么字,看哪个组组字最多,充分调动学生的积极性,活跃课堂气氛。(李梦瑶、付丽)

五、思考

你在讲汉字的时候,会遇到哪些问题呢?你是怎么给学生讲汉字的?

六、相关文献阅读

1. 郑留燕. 对外汉语教学之形声字教学[J]. 科教文汇(上旬刊),2019(7):75-76.

2. 侯莹莹. 中级水平欧美留学生形声字习得偏误分析及教学对策[D]. 杭州:浙江大学,2019.

3. 胡荟芸.《HSK一级词汇大纲》中的形声字教学研究——以泰国Phatthananikhom学校为例[D]. 兰州:西北师范大学,2020.

案例19 一笔一画有意义

一、案例基本信息

1. 教学主题

汉字笔画教学

2. 教学背景

课型:汉字课

教学对象:高一学生,学生的汉语水平为初级。

教学时长:45分钟(一课时)

教学地点:泰国普吉蒙特朗中学

3. 教学手段

教材、图片、教师口头讲练（黑板板书或PPT，展现不同的偏旁）

4. 教学目标

（1）知识目标：通过汉字笔画笔顺的讲解，让学生了解汉字的构形规律和特点。

（2）技能目标：能正确工整地书写汉字，并达到一定的书写速度，提升学生认读汉字的能力，使其具有适应实际生活需要的识字写字能力。

（3）情感目标：通过学习汉字的相关知识，培养学生学习汉字的兴趣，从而使学生了解中国文化，使学生的语言知识更好地与社会文化相融合。

二、案例自述

本案例是在普吉蒙特朗中学教学一个月后，我发现学生汉字书写过程中普遍存在的一些问题，并且针对这些问题而设计的一堂汉字课。本课重点解决汉字的笔画笔顺问题。学生的问题总结如下：1. 情感问题：学生书写汉字时有畏难情绪，每次布置书写作业时，我都会听到一片抱怨声。2. 书写问题：在批改学生作业的时候，学生更像是在画画，把不同的部件随意拼凑起来，不规范、不工整，没有章法。3. 识字能力弱，书写慢。于是我针对以上问题设计了两课时的汉字笔画课。首先，帮助学生理顺汉字的笔画书写顺序，引导学生关注中国人书写汉字的习惯和规矩，展示中国同龄学生的书写样例，提升学生的书写兴趣。其次，介绍中国书写艺术，让学生感知书写与情感的互动，让学生感受书写汉字能够检测书写时人的心理状态，体会静心凝神的感觉，引导学生静下心来，跟着老师的节奏一笔一画书写，按照正确的顺序书写笔画。通过这样两堂课的训练，学生的书写错误大大减少，完成作业的积极性提升了。这样看来，花时间让学生体会书写带给人的美好体验是值得的。书写不仅让他们明白汉字的严谨之处，也能让他们进一步了解中国人的民族性格特点的形成过程。中国汉字不仅是文字，也是艺术。更重要的是这里面包含人生智慧，即一笔一画书写人生，堂堂正正做人做事。（许文佩）

三、教学反思

我在教学中发现，对很多初学汉字的学习者来说，汉字就像图画或者一堆杂乱堆砌的笔画，让人不知道从哪儿下笔，这就凸显出了笔顺的重要性。汉字的笔顺包括两方面的内容：一是笔画的走向，如"横"要从左向右写，"竖"要从上向下写；二是笔画出现的先后顺序，如"月"。"先横后竖、先撇后捺"等笔画书写规则是在长期的书写实践中总结出来的。对于具体的笔顺,国家语言文字工作委员会也制定了相应的规范和标准。讲究笔顺,可以缩短落笔与提笔之间的笔程,利于把汉字写得匀称、美观,防止出现缺笔画,也符合检索、利用笔顺输入汉字的要求。因此在教学中我认为应该重视笔顺,给学生讲解笔顺的重要性。由于笔顺只能在书写过程中才能体现出来,教师在检验学生汉字学习成果时不能只停留在静态的书写结果上,我在关注学生的书写过程时发现一些错误的或不合规范的写法,就产生了给他们讲解笔顺的想法。笔顺书写不正确的问题在外国学生中比较常见,比如有的学生写"耳"时,第二笔写右边的长竖,左边的短竖反倒成了最后一笔。

针对学生不重视汉字笔顺的这些情况,我们国际中文教师需要增强对汉字书写艺术的感知力,体会书法与人生的关系,并且在教学过程中贯穿此种理念,让学生重视汉字书写问题。在教授汉字之前,做好十足的准备工作,不仅需要有扎实的汉字本体理论知识,而且需要打磨有趣的汉字笔顺教学方式,这样才能让学生不仅能认读汉字,还能准确写好汉字。(许文佩)

四、案例分析

汉字教学一直是非汉字文化圈零起点学生学习的难点,学生对汉字的书写尤其汉字笔顺的书写还没有形成习惯,这就需要国际中文教师提前做好准备,不仅要注重课堂讲授,还要关注学生的书写训练。

但是教师要注意,汉字的书写有书法的书写顺序和规范的书写顺序。国家语言文字工作委员会制定了规范进行书写指导,但是书法艺术是从古至今流传下来的,不同的字体有不同的书写顺序,有时为了便于书写,可能会出现与规范书写不同的情况。比如"万"的笔顺,我们很难解释为什么第二笔是横折钩而不是撇(这不符合从左到右的规则);再如"及"和"乃"的字形很相近,"及"的笔顺和"乃"的笔顺,我们很难解释为什么"及"的第一笔是撇,而"乃"的第一笔却是横折折折钩。对于这种情况,我们可以比较宽松的方式,讲清缘由即可。

由于这些矛盾的存在,教师自身对某些汉字的书写习惯也有可能和教材上的不一致。这要求教师在教授笔顺的时候要特别注意,教授的汉字笔顺要与教材保持一致,否则就可能会给学生带来笔顺不重要的印象,甚至会引起学生对教师、对教材权威性的怀疑。(王丽媛、Piyawat Phodok)

五、思考

在教授汉字的过程中,你是怎么给学生讲解笔顺的?

六、相关文献阅读

1. 闵文静. 教育三要素下的对外汉语笔顺教学研究[D]. 武汉:中南民族大学,2021.

2. 闫冬梅. 对外汉语汉字笔顺问题类型归纳及产生原因的分析[J]. 才智,2014(28):290.

3. 赵亚琼. 对外汉语教学中的汉字笔顺问题探析[J]. 文学教育(下),2013(2):65.

案例 20 　 遇见书法

一、案例基本信息

1. 教学主题

汉字教学

2. 教学背景

课型:汉字课(单一课型)

教学对象:短期汉语初级成人班

教学时长:45 分钟(一课时)

教学地点:中国陕西渭南

3. 教学手段

毛笔、纸、墨、PPT 等。

4. 教学目标

(1) 知识目标:通过书法的练习,让学生更好地掌握汉字书写知识,了解汉字的构形规律和特点。

(2) 技能目标:掌握汉字的基本书写技法,能正确工整地书写汉字,提升学生认读汉字的能力。

(3) 情感目标:通过书法练习,培养学生的书法艺术审美能力,提高学习书法的兴趣;通过书法练习,让学生了解中国的书法蕴含的文化精神,更好地了解中国的书法文化。

二、案例自述

第一次走进教室,韩国顺天乡大学的20多个孩子静静地坐在教室里等着上课,我倒有一点儿惊慌,有一点儿担心,他们能听懂书法专业术语吗?交流后果然不出所料,我让他们用汉语谈谈对中国的认识,他们了解更多的是"京酱肉丝、红烧排骨"之类的美食用词,我心想:一群吃货?后来才知道,韩国的猪肉很贵,这些孩子看到中国的荤菜这么便宜便满心欢喜、大吃特吃,一说到书法则满脸茫然。我把笔墨纸发给他们,一边示范一边用汉语夹杂着英语单词讲解着,他们很认真而又笨拙地跟着学,课上经常看到学生用很迷惘的眼神盯着我。

第二节课我找了一位外国语学院学朝鲜语的同学给我帮忙,同时从书法最基础的知识慢慢入手,同学们也渐渐来了兴致,从叠纸、润笔慢慢入手,一段时间过去后,他们的书法竟然大有起色。

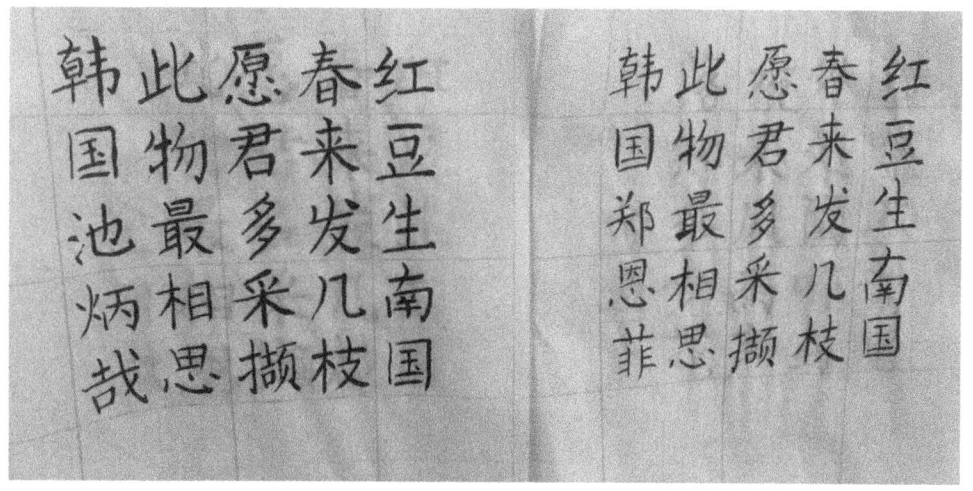

我的教学对象为短期的韩国班学生,春节前他们就要回韩国了,相聚匆匆,但他们的进步都很大。离开的时候好多孩子都跑到我面前身鞠躬道谢,我感动的同时也在反思,怎样用最有效的方法提升这些学生的学习进度呢?

2014年春天,学校接收了新一批韩国留学生,学习时间为一年,我根据上次经验认真思考,针对他们的基础和学习特点认真列出了一个教学计划,从入门基础开始逐步提升,效果非常好。主要的做法有以下几点:

第一,初步接触书法的孩子从硬笔开始,先练习汉字楷书的间架结构。这样教师教得认真,学生学得仔细,他们进步速度丝毫不比中国学生差。为了鼓励他们的学习兴趣,每隔一段时间我就让他们展示自己的书法作品,做得好的同学提出表扬,鼓励他们把自己的书法作品拍照传给自己的父母看,父母的表扬能够让孩子们更加努力,从而形成一个良性循环。

第二，第二学期让他们正式开始软笔练习，从坐姿、执笔、运笔、捺笔开始慢慢进入状态，开始两三周主要写自己的中国名字和"永字八法"练习，我一边给他们示范讲解，一边纠正他们的错误习惯，从一个字一首诗逐步扩展教学内容。

经过一学期的学习，他们的书写水平虽然和正儿八经的中国书法要求仍然存在较大差距，但作为留学生，期末时能按要求完成自己的书法作品，而且作品得到了中国老师和同学的认可和赞叹，应该来说，成效还是显著的。

第三，要和孩子们交朋友，学习和接受他们的语言文化，一方面可以增进交流，另一方面也能让孩子们感受到老师的亲切，同时为自己的教学平添许多乐趣。当我上课讲解汉字结构时随口说出"苴力"（霜）、"努恩"（雪）时，孩子们都大笑，学习兴趣陡然提升，课堂效果很好。

另外，还要关心孩子们的生活，我上课时经常给孩子们带些水果等，纸笔用完了我随时购买添加，孩子生病时我也经常给他们带些药过去，孩子们有需要时我也会开车帮他们拉一些重物。课间和他们聊各自的国家和家庭，知道他们节假日计划出去玩时就帮他们做一些规划并叮嘱一些注意事项。孩子们都很喜欢上书法课，学生有问题也会主动找我寻求帮助或咨询，同时也会把家乡的一些特产带给我共同分享。（张始峰）

三、教学反思

通过此次课程我了解到韩国学生对中国文化有着浓厚的学习兴趣。本以为书法课程会因他们熟悉中国文化而进展顺利,但第一次课结束后发现不尽如人意。经过接触发现,韩国学生对于中国饮食文化等生活中常用的词汇掌握得比较熟练。但是对于书法,韩国学生感到很陌生,在生活中很少见到中国书法用品,更不用说书法专业术语了。第一次课后我及时调整教学策略,从最基础的折纸教起,并且找懂朝鲜语的中国同学进行辅助翻译,慢慢有了一定的效果,学生的学习也有了起色。

在授课时,首先,对于一些专有名词应借助翻译来帮助理解,以免因专业术语理解错误而导致学习困难。作为文化的体验与学习,应该把语言差异带来的影响降到最低。其次,要把握好课堂节奏,及时调整教学计划,切记不要心急。教师要细心、耐心、有恒心;要吸引同学的注意,不应为课程而学,应为兴趣而学,要针对不同的年龄段需求和兴趣点设置不同的课程体验。最后,教师与学生的关系不限于课堂、不限于教学,可以通过各个方面对学生给予关心,这样不仅可以拉近教师与学生的距离,同时也可以拉近学生与课程之间的关系。(张始峰)

四、案例分析

文化课的目的更多是培养学生的学习兴趣,中国的书法艺术源远流长,因此吸引了很多对书法感兴趣的爱好者。汉字的一笔一画都有其独特的魅力,吸引着来自世界各地的留学生,作为亚洲文化圈的韩国也不例外。案例中的教师从最开始的无从下手,到后来慢慢摸索出了几点教学经验,这是一个成长的过程,也是一个教学相长的过程。在这个过程中,我们看到教师对学生的鼓励和肯定,学生对教师的尊重和信任。

教师在一个学期结束后,新接手了一个班级,并且根据原来上课的经验,重新制订了更适合学生的教学计划。同时在教学过程中,教师也总结了一些教学方法,建立了与学生相处的模式,这样的教学氛围和师生关系对教学无疑是大有裨益的。新手国际中文教师,可以尝试和学生拉近关系,多听听学生的意见和建议,以更好地提高教学效果。好的课堂一定是有温度的课堂,教学的开始也是师生关系建立的开始。(卓园园、王丽媛)

五、思考

如果让你来介绍中国的书法和汉字,你打算如何入手呢?

六、相关文献阅读

1. 王伟. 汉语国际传播背景下汉字书法教学研究[D]. 北京:中央民族大学,2013.

2. 肖敏.对外汉语汉字教学与书法教学的融合[J].青春岁月,2014(23):80.

3. 祖晓梅.体验型文化教学的模式和方法[J].国际汉语教学研究,2015(3):53-59.

4. 郝巧芝.对外汉语教学中书法教学研究[D].乌鲁木齐:新疆师范大学,2016.

5. 颜晨.汉语国际教育中的书法教学研究[D].西安:西安石油大学,2020.

6. 张馨予.对外汉语初级汉字课教学设计[D].哈尔滨:哈尔滨师范大学,2021.

7. 黄露.对外汉语初级阶段汉字与书法综合课教学设计——以《HSK标准教程》初级汉字为例[D].北京:北京外国语大学,2021.

8. 谢林,田兴斌.字源教学法在对外汉语汉字教学中的教学探究[J].汉字文化,2023(3):93-95.

案例 21　创意汉字教学

一、案例基本信息

1. 教学主题

汉字教学

2. 教学背景

课型:汉字课

教材:教师自编

教学对象:硕博班初级汉语学习者

教学时长:45分钟

教学地点:江苏南京

3. 教学手段

实物、图片、PPT

4. 教学目标

(1) 知识目标:通过学习汉字基础知识与书法基本原理,学生能够系统掌握汉字书写规律与基本笔画,了解一般的书法常识,掌握基本的用笔方法。

(2) 技能目标:能规范工整地书写汉字,并达到一定的书写速度,提升学生认读汉字的能力,使他们具有适应实际生活需要的识字写字能力。

(3) 情感目标:帮助学生克服汉字难学的畏难心理,使学生能够利用象形字的具象性识记汉字,感知和运用汉字的识字、析字的学习方法,提升学生对汉字和书法的兴趣,从而激发学生学习汉字的热情。

5. 课前准备

(1) 准备好汉字卡片、笔、墨、纸、砚。

(2) 教学活动设计、PPT 制作。

二、教学设计

1. 复习巩固(5 分钟)

利用 PPT 和视频来展示象形字甲骨文字形以及相应的图片,这些字都是学生们在综合课上学习过的,通过视频和图片加深学生的印象,带着学生朗读并书写,注意汉字的笔画书写顺序。

2. 讲授新知(5 分钟)

教师在白板上贴出生字卡片,引导学生结合已学汉字猜猜汉字的读音和字义。

3. 书法活动(15 分钟)

准备好书法用具,结合视频学习如何写毛笔字,让学生感受软笔书写的表现力,感知书写力度与笔画之间的平衡。在书法练习之后,再引导学生用红纸书写"福""春"等汉字。

4. 活动设计(20 分钟)

通过小游戏"拍苍蝇"的形式,将全班同学分成三组,给学生十分钟的时间复习将要比赛的汉字,在喊出一个汉字时,每组派一名学生在黑板上写出这个汉字,并由另一个学生拍到这个汉字,则这一组获胜。在游戏设置时要注意引导学生都积极参与进来。(徐晓晓)

三、教学反思

语言学习是一个长期的持续的过程,往往需要学习者具有较强的毅力和恒心才能坚持下去。汉字与其他语言不同,在学习语言的过程中,还增加了一项书写技能,这使得汉语初学者要耐得住学习的寂寞,踏踏实实静下心来才能学会,这与当今信息时代丰富繁忙的社会生活形成了极大的反差。现在年轻人渴望认识世界,捕捉生活乐趣,很少有人愿意静下心来感受汉字的魅力,因此产生"汉字难学"的现象。在初教汉字时,要注意把握进度和难度,增加趣味性,注意让学生感知阶段性的学习成果,才能避免学生知难而退、半途而废的现象,循序渐进地让学生感知汉字书写带给人的可贵的内在成长，让人在繁忙的生活中保持宁静。汉字书写不仅是一项技能，也是修身养性的方法，这是中国文化和民族精神传承的重要途径。

汉字课安排在综合课和听说课之后，学生有了一定积累，开始练习书写，巩固汉语学习。给学生上汉字课时，我先展示了一些有趣的象形字，引起学生学习汉字的兴趣。再引出新知，让学生结合已学的汉字去猜汉字的字音和字义，启发学生关注汉字的字音与字义的形成过程，发现构字规律。这种方法不仅对已学知识进行了复习巩固，也遵循了循序渐进的教学原则。学生们都积极猜字，课堂氛围很是活跃。

根据学生们的学习情况，我选择"福""春"等作为书写练习的重点。"福"字书法大多属于书法艺术，在生活中比较常见，也是练习书法基本笔画的常用字，能够展示书写者的书写技术和创作新意，也适合作为书法作品进行展示。通过书写练习，学生们能够感受到阶段性的进步，增强了学习汉语的信心。

最后以分组竞赛小游戏作为结尾，给学生十分钟的时间复习将要比赛的汉字，便于查漏补缺。在进行课堂游戏时，我引导学生都积极地参与了进来。学生们在游戏中都很活跃，也让我深入了解了他们本节课的掌握情况。（徐晓晓）

四、案例分析

汉字难，教汉字也难，如何教好汉字更难。在教授留学生汉字的时候，要注意不要给学生留下汉字难写、难认、难记的印象，一定要打破他们的思维模式，要让他们感受汉字有趣、有意思的一面。每一个汉字都有它的意义，虽然不是每一个汉字都能见字识音、见字识义，但汉字的字音和字义的规律也是成系统性的，这也是汉字的优势。另外，中国的书法艺术，一直绵延至今，吸引了大批的书法爱好者。国际中文教师，尤其是汉字课的教师，要让学生在好玩有趣的教学中去学习汉字，这样也能克服一些学生的畏难情绪。本案例中，教师用视频等来展示一些象形字，让学生根据视频等去猜学过的汉字，通过视觉开动学生的大脑，吸引和激发学生的注意力和想象力。课堂上还通过写毛笔字等活动来从另一个侧面去认识、了解汉字，这大大激起了学生的兴趣点。最后又通过"拍苍蝇"的小游戏去巩固所学汉字。整个课堂教学形式灵活多样，让学生在不同的活动中感受到汉字魅力，这些好的做法值得我们在今后教学中去推广和实践。

书法与汉字的关系密不可分，书法活动的安排既能促进汉字学习，也能传承中国传统文化。利用书法教学来提升学生学习汉字的兴趣是解决汉字难学的方法之一。汉字的基本笔画具有独特的线条美和结构美，是拼音文字所不能比拟的。因而在教授汉字时可以让留学生感受汉字之美，激发他们学习汉字的兴趣。（王丽媛、俞佳晔）

五、思考

留学生在学习汉字、写汉字有畏难情绪的时候,你是如何化解的呢?

六、相关文献阅读

1. 彭万勇.关于对外汉字教学研究的思考和探索——兼论"字源理论"在对外汉字教学中的应用[J].现代教育论丛,2009(2):55-59.

2. 鲁馨遥.汉字书法教学在对外汉语教学中的应用[J].东南大学学报(哲学社会科学版),2015,17(S2):176-177.

3. 董芳芳.对外汉语初级书法课教学实践研究[D].石家庄:河北师范大学,2016.

4. 曾柱.汉语零基础留学生首堂汉字课教学浅议[J].宁波大学学报(教育科学版),2016,38(4):126-129.

5. 王丛慧."象形字说"在对外汉字教学中的应用[J].湖南城市学院学报(自然科学版),2016,25(01):335-336.

6. 黄露.对外汉语初级阶段汉字与书法综合课教学设计——以《HSK 标准教程》初级汉字为例[D].北京:北京外国语大学,2021.

7. 沈瑾瑾.从"福"字看书法在对外汉语汉字教学中的运用[J].教育观察,2022,11(13):22-25.

案例 22　巧学汉字

一、案例基本信息

1. 教学主题

汉字识记技巧

2. 教学背景

课型:复习课

教材:刘珣主编的《新实用汉语课本 4》,北京语言大学出版社

教学对象:南非籍汉语学习者(南非)

说明:本课程是南非罗德斯大学中文专业课程,教学班级为大三班,共 6 人。其中有 3 人汉语能力接近 HSK 五级,1 人为 HSK 三级水平,2 人为初级水平(虽然专业是中文,但初级水平的两位同学在学习中途都曾因病休学一年以上,汉语基础较差)。

教学时长:45分钟

教学地点:南非罗德斯大学

3. 教学手段

图片、PPT等

4. 教学目标

(1) 知识目标:帮助学生回忆复习学过的生词,并针对生词讲解识字技巧。

(2) 技能目标:培养学生掌握汉字书写及汉字识字猜字的能力。

(3) 情感目标:通过学习汉字的相关知识,培养学生学习汉字的兴趣,从而了解中国文化,使他们的语言知识更好地与社会文化相融合。

5. 课前准备

教学活动、PPT、教案的设计与打磨。

二、教学设计

1. 词汇复习热身(10分钟)

依次导入课文中上学期学过的词汇,并将词汇融入日常情景中进行举例,一边回忆词义一边结合实际复习词汇用法。

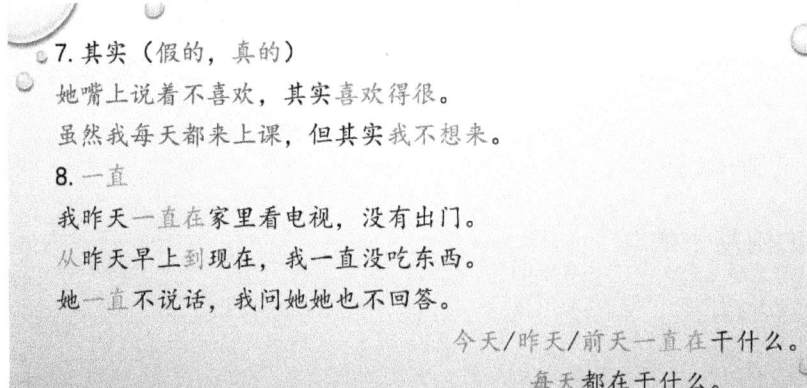

2. 汉字字形纠正(5分钟)

利用PPT依次将学生在听写中的常见字形错误以图片的形式展现给学生。

(1) 这是什么字?这个字写对了吗?

(2) 展示正确字形

（3）传授记忆技巧

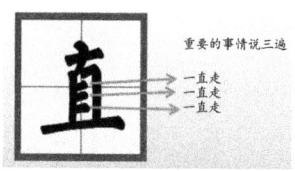

（4）对比相似字形

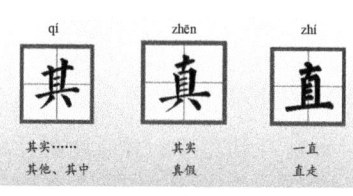

3. 更多汉字识记技巧(20分钟)

（1）义符记忆法

- 口：吃 喝 唱 叫
- 目：自 眉 看 泪 睡 眼睛
- 日：白 昨 明 阳 晴 晒
- 月：脸 肚 背 胸 胖 腿 脚

（2）音符记忆法

➢ 马　妈　吗

➢ 此 (cǐ)　紫 (zǐ)

➢ 采 (cǎi)　彩 (cǎi)　菜 (cài)

➢ 红 (hóng)　虹 (hóng)

➢ 分 (fēn)　粉 (fěn)　份 (fèn) 一人一份

➢ 利 (lì)　梨 (lí)　莉 (lì)

（3）拆字联想法

- 记：自己要多读多说（讠），才能记住。
- 住：住在房子里的人（亻）就是房子的主人。
- 起：如果你要走，你自己需要先站起来。
- 坐：两个人坐在土地上。
- 我VS找：我的帽子（丿）找到了。
- 汗VS汉：干活儿出了很多汗；汉字又多又难。
- 师VS帅：不戴帽子（一）的老师很帅。

4. 巩固与检验（10分钟）

首先利用PPT复习记忆过的字词,采用"Flashcards"以及选词填空等方式引导学生快速识记复习过的字词；进行分组比赛,看哪组记得最多、最快。(万茹)

三、教学反思

本节课为复习课,以字词复习纠错及技巧学习为重点。导入环节,利用复习热身,使学生快速进入学习状态。听写纠错环节,用图片对比的形式直观呈现学生的书写错误,并传授记忆口诀,加深记忆,为下一个环节(识记技巧)做好铺垫。汉字识记技巧环节,采用大量举例的方式展现汉字及其易混淆字。最后通过游戏的形式检验复查学生的学习效果。

南非缺乏汉语语言环境的熏陶感染,加之疫情的影响,这一届大三学生前两年的中文课都是在网上度过的,因此学生们的汉语学习成效不尽如人意。在听写的时候我发现,他们的汉字书写常常缺胳膊少腿。因为汉字的总量过大,时间不允许我带着他们逐字复习,授人以鱼不如授人以渔,于是我就决定好好给他们补习一下汉字,教授一些汉字的识记技巧。通过最后的检验环节发现,大部分同学都较好地达到了本节课所预期的目标。不过,因为我一次性教得太多了,学生们可能也有点吃不消。我打算以后在教学中遇到这些字的时候就再强化一次,重复个十来次后我就不信他们还记不住！(万茹)

四、案例分析

本次汉字复习课,教师的教学可圈可点,主要亮点在以下几个方面：

(1) 要想及时让学生进入学习状态,导入方式十分有效。在教学设计中,导入是十分重要的环节。好的导入能将学生的注意力尽快拉入课堂,从而使教学顺利进行。案例中的教师用知识点导入,学生对已学习过的知识点有模糊的印象,因此在复习时不会觉得很陌生,也不会产生汉字很难的想法,这给教师接下来的汉字教学打下了良好的基础。

(2) 直观呈现形近汉字的字形。"其、真、直"的字形极为相似,对于南非学生来说,汉字字形就是横竖的线条,难以区分相似的字。因此教师引导学生关注、观察易错字、形近字,通过相似汉字的对比,加深学生了解汉字之间的细微差别。结合记忆口诀,让学生对汉字产生兴趣。

（3）了解汉字的音、义、形，分类记忆汉字。汉字是中国文化的重要载体，汉字文化源远流长，影响巨大。案例中的教师运用"义符记忆法、音符记忆法和拆字联想法"将汉字进行分类记忆，这样学生记忆汉字时会更方便、更快捷，也能在对不同汉字记忆方法的分类中更加了解汉字的意义。

对本次教学内容也有一些建议，首先要考虑学生的学习水平和汉字储备量。教师要根据学生的学习水平设计教学，汉字储备量的多少也会影响学生的学习效果。案例中，6名学生中有3人汉语能力接近HSK四级，1人为HSK三级水平，2人为初级水平。课程内容为HSK四级词汇，有部分学生可能跟不上课程内容。之前学生上的是网课，掌握汉字的情况可能不是很理想。如果教师一次性教授的内容过多，学习量过大的话，学生识记汉字可能出现负面效果。教师应该了解学生的想法和意愿，针对学生的学习水平安排学习内容和学习量，才能达到复习课的目的，而不是通过多次大量输入，达到记忆的效果。

总体来说，该案例的教学处理是合适的。如果教师能够更多地进行师生互动和问答，对汉字的词义内涵进行讲解，使学生对汉字的趣味性提高，那么会更有助于同学们快乐、积极地投入汉字的学习和记忆中。（吴沙沙、孙盼盼）

五、思考

在汉字教学中，你用过什么比较好的教学方法呢？可以和大家分享一下。

六、相关文献阅读

1. 陈小帆.汉字的文化因素在对外汉字教学中的影响研究[J].汉字文化,2022(11):072.

2. 赵璟.文字学视角下对外汉字教学的策略[J].语文教学通讯·D刊(学术刊),2021(6):81-83.

3. 王希.对外汉字教学案例研究[D].桂林:广西师范大学,2021.

4. 徐萌.对外汉字教学中传统文化传播途径研究[J].新闻前哨,2021(1):107-108.

第三章

语言中的文化教学

语言和文化是不可分割的，语言不能脱离文化而单独存在。要想了解一种语言，首先就要了解这种语言所蕴含的文化。语言中的文化教学贯穿于国际中文教学的整个过程。语音、语调、语气反映一个民族的情感、意愿、态度和观念等诸多文化信息；词汇是一个民族语言文化展现最为集中的方面；语法的差异不仅是规则的差异，也是文化思维的差异，因此语言中的文化教学是深度了解汉语汉文化的一把钥匙。对于留学生来说，学习基本的语言知识并不难，但要了解这种语言背后的文化和民族文化观念却并不是一件容易的事情。在语言教学中，开展相应的文化教学，可以避免因文化误读而导致交际障碍，甚至于文化冲突。语言文化教学可以促进学生对语言知识的理解和吸收，增进彼此之间的了解，也是培养汉语学习兴趣的重要方面。本节以语言中的文化教学为切入点，探讨如何在语言知识教学的过程中开展文化教学，包括语言要素文化教学、文化体验课、文化实践活动等多种形式的文化教学案例。

　　汉语学习者初步掌握了汉语的听说读写能力，却很难在实际的语言运用中正确地使用这种语言进行沟通和交际。主要原因在于汉语是在深厚的文化背景下世代相传、沿用至今的。语音、词汇、语法都在不同程度上发生过变化，要地道的使用汉语还需要了解语言背后的文化，特别是这个民族的语言表达习惯和思维方式，这是了解汉语背后的一把"钥匙"。

　　国际中文教师教授汉语是一个动态的过程，也是一个双向的过程，师生双方构建的交际活动也是跨文化互动。拥有不同的文化背景、世界观、价值观、信仰和行为规范的人之间进行沟通和交际，给双方都带来了不小的挑战。为了减少因文化差异而产生的误会、甚至是冲突，国际中文教师不仅要对自己的母语文化有深入的了解和认识，帮助学生建立汉语思维和汉语表达，同时也要对任教国家的文化有所了解，从而开展有针对性的语言文化教学。

第一节　语言要素文化教学

语言要素教学是指语言教学中的语音、词汇、语法和汉字等具体的教学,帮助学生系统地学习和感知蕴含在语音、词汇、语法和汉字中的文化现象和规律,受课时限制,这些系统的复杂的规律不能一一呈现,需要教师由点带面、由表及里、长期的有序的逐步开展,语言要素教学形式灵活、内容广泛,常常伴随国际中文教学的各类课型适时展开。案例的形式探索在学期初、课程中以及课间课后师生交流等场景中开展语言要素文化教学的方式和方法,旨在激发国际中文教师尝试选择适当的课型、适当的时间和适当的情境下适当、适量、适时地开展语言要素文化教学。

案例 23　中国人的起名文化

一、案例基本信息

1. 教学主题

姓氏文化

2. 教学背景

课型:综合课

教材:茅海燕编著《魅力汉语》,江苏大学出版社

教学对象:多国籍汉语学习者(俄罗斯、巴基斯坦、刚果、尼日利亚等)

说明:本课程是江苏大学面向全校各院系博士留学生开设的零起点汉语课,学生主要来自学校各理工院系,全班共 31 人,除极个别同学之外,汉语水平均为零基础。在学习期间他们的汉语课仅此一门,课程为期 9 周,每周 6 课时。

教学地点:中国江苏镇江

教学时长:90 分钟

3. 教学手段

图片、PPT 等

4. 教学目标

(1)知识目标:使学生知道自己的中文名字和自己国家的国名,简单了解中国人

的姓氏文化。

（2）**技能目标**：能够识别出中国人名字中的"姓"和"名"；掌握常见的姓氏，并了解姓氏的来源。

（3）**情感目标**：培养学生对中国文化的兴趣，使他们更多地了解中国人的姓氏文化蕴含的历史和文化。

5. **课前准备**

PPT及教案的设计与打磨

二、案例自述

我所教的留学生是学校各理工院系新入学的博士生，汉语是零起点，但是英语都说得不错，有俄罗斯、巴基斯坦的学生，但非洲国家学生的比例最大。第一堂课，我询问大家有没有中文名，只有个别同学有，其余大部分都没有，那就涉及起名字的问题了。起名对中国人来说应该是一件非常重要的事情，但对于留学生来说，由于人数多，对学生的了解不够深入，我帮助学生起中文名字时，遵循两个原则：一方面能对学生的英文名进行一定的音译，以方便同学识记，另一方面所用的音译汉字，最好能使用汉语里面拥有美好寓意的汉字。有部分留学生，他们的汉语名字是在长期接触汉语的过程中，慢慢积累形成的，符合自己的情感和意愿，并且中文味实足，富有独特的含义。

我给班上学生起的中文名字，如：康美玲、艾文峰、欧书凡、叶铭、白一琦、艾杰安、欧苏成、艾沐贤、艾天辰、韩心来、沈菲、艾思和等。我会选择一些和学生性格相吻合的字眼，比如叫艾天辰的男生性格活跃、天资聪颖，"天辰"二字很适合他；叫艾思和的男生则性情平和、善思考、爱提问，叫"思和"就很贴切；叫康美玲的女孩则看起来温温柔柔的，"美玲"二字很适合她……同时，我给班上学生解释了中国人的起名文化，"玲"字用于女性，"峰"字用于男性，王字旁的字如"玲""琦"字都和玉石有关，都有着美好的寓意，同时起名很讲究音韵铿锵，读起来要好听、响亮、上口。其间，有位巴基斯坦的留学生，在得知我已经帮班上部分同学起了好听的名字后，就特地和我说，他是穆斯林，希望名字里也能体现出这一点。于是"艾沐贤"这个名字就诞生了，而他的英文名字读起来其实是穆罕默德·阿克塔，艾沐贤与原来的发音也有些相似。现在细想起来，我当时其实有点小偷懒，并没有进一步询问穆罕默德是他的姓氏还是阿克塔是他的姓氏，就自作主张将"艾"字作了姓氏。但是艾沐贤显然对他的中文名很满意，并向我表示感谢。

大概是开学初的课堂上,我起名字的热情给学生留下了很深的印象,一直到课程结束,这个班级的学生都十分配合我的教学。班上两三个巴基斯坦学生在课程结束后,也常在新年、国庆节甚至妇女节给我发来节日的祝福。(吴琼)

三、教学反思

第一堂课一般都是介绍课程目标、考核方式等,然后引入新课内容,但本课程在开课阶段还多涉及了一个内容,即了解学生起中文姓名的需求。在本课程中,为学生起名贯穿了课程开始的前若干周,起名虽然不在授课要求之内,同时也耗费了个人不少心力,但这一过程有效拉近了师生间的距离,对课堂教学氛围的提升也起到了良好的辅助作用。

留学生的中文名字常五花八门,其中有留学生自取的,也有中文教师帮取的,前者所取名字,常自出机杼、灵活多样,虽不合中文姓名文化,却别有趣味,且独具留学生的个性色彩,丰富了中文语境下的姓名文化;后者所取名字则多符合中国传统姓名文化,能有效帮助留学生缩小其与中国人打交道时的社会距离,助其有效融入留学生活。这两种取名方法也就是翻译理论中的"归化"和"异化"两种不同的翻译策略的具体表现。当然,和中国父母为孩子取名的情况一样,中文教师所取姓名偶尔也会出现后期使用时因谐音而产生麻烦的例子,这当然是需要尽力避免的。同时,不管是留学生自取,还是教师取名,都有使用简单音译法的情况,如称"玛丽""约翰"等。

给该班学生取名时,个人采用的主要是上述第二种方法,同时兼顾音译法,即一方面,尽量贴合中国姓氏文化,尽可能选取中国人姓名中那些常见且富有美好寓意的汉字,这些汉字读起来要顺口,看起来要顺眼;另一方面,优先选取那些能兼顾学生姓名原始发音的字眼,并且最好能够贴近学生的性格气质,有时甚至还需要能够满足个别学生独特的取名要求。兼顾多种取名原则并不容易,但却是值得的。(吴琼)

四、案例分析

案例中的教师面对多国籍零基础的留学生班级,在开学之初为他们起了各种好听又有美好寓意的中文名。通过起名这件事情,师生建立了良好的情感关系,课堂气氛融洽,学生配合度高,有的学生在课程结束后还送上了节日的祝福。

首先应该赞赏该教师的做法,为汉语学习者起中文名是她关爱学生的体现。起一个好的中文名,不仅能使学生喜欢汉语、想了解中国文化,还有利于促进学生对汉语的文化认同。但是教师起名时也要注意,避免谐音造成误解或是联想到不良意义。

教师给学生起名仅供学生参考,学生可以根据自己的意愿选择性地使用。

给留学生起名要注意语音、字形和字义。语音上要音节分明、清晰响亮、朗朗上口。字形上汉字独特的形体也能体现出中文姓名的独特魅力。注意姓名笔画不要太复杂,应便于学生书写。字义上中国人往往会在名字中寄予美好的寓意,有些名字通过谐音可以达到一语双关的效果。

此外,在选择姓氏和确定姓名的过程中,我们要注意以下几个原则:选择姓氏要根据学生原名姓氏的谐音或意义,并参考学生的母语文化,确定姓名要根据学生的特点,注意性别差异等,总体上应注意不选生僻字、笔画复杂的字。

我们在给留学生取名时,不可能同时满足上述所有的条件,而要根据实际情况侧重于一至两个方面,避开取名的雷点,就可以算是一个好名字了。(刘碧君)

五、思考

你在给留学生起名字时有没有撞到"雷区"的时候,你又是怎么处理的呢?

六、相关文献阅读

1. 白朝霞.姓名文化与对外汉语教学[J].云南师范大学学报,2006,4(4):61-64.

2. 富饶.从姓名内涵看中西文化[J].黑龙江社会科学,2009(4):130-132.

3. 何晓红.中英姓名的文化蕴涵[J].长春师范学院学报,2007,26(1):99-101.

4. 李琳.试析起名时应注意的问题[J].辽宁教育行政学院学报,2011(2):78-79.

5. 王翠霞.中国人起名的语言艺术[J].语文建设,2012(16):79-80.

案例 24 城市文化主题介绍

一、案例基本信息

1. 教学主题

介绍中国城市

2. 教学背景

课型:综合课

教材:刘珣主编的《新实用汉语课本 2》,北京语言大学出版社

教学对象:摩洛哥汉语初级学习者

说明:本课程是摩洛哥阿卜杜·马立克·阿萨德大学孔子学院开设的兴趣课,教

学对象分为本校大学生和部分当地居民,学生的汉语水平大致可分为三个等级,共22人。班级学生的汉语水平有差异,对汉语课的学习动机也不尽相同。有个别学生通过汉语桥或者夏令营的方式去过中国,但大多数学生对中国的了解仅限于汉语教材。教师每节课都会留15分钟的时间让一位学生介绍一个中国城市,可以用汉语介绍,也可以用其他语言介绍。通过这一课堂活动,增加学生对中国城市以及中国文化的了解,使他们认识当今中国的发展状况。

教学地点：摩洛哥丹吉尔

教学时长：180分钟

3. **教学手段**

实物、图片、PPT等

4. **教学目标**

(1) 知识目标：知道青岛在中国的地理位置；了解青岛当地的文化特色以及风俗习惯。

(2) 技能目标：培养学生查找信息、搜集资料、信息归类的能力；锻炼学生在班级或者公众场合讲话的语言逻辑表达能力。

(3) 情感目标：使学生对当今中国的发展有更加深入和准确的认识,提升他们汉语学习的积极性。

5. **课前准备**

(1) 学生自主选择所要介绍的中国城市,提示学生可以从历史、地理、饮食、文化等方面进行介绍,公布课堂展示的评分标准。

(2) 根据学生所要介绍的城市,教师提前做好充分的准备,对学生讲解中忽略的、不完善的、不准确的地方进行补充说明。教师也可以结合自身经历(尤其是有趣的、难忘的经历)进行分享。

二、案例自述

以文化为主题设计课堂活动时,要考虑文化信仰的问题,因为介绍城市文化时,难免会涉及饮食习惯、社会风俗以及宗教信仰等。国际中文教师要对班级学生的宗教信仰有一定的了解和认识,提前做好应对策略,避免不必要的尴尬甚至是冲突的出现。摩洛哥是一个以伊斯兰教为主要信仰的国家,但是在做关于中国城市主题的课堂展示时,有一位信仰基督教的学生选择的城市是"青岛",他是我在这里见过的唯一一位信仰基督教的学生。他在介绍青岛时,着重介绍了"青岛啤酒",还说"大家去青岛的话,一定要去喝青岛啤酒"。对于信仰伊斯兰教的学生而言,饮酒是禁忌。班级里的穆斯林学生听到这样的介绍时都瞪大了眼睛,似乎有些不能接受。但是随着社会的发展和进步,年轻人的眼界和包容度都得到了提升,信仰伊斯兰教的学生并没有表现出明显的敌对和不友好的态度。

面对这种宗教信仰掺杂的班级,在布置展示任务时,教师需要提前做好沟通和审核工作,通过询问、提交报告和PPT等方式提前了解学生汇报的内容,并针对一些宗教的禁忌和偏好、宗教习俗和语言表达习惯等内容做课前指导,避免文化冲突。中国文化博大精深、包罗万千,各个地方又有不同的特色,在全面向学生介绍中国文化时,要注意把握好视角和分寸,在彼此尊重和文化认同的基础之上,展开文化交流。(赵蕴璐)

三、教学反思

城市文化主题教学活动的设计,一方面可以增加学生对中国文化的了解,同时也能够有机会锻炼学生汉语整句的表达能力,另一方面也通过学生的介绍,加深师生之间以及生生之间的了解。城市文化这一主题目标大而杂,这对学生选择展示主题提出了不小的挑战。这个活动的难点在于帮助学生确定选题,提供选题思路和评价标准。同时,也需要学生具备一定的资料检索能力、语言组织能力和表达能力。

摩洛哥学生的汉语水平参差不齐、程度相差太大,汉语说得好的学生和一句话也不会说的学生都有可能分在一个班。因此在布置任务时,我允许学生使用汉语以外的其他语言,鼓励学生尽量用汉语进行课堂展示。

课前我做了充分的准备,对学生可以选择的城市进行了列举,一些中国的重要城市、学生到访过的中国城市,我都一一进行筛选,最终敲定了25个城市,供22位学生挑选,再经过抽签的方式确定展示顺序。学生对这次活动的热情很高,积极投身到了解城市、制作PPT的行动中,我看着他们在讲台上侃侃而谈,感到十分欣慰。甚至有些学生还与听众分享汉语方言。在学生介绍完毕之后,我首先会对学生的展示进行总结和评价(大多是积极的、鼓励的),再结合我自己的个人旅行经历,跟他们分享一些照片、难忘事件等,这样瞬间拉近了我和学生之间的距离。

在介绍青岛时,这位学生的"出格之言"脱口而出,这时我下意识地观察学生们的表情,虽然信仰伊斯兰教的学生不饮酒,但当听到汇报人建议大家品尝青岛啤酒时,他们并没有表现出敌对情绪。这次活动,让我深刻感受到文化课对国际中文教师的文化素养要求很高,涉及的敏感话题,如果处理不当,可能会造成文化冲突或不必要的障碍,但是

从这一活动中,我也能够感受到当今时代年轻人的文化的多样性和包容性。(赵蕴璐)

四、案例分析

首先,案例中的教学创意比较好。教师让学生自主选择相关主题的城市来进行展示,这体现了学生的自主性。学生选择自己喜欢的城市进行展示,而不是教师强制性指派任务,能激发学生展示的兴趣。

其次,案例中的教师课前准备较为充分。教师能够利用课余时间和学生进行交流,或者查阅资料,能够积极主动了解学生的基本情况,进行了必要的学情调查,说明这位教师课前做足了准备工作。这是每一位国际中文教师都应该学习的。

最后,本案例中教师的文化敏感度还有待加强。针对课堂中出现的意外状况,教师未能采取必要的措施。虽然教师让学生自主选择中国城市来展示的出发点是好的,但是在宗教复杂的班级中,要注意在展示前把学生选择展示的城市的内容先看一下,可以帮学生选择城市。如果所选城市的文化与班级里学生的宗教信仰有冲突,教师要适当提醒展示的同学,在展示过程中要注意方式和措辞。

通过这个案例,我们需要注意的是:在国际中文教学过程中,我们如果遇到文中的情况,这时候就需要我们具有高度的文化敏感性。在处理这类情况时要注意措辞,既要照顾展示同学的自尊心和信心,又要照顾班级信仰其他宗教学生的情感变化。所以我们首先要做到内容的筛选。我们给学生自由选择展示城市的出发点是好的,但是教师可以提前对学生准备的城市进行了解。在了解到有相关的文化冲突点时,教师要适当提醒展示的同学照顾其他同学的感受,引导学生进行合理的改动,给予学生必要的辅助指导。

本案例中的教师可以要求学生在课前将自己所选的城市和所要展示的内容分享给自己,同时教师要进行及时的查阅,在发现有较大文化冲突的时候要注意提醒学生,引导学生进行必要的改正。如果学生仍然出现不合适的"建议"行为,这个时候教师要及时总结改进。通过转换话题的方式引导学生关注城市其他方面的内容,一定程度上也可以化解文化冲突。(汤敏)

五、思考

在你的课堂上,有没有因为宗教信仰而出现的跨文化交际不愉快或者冲突的事情呢?

六、相关文献阅读

1. 杜娟. 对外汉语综合课教师非言语行为的调查和研究——以摩洛哥阿卜杜·马立克·阿萨德孔子学院为例[D]. 吉林：吉林大学，2021.

2. 赵博涵. 基于师生双向视角的教师课堂提问行为研究——以摩洛哥初级汉语综合课为例[D]. 上海：上海外国语大学，2020.

3. 张超男，宋阳. 分析对外汉语教学中的课堂突发话题以及策略[J]. 智库时代，2019(31)：230+232.

4. 孙静坤. 包罗万象，求同存异——论文化差异对跨文化交际的影响[J]. 教育现代化，2019，6(15)：88-90.

5. 陈斐. 基于跨文化交际冲突视阈下的对外汉语教学研究[D]. 西安：陕西师范大学，2016.

6. 张明珠. 关于对外汉语文化因素教学的探究与教案设计[D]. 西安：西北大学，2016.

案例 25　国家文化

一、案例基本信息

1. 教学主题

命名文化

2. 教学背景

课型：综合课

教材：茅海燕编著《魅力汉语》，江苏大学出版社

教学对象：多国籍零起点汉语学习者（俄罗斯、巴基斯坦、刚果、尼日利亚等）

说明：本课程是江苏大学面向全校各院系博士留学生开设的零起点汉语课，学生主要来自学校各理工院系，全班共 31 人，除个别同学之外，汉语水平均为零基础。在学习期间他们的汉语课仅此一门，课程为期 9 周，每周 6 课时。

教学地点：中国江苏镇江

教学时长：90 分钟

3. 教学手段

图片、PPT 等

4. 教学目标

（1）知识目标：了解常用国名的汉语名称、国名音译及意译原则。

（2）技能目标：熟练翻译本国国名及常用国家国名。

（3）情感目标：增加对汉语国名的翻译原则的了解和认识，提高汉语学习的兴趣。

5. 课前准备

PPT及教案的设计与打磨

二、案例自述

我所教授的这个班级是零起点的学生，他们为学校理工科院系新入学的博士生，有来自巴基斯坦、俄罗斯的学生，也有不少来自刚果、尼日利亚、加纳等非洲国家的学生。在这节课上，为提高学生的学习兴趣，我介绍了巴基斯坦、尼日利亚等国家名字的中文读法，学生都很感兴趣，并跟着我读了几遍。不过很快就有位非洲国家的学生提了一个我从来没想过，但是非常有趣的与文化相关的问题。这个学生来自非洲，非常急切地用英文提了问题，我一时没能听明白他的问题，就请他下课以后再说，不过看起来班上其他几个同学也都十分赞同他的问题。下课后这位同学到讲台前，重新说了一遍他的问题，我这才明白，原来他十分介意他的国家的中文译名，他说这些译名都是音译，但是他们国家的名字在他们的语言中，有着十分美好的寓意，但汉语里面只是直接作了音译，这样的翻译是不是不太好？这个问题很有趣。早期周边少数民族及中亚、欧洲等国家及地区的名称如何翻译成汉语，一直是一个值得讨论的问题，有音译，也有约定俗成，也有从百姓常用叫法中得来。不同的朝代也有不同的称法，民国时期中国人接触和翻译了大量的欧洲典籍，为了避免因翻译而造成误解，逐渐形成了人名、地名翻译原则，由官方制定、翻译人员共同使用。后来大多数翻译者沿袭了文字的使用习惯，表音的时候还兼顾了意译，如玛格丽特、璐思、美利坚、义大利、英吉利、英国、德国等。在兼顾语音的同时，译者尽量选择富有美好意义的符合中国人命名习惯的汉字为译名。但是后来，由于出版、印刷和国际事务往来等原因，对从事翻译行业的人制定了相应的标准，来避免因译者的个人习惯而导致的误读，但大多数译者都会选择直接音译的方式进行翻译。由于国名一旦确立翻译名称，除非特殊情况，很少做出改动，所以也只能如此跟这位学生解释了。（吴琼）

三、教学反思

本节课是一堂汉语综合课，以翻译国名为切入点，带领学生感受拼读原则和国名翻译惯例,而学生在拼音练习中对国家名称的汉译原则产生了疑惑,不明白什么时候音译,什么时候意译。在解答学生这一疑惑的过程中,恰巧把汉语中如何翻译别国名称及人名时形成的惯例和处理原则解释给学生。中国有一种专门的学问——名物学。可见中国人对事物的名称是非常看重的,事物一旦有了称名,为了便于识别和记载,称名是不会轻易更改的。

国际中文教学过程同时也是一个跨文化交际的过程,因文化差异而产生的误解甚至冲突在语言教学的过程中时有发生,因此国际中文教学对教师的跨文化交际能力有着极高的要求。一方面,国际中文教师必须充分尊重世界各国的不同文化,课堂教学氛围需要自由而包容,鼓励交流、具有包容性的课堂氛围才能让留学生及时表达或提出心中疑惑,这样才能让问题在课上或课下得到充分讨论,不至于酿成更深的文化误解与冲突;另一方面,国际中文教师需加强自身知识储备及跨文化交际的意识,具有跨文化敏感度,对留学生可能会有疑惑的问题有充分的心理准备,并能以丰富的知识储备及交流技巧,及时化解文化误解甚至文化冲突,拉近师生之间、生生之间的心理距离。同样是国家名称的汉译问题,案例中的教师从历史文化角度解答了学生的困惑,或许这个问题还有其他更好的解答方式,但这都有赖于国际中文教师的综合素养与能力。(吴琼)

四、案例分析

国际中文课堂上留学生所提的某些问题看似和语言教学无直接关联,甚至所提出的问题都是出乎教师的意料之外。但有时候课堂中的疑惑和不解往往透露出语言的本质。解答这些疑惑,能够增进学生对汉语的了解。与字母文字不同,汉语是形、音、义三位一体,国际中文教师在解答相关问题的同时,也进一步地加深了对两种语言文字的认识。对这些问题的解答可以放在课下,但是对教师的综合素质的要求也比较高,需合理解释,并始终尊重学生所在国的文化。本案例中,留学生就他的国家的中文译名提出疑问,教师一时没有听明白学生的意思,就请他下课以后再说。这个做法是对的,因为课堂时间非常宝贵,继续问下去的话可能会占用比较多的时间,教师不能因为某个学生的某个问题而耽误教学进度。下课以后,教师弄明白了学生的问题,就此给出了解释,同时表示这个做法是普遍的,特别是国家名称,在使用一段时间之后,为了便于识别和记载,不会轻易更改。

另外,在国际中文课堂上,留学生在学习汉语的时候对一些问题有自己的看法和不同观点时,教师应该从多元文化角度看待学生的问题。教师在教授课程之前,应该

提前做一些功课,对所教班级的学生国籍及文化大致有个了解,这样就能轻松地在课堂上营造一个良好的学习氛围。(邓燕玲)

五、思考

你在课堂上有没有遇到过类似的问题？你是如何解决的？

六、相关文献阅读

1. 连洁,戴卫平. 外国国名汉语音译与思考[J]. 西南农业大学学报(社会科学版),2012(11):132-136.

2. 李玲. 对外汉语教学中欧美国名译词的来源探析——以《海国图志》为例[D]. 曲阜:曲阜师范大学,2020.

3. 徐晓燕. 从歧义到弥合:美国国名在中国早期的英汉翻译嬗变[J]. 杭州师范大学学报(社会科学版),2021,43(3):131-136.

4. 蒋骁. 海峡两岸外国国名、首都名翻译的计量比较研究[J]. 牡丹江大学学报,2012,21(6):105-108.

5. 梁建. 从"花旗国"到"美利坚合众国"——清代对美国国名翻译的演变考析[J]. 历史档案,2013(1):105-110.

6. 白秀敏. 文化差异视域下英语文学翻译问题探讨——评《英语文学翻译教学与文化差异处理研究》[J]. 中国教育学刊,2023(4):129.

第二节　文化体验教学

　　文化体验教学是帮助学生深入了解这种语言所处的社会环境、生活习惯、文化观念、思维方式以及民族世界观、价值观和文化观的重要窗口。文化体验教学的开展过程是丰富的、立体的，它需要师生之间建立情感联系，在了解学生基本情况和文化知识结构的基础上进行设计开展。与其他课型不同，文化体验教学对设备、场所、教学用具及资源配置的要求较高，教师需要根据现有的客观环境展开教学设计，安排文化体验，凝练课程内容，对教师的文化底蕴、实践能力、沟通交际能力和组织能力都提出了更高的要求。文化体验教学的教学效果是双向的，教师与学生在体验过程中都获得了对文化的进一步认识，因此文化体验教学也是跨文化交流的过程。本节从文化体验教学的案例入手，探讨文化体验教学的设计思路、实施路径以及文化体验效果评价等方面的技巧和方法。

案例 26　中国人的饮食文化

一、案例基本信息

1. 教学主题

饮食文化教学

2. 教学背景

课型：文化课

教材：节目组编《旅游汉语》，外语教学与研究出版社

教学对象：成年华人中级班

教学地点：毛里求斯

本课程的教学对象主要为生活在毛里求斯的华人。由于他们的祖辈大多是 300 年前从广州梅县移民过去的，因此对于广东的部分文化有一定的了解，接触的人群主要以广东人为主。因此教师在课程中尽量选择他们熟悉的主题，并拓展一些相关信息。

3. 教学手段：多媒体、互联网＋视频网站

4. 教学目标

(1) 知识目标：了解饮食相关知识词汇和常用句型。

(2) 技能目标：能够针对饮食话题口头介绍中国地方特色美食。

(3) 情感目标：了解中国饮食传统和特色文化，正确理解文化的多元性、包容性。

5. 课前准备

查找和关注中国地方美食，课上进行分享和介绍。

二、案例自述

毛里求斯华语促进联盟会会定期组织开设一些文化交流活动，包括开设一些文化类的课堂，我的课程就是这类课程之一，时间安排在周日，课程的内容是教师自拟的，难度为汉语中级，通常会根据各地区的文化类型选择一个主题授课。根据毛里求斯华人多为广州梅县后裔这一特点，我除了安排他们熟悉的广东地区的旅游文化内容之外，也安排一些能令他们耳目一新的中国其他地区的旅游文化。教材我选用《旅游汉语》，在讲授文化类课程时，通常会从饮食、服饰、建筑、艺术等角度入手。由于互联网时代，短视频创作蓬勃发展，学生们往往会通过网络渠道来了解中国，这时教师要注意，讲授课程时，应该给学生一个系统的、全面的、真实的、客观的文化介绍，纠正一些网络上的错误引导或偏狭的理解，以及不真实的报道，避免学生以偏概全，错误理解和认识中国文化及中文文化精神。同时，也要在课堂上帮助学生从认识现象到认识本质，深入体会现象背后的文化精神。例如在讲到饮食类主题时，就出现了这样一种情况，即学生问："老师，中国人什么都吃吗？吃猫，吃狗，而且还有人吃老鼠？"面对这样的问题，首先我们要分析学生的问题不是空穴来风，可能是看到一些短视频后留下的印象，这时教师要帮助学生认清个性与共性的问题，传统与现代的问题，地区与饮食文化之间的关系。首先向学生介绍中国传统饮食文化的特点以及主要食材，再介绍一些地域饮食文化及食材特点，并强调网络上一些猎奇的观点和违反文化道德的行为是不被社会接受的。

学生也跟着分享了一些短视频，其中包括广东的一道菜"三吱儿"，并询问我的看法。对于这样的问题，我们既不能回避，也不能完全认同。要根据自己的理解和认识尽可能地给他们介绍更多的背景：在广东地区，有专门饲养"竹鼠"的企业，视频中的"老鼠"与我们生活中见到的"老鼠"并非一个种类，是经过改良和驯养能够作为食用的动物。对于食材来说，它和其他国家和地区食用的昆虫等没有本质区别；对于食用过程，中国人讲究食材的新鲜，可能会采用一些办法来保证食物的口感，比如"醉虾"

等。但中国讲究人与自然的和谐相处，人一旦与动物有了接触和情感，就不再忍心看到动物被宰杀和食用的过程，因此不提倡采用残忍的手法食用动物。我本人也不喜欢这种食用方式。（贾昌明）

三、教学反思

通过上这门课程，我深切地体会到，网络资源的利用要合理，同时也要积极地引导学生关注和分享内容质量较高、客观真实并具有积极意义的内容。特别是一些质量不高，以博取流量、哗众取宠为目的视频，要注意甄别。向学生推荐优质媒体播放平台和网站。本次的文化教学，使我意识到自己的文化知识还有很多不足之处，还需要不断积累。我的跨文化交际意识以及对于课堂的管控能力还有待提升。在教学过程中，我应当考虑学生的文化背景，在学生认为广东的饮食文化就代表中国的饮食文化，并且对中国的饮食文化产生偏见的时候，要及时加以说明和引导，避免学生以偏概全。在教学过程中教师要增加教学设计的投入，加深对学生的认识和了解，为学生提供更多的平台和窗口，从他们喜闻乐见的文化中，让他们加深对中国文化的认识和理解。教师不仅应该在形式上做到丰富多彩，而且也应该在体系上搭建框架，给学生们呈现一个视野广阔、类型多元的中国文化课堂。（贾昌明）

四、案例分析

常言道"民以食为天"，中国的饮食文化历史悠久，人们见面打招呼时也常问："吃了吗？"衣食住行是人类共同的主题，无论哪个国家和民族，都不例外。以吃为主题展开汉语教学是一个非常好的切入点。案例中的学生，在生活中和网络上了解了中国的饮食文化，也有了自己的观察和理解。国际中文教师开展以饮食文化为主题的课堂教学，成为学生参与、认识、求证、了解中国的一个重要途径，因此对于学生提出的问题，教师不必过于惊讶，尝试从学生的角度来分析，为什么他们会提出这样的问题，他们需要哪些背景知识以及有哪些误区，教师需要从哪些方面进行引导。这是我们教学设计的起点，也是积累教学经验必不可少的环节。

因为毛里求斯的华人祖辈大多是从广东移居过去的，所以在认祖的时候，相当多的人认为粤菜就代表了中国的饮食，所以他们在说起中国的饮食文化时，就把粤菜当成了全部的中国菜，殊不知中国八大菜系里，粤菜只占了其中的一部分。国际中文教师在教学过程中，如果发现学生对饮食文化不太了解或者有误解的话，要帮助学生全面系统地认识和了解一下中国的八大菜系：鲁菜、川菜、粤菜、苏菜、闽菜、浙菜、湘菜和徽菜,以及这些菜系的代表菜有哪些。中国饮食还有南甜、北咸、东辣、西酸的特点,这可以加深学生对中国饮食的了解。案例中的教师碰到的是绝大多数人都不知道的禁菜,所以在学生发问的时候,教师可以先简要回答一下,以保证教学的正常开展,然后再提议课后与学生进行讨论交流。教师应让学生通过更多的途径获取其他信息以丰富自己的眼界与学识。另外,通过了解个性与共性的关系,现象与本质的关系,社会与文化的关系,学生才能更为完整地了解中国的饮食全貌,了解中国饮食文化的内涵。

"对文化内容的阐释和表述是否准确和恰当,不仅直接影响学习者的认知和理解,也影响教学效果和学习效果,乃至学习者的情感态度。"因此,在教学过程中,教师既要注重民族共性,又要注意地域特征,可以结合地区地域环境、文化背景等对此现象进行更加深入的分析,启发学生去思考文化现象背后的成因,培养学生跨文化理解与交际能力。

综上所述,这个案例充分说明,作为一名国际中文教师,需提前做好教学设计与教学安排,为下一节课做好充分的准备,预设课堂上会发生的情况,制订完备的工作计划。同时还要提高灵活处理问题的能力,以及教学能力和管理能力,以保证教学的顺利开展。教师还应多多了解学生的情况,不断提升自己的文化敏感度和跨文化意识。(王丽媛、白金晨)

五、思考

在国际中文教学课堂中,经常会涉及社会文化知识,那么对于教师的社会盲区,我们该如何从解释现象到提供认识方法?

六、相关文献阅读

1. 周小兵. 对外汉语教学中的跨文化交际[J]. 中山大学学报(社会科学版),1996,36(6):119-125.

2. 祖晓梅. 跨文化能力与文化教学的新目标[J]. 世界汉语教学,2003,17(4):59-66+3.

3. 李泉. 文化内容呈现方式与呈现心态[J]. 世界汉语教学,2011,25(3):388-399.

4. 陆俭明. 汉语国际教育与中华文化国际传播[J]. 同济大学学报(社会科学版),2015,26(2):79-84.

5. 张苏. 国际中文教育中的中国饮食礼仪教学研究[D]. 西安:西安石油大学,2023.

案例 27　家庭文化体验

一、案例基本信息

1. 教学主题

中国家庭文化体验课——饮食篇

2. 教学背景

课型：文化体验课

教学对象：韩国庆北大学语言研修班学生

教学时长：45分钟

教学地点：中国江苏镇江

3. 教学方式

多媒体课件、图片、视频、卡片等

4. 教学内容

（1）中国人节日家庭团聚时的主要饮食习惯及礼仪。

（2）中国家庭烹饪的主要方法。

（3）节庆传统食品的由来及社会文化价值。

5. 教学目标

1）知识目标

（1）熟知并掌握与中国节日相关的常用词汇，如"饺子、汤圆、粽子、月饼"等。

（2）了解中国家庭一些典型的家常菜及其烹饪方法。

（3）了解饺子等传统食品深受喜爱的缘由。传统食品在凝聚人心、传递情感、营造家庭氛围以及修生养性等方面的社会价值及意义。

2）技能目标

（1）能够在适当的情境下熟练运用中国传统烹饪词汇进行交流，了解烹饪词汇的文化内涵。

（2）掌握与中国家庭聚会相关的礼仪和饮食习惯，了解中国人的情感交流方式、饮食习惯、养生喜好等风俗。

（3）能够运用所学知识制作中国传统美食，并能复述包饺子的流程及操作方法。

3）情感目标

（1）通过家庭饮食习惯了解中国人的美食观，感知节庆传统美食在情感交流、家庭气氛营造、民俗习惯传承等方面的重要价值和意义。

（2）通过家庭文化体验课程，感知中国传统饮食文化，融入汉语语言环境，了解词汇背后的文化意义和内涵。

（3）初步感受中华饮食文化的丰富内涵，培养学生对中国文化的兴趣。

二、案例自述

江苏大学文学院（语言文化中心）与韩国庆北大学联合组织语言短期培训研修班，本课程为该项目的课程之一。研修班课程分为两类：课堂讲授与文化体验，其中60%为课堂讲授，40%为文化体验。体验课程包括三部分：历史文化景观实地考察（镇江名胜古迹等历史人文景观）、镇江传统经济项目观摩（手工业、非遗产业等传统经济项目）和中国家庭文化体验。家庭文化体验课的模式为：根据学生人数，分成5—6组，每组2—3人（避免人数过多给接受体验的家庭带来负担），安排学生去愿意接收研修班学生的教师家中去做客，让短期语言研修的同学们真正体验到中国家庭的饮食文化。课程通常会安排让学生体验中国传统节日美食，如饺子、汤圆等，这些传统美食是中国节日里必不可少的，除了美食功能之外，也承载着中国人重视情感沟通和文化传承的重要作用；百姓家常菜也作为体验项目，如西红柿炒鸡蛋、酸辣土豆丝等，这类食物深受百姓的喜欢且健康营养易于烹饪。这些项目可以使学生体验到中国家庭氛围和日常饮食习惯，易于得到沉浸式体验与学习。通过调研了解到，研修班的课程中，家庭文化体验课给学生留下的印象最为深刻，满意度能达到90%以上。（王明真）

三、教学反思

"语言研修短期项目"随着中外文化的交流日益频繁,越来越受到国外学生的喜爱。其中中国家庭文化体验课最受学生的欢迎,可以使之真切地感受到中国家庭生活的氛围、家人之间的互动交流以及最为直观的饮食文化体验。但语言研修短期项目可供选择的家庭数量不足,如果学员数量过多,开展保质保量的文化体验将面临一定的挑战。

我们开展家庭文化体验课的过程中,首先对国际中文教师最大的挑战是在生活组织能力、食材的准备、空间设计、人员组织等方面需要统筹规划、合理安排;其次传统美食的烹饪技术,提供美食体验场所的教师的烹饪能力也是很重要的,在文化体验过程中国际中文教师难免会遇到因饮食文化差异带来的挑战,所以他们在体验前要做好调研,及时了解学生的饮食禁忌,避免在体验过程中出现尴尬、不礼貌、不周到的现象。在家庭文化体验的过程中,教师同时也要帮助学生感知中国百姓的饮食礼仪和待客之道。制作传统食品的过程中,讨论和分享节庆食品的来历和意义,也是一项重要的课程内容。教师要发挥文化体验课的特点,在特定的情境下以直观的方式呈现中国传统美食文化,展现中国老百姓的日常生活。(王明真)

四、案例分析

本案例为江苏大学文学院(语言文化中心)国际化教学特色短期项目——60%为课堂讲授,40%为文化体验。其中体验课程中的中国家庭文化体验取得了较好的评价。这样的课程设计不仅可以让学生学习语言知识,还能让学生体验文化知识。

体验课程为学生的学习提供了一个自然的语言环境,方便学生进行沉浸式学习。沉浸式教学可以为学习者提供一个接近真实的学习环境,借助学习环境,学习者通过高度参与互动、演练而提升语言交际技能。此次体验课程中,学生可以去教师家中做客,真正体验到中国家庭的饮食文化,他们也可以亲自动手学习做中国菜,像饺子、西红柿炒鸡蛋、酸辣土豆丝等经典的中国传统美食。这为留学生提供了一个真实的语言环境。在当今的环境下,提升语言的实际运用能力至关重要,在某种程度上,语言的教学也是交际的训练,将"课堂内"与"课堂外"有机结合起来,可以加强语言的交际训练,让学生在实际的情境中感知语言文化。(卓园园)

五、思考

家庭文化体验课,除了饮食之外,你还能想到哪些主题呢?

六、相关文献阅读

1. 李泉.文化内容呈现方式与呈现心态[J].世界汉语教学,2011,25(3):388-399.

2. 兰翠,孙晶.汉语言文学专业教育与中华优秀传统文化传承责任[J].吉林省教育学院学报,2017,33(1):56-58.

3. 廖敏睛.高校汉语言文学教学弘扬中华传统文化之我见[J].南方论刊,2017(6):96-98.

4. 尹春梅.汉语国际传播影响要素研究范式探讨[J].东北师大学报(哲学社会科学版),2021(3):121-130.

5. 马铁立.跨文化视域下汉语传播中文化冲突及消解策略[J].文化产业,2021(16):40-41.

6. 李泉,孙莹.中国文化教学新思路:内容当地化、方法故事化[J].语言文字应用,2023(1):33-44.

第三节　文化实践活动

文化实践活动不仅是国际中文教学中一项重要内容，也是汉语学习者成长过程中必不可少的环节。文化实践活动承载着语言教学任务的同时，也是帮助学习者接触社会、提升认识、增强实践能力、实现人格成长的重要途径，并将语言学习与人生成长有机结合起来。文化实践活动的主题选择与教学对象的人生经历、成长阶段要紧密结合，这对于处于成长阶段的国际中文教师来说，是一个双向成长的过程，同时也对国际中文教师提出了更高的要求和标准。文化实践活动的开展不局限于校园和课堂，因此教师要对活动开展起重要作用的教学资源、教学场馆、学生的身心健康与成长等都做好充分的认识和了解之后才能有计划有组织地顺利开展。本节以文化实践活动案例为讨论对象，探讨文化实践活动的主题的确立、活动实施的过程、学生成长的特点、教学资源评估、实践效果评价等多个方面的技巧和方法。

案例 28　志愿者境外教学与生活点滴

一、文化实践背景

地点：摩洛哥丹吉尔

实践对象：摩洛哥大学零基础汉语学生

说明：本案例是志愿者从事汉语教学过程中，发生在课堂外的一个跨文化交际实例。

二、案例自述

志愿者在境外从事汉语教学时，既面临着不同文化差异带来的挑战，同时也面临着自身成长经历的挑战。志愿者一般都是在读研究生或是本科刚毕业，往往没有丰富的社会经验，对除学校以外的社会环境充满了好奇心。这时志愿者对境外教学生活中所遇到的各种现象要做两方面的思考：一方面是异域文化带来的新奇感，一方面是独立生活探索所带来的新奇感。面对这些新奇感，志愿者需要做好充足的准备，需要明确了解哪些是生活挑战，哪些是文化冲突。这些既包括待人接物、与人交往，进退应答等礼仪规范，也包括独立生活适应各地区气候环境的能力。我在摩洛哥大学任教的时候,有时候会被邀请到学生家中做客。由于对当地的气候环境还没有完全适应,我对到学生家里进门换鞋、进屋脱袜的过程留下了深刻的印象。沙漠地区日夜温差较大,冬天的夜里,气温很低,当地人已经适应这种气候条件了,但对于我们来说,光脚站在地上仍能感觉到寒气逼人。加上初次到学生家里做客,难免会有一些不安和紧张,所以我对这次做客的经历尤为难忘。

到摩洛哥人家中做客,一定要提前了解家庭成员情况,根据年龄和人数提前准备好得体的礼物。我们去菲斯的学生家做客,由于没有提前做好沟通,只准备了一个小中国结,两个小手镯,想着父母加上学生自己就刚好。没想到,我们到达之后,学生还有一个姐姐和一个弟弟,而且学生的姨妈还来给我们当司机,总之,再加上姨妈的孩子和学生非常要好的闺蜜邻居,一共八个人,礼物显然不够了。隔天学生带我们去拜访他奶奶家,人更多,共十几位。为了感谢学生一家对我们的热情款待,我们第二天请学生全家去中餐馆吃饭。无论在中国家庭做客,还是在境外学生家里做客,都要做到大方、得体、礼貌。由于个人的成长经历和当地环境的特殊性,我们难免会有一些疏漏,但对于这些不涉及文化冲突的小细节,我们也不必过于紧张和纠结,这些都会随着生活阅历的丰富和彼此的了解而逐渐得到解决。(赵蕴璐)

三、文化反思

摩洛哥人民和世界上其他大多数民族一样,对远道而来的客人都十分热情,当有客人到访时,他们也会准备丰盛的食物供客人品尝。摩洛哥民众对教师群体也格外敬重,所以当我们提出想要去拜访他们的时候,我们受到了隆重的接待。我们在做客之前已经了解了当地习俗,且也有过类似经历,但是学生的家庭氛围和热情程度给我们留下了非常深刻的印象。面对如此盛情的款待,我们准备的礼物明显不能表达我们对盛情款待的谢意。在境外的汉语教学过程中,国际中文教师难免会遇到纪念品没带够或不符合当时的场合等情况,可以灵活采用相应的补救措施。如,在到达目的地之前,根据当地生活水平和消费情况,酌情地准备一些礼品,可以在学生家附近买一些果汁、糖果、牛奶或者水果一类的,以示礼貌。也可以在学生家庭允许的情况下(包括禁忌、忌口、烹饪方式等),展示自己的厨艺,尤其是自己比较拿手的、当地没有的(注意过程不可太复杂耗时,提前准备好所需调味品和食材比较好)。另外,还可以根据实际情况在恰当的时机进行回请。比如我们在第二天中午请他们全家到中餐馆吃饭(摩洛哥中餐馆的价格对于当地消费水平来说较高)。总的来说,在境外我们要提高交际应变能力,彰显中国礼仪之邦的友好形象。

国际中文教师志愿者普遍在 20—25 岁的年纪，出国对于我们大多数人来说，都是第一次。独自生活，远赴他乡，难免水土不服，在气候、饮食、出行等方面都不太习惯，这些因素都不利于展示积极的、乐观的、友好的交际形象。志愿者教师需要增强体魄，提高身体素质，了解自己的生活习惯和身体状况，积极调整饮食起居，保持健康的心理状态，面对困难时不沮丧、不自责，从容应对。（赵蕴璐）

四、案例分析

案例中的这位教师体验了一次跨国文化交际，在实地拜访交往过程中有了自己独特的文化体验，包括"居住环境体验""礼仪社交体验""异国情感交流体验"等。在体验过程中，他们既有文化经验积累，也有个人成长的足迹。

在境外教学中，国际中文教师不可避免地要遇到一些文化差异，文化差异可能来源于政治、经济、文化观念、生活习惯等各个方面。国际中文教师在课堂以及生活中与学生接触频繁，因此培养中外文化差异意识，熟悉和了解学生的生活环境、文化观念和学习习惯是解决文化冲突、文化障碍的几个重要方面。恰当地处理这些文化差异，不仅能够保证教学的正常推进，同时也能增进师生之间的情感交流，激发学生学习汉语的兴趣。在进行跨文化教学或跨文化交际时，国际中文教师要注意：要了解和尊重他国文化。在此案例中，进门脱鞋脱袜以及各种礼仪等，虽然不能提前了解，但是通过不断地熟悉和了解，人们慢慢地就会形成彼此尊重的相处方式。第二，要调整心态，从容应对。国际中文教师在首次面临这些细节时，不必过于紧张和慌乱，如不能按照当地的习俗，也可以按照本民族的相应礼仪习俗做出应对。

国际中文教师在赴境外教学之前，尽可能地多了解当地的文化习俗，做好相应的准备。教师在去做客之前，如不能了解摩洛哥相应的礼仪，可以入乡随俗灵活应对。为避免失礼，可以适当准备一些有中国特色的礼物，以作为留念。例如中国风的书签、熊猫玩偶、丝巾、中国结、窗花等等。

国际中文教师除了培养文化差异的敏感性，还要培养开放包容的心态。在遇到中外文化差异的时候，充分尊重和理解对方的习俗，营造平等友善的交际氛围。（李乐源、鲍蓉）

五、思考

你在赴任国家有没有发生过因不了解当地文化而产生的一些问题呢？

六、相关文献阅读

1. 呼建勇.文化认知对跨文化交际的影响——基于文化认知调研的讨论与分析[D].山东大学,2012.

2. 叶军.国际汉语教学案例分析与点评[M].北京:外语教学与研究出版社,2015.

3. 朱勇.国际汉语教学案例与分析[M].2版.北京:高等教育出版社,2015.

4. 周毅,包镭.汉语国际传播时代对外汉语人才的跨文化交际能力培养[J].浙江传媒学院学报,2011,18(6):125-128.

5. 周海金,刘鸿武.论文化的互通性与差异性对中非关系的影响[J].浙江社会科学,2011(6):41-47+105.

6. 邓耘,汪兰西.国际汉语教师跨文化交际能力研究综述[J].汉字文化,2022(16):67-69.

案例29 文化的"碰撞"

一、文化实践背景

地点:泰国普吉蒙特朗中学

教学对象:高三学生

教学任务:监考(45分钟)

二、案例自述

在海外教学中,语言交际是一项重要的技能,良好的语言表达和交际能力可以帮助我们快速地融入海外教学与生活,但同时也不能忽视非语言交际能力的培养,如表情、动作、手势等。本案例讲述的就是教师在课上无意间使用了手势语而带来的误解。手势语对青少年来说使用非常频繁,他们往往喜欢用丰富的肢体语言和表情来表达内心丰富的情感。

本人在泰国普吉蒙特朗中学从事汉语教学时,参与了高三学生的监考任务,按照中国监考的流程和习惯,在距离考试结束前,教师要对学生做必要的提醒。因此在距离考试结束还有六分钟的时候,为了避免打扰学生的思路,我使用了汉语"六"(大拇指和小拇指)的手势语加以提示,并告知学生考试还剩下六分钟。这时我感觉气氛有点儿不对,有些学生笑了,有些学生甚至学我做"六"的手势,并说:"老师,水牛。"因为语言不通,我听不懂学生的解释。事后我询问了当地的中文教师,才得知汉语"六"的手势在泰国有"水牛"的意思,表示"蠢笨",是负面评价,但是因为我的身份"特殊",同学们并没有计较,而是友好地示意和提醒我。这次经历让我更加地关注手势语、身势语等非语言的表达习惯。(许文佩)

三、文化反思

手势语是一个国家或民族在长期的日常生活交往过程中形成的含有特定含义的肢体语言。学习一种语言也是学习一种文化,因此了解目的语国家的语言交际习惯也是一项重要的学习内容。作为国际中文教师,在海外从事汉语教学时,要适当向学生介绍汉语常用的表达习惯,包括手势语等非语言表达方式,同时也要入乡随俗,了解和尊重当地人的日常表达和交际习惯。例如案例中提到的汉语中"六"的手势语,引起了泰国学生的好奇。在必要的场合,教师可以将一到十的手势语教给学生,同时教师在泰国使用这个手势语时,要按照泰国习惯使用,避免在工作和生活中造成误解。对所在国的语言习惯和民俗,要通过多种方式积极获取,特别是在网络时代的今天,这是很容易实现的。事后我又查询了在泰国需要注意的其他手势语:1. 使用右手。在泰国递东西或接东西时要用右手,以示尊敬。2. 伸出小指头。表示彼此是"朋友",或者表示愿意"交朋友"。3. 伸出中间三个手指。在泰国表示反对和不满。4. 向下弯曲食指。在泰国表示死亡。作为一名国际中文教师,为了避免在泰国因非语言、文化认识不足而引起的文化误解或冲突,在教学开展前要尽可能多地了解一些泰国语言文化知识,既包括关于政治、历史、法律、宗教等客观的深层文化,也包括语言交际、非语言交际、礼仪规范等浅层文化,以促进跨文化适应。(许文佩)

四、案例分析

在跨文化交际中,面对面的表达,除了语言交际,非语言交际也是重要的部分。其中,"手势语"作为非语言交际的一种形式,是交际中经常使用的肢体动作,虽然很多手势动作具有普遍性,但是,同一种手势在不同文化背景中有着不同的含义。这是由于各个民族的历史、文化、宗教、习俗存在一定差异,从而导致手势语的含义各不相同。本案例中由于教师展示汉语手势语时,学生的异常表现,从而激发了她对手势语的关注,并通过这一次经历,加深了对泰国手势语的认识和了解。

在教学过程中涉及类似的文化问题时,教师可以借机选择学生感兴趣的部分讲解汉语手势语的使用方法,同时向学生表达因缺乏了解而冒昧地使用了这一手势语。

通过两种语言手势语的对比,教师加深对所在国语言文化的认识,同时也以此为契机,向学生介绍汉语文化。

教师可通过多种方式收集有关中泰非语言交际文化差异的资料,以提高自身跨文化交际的意识,为学生生动展现中泰文化交际当中的非语言交际文化差异现象。也可就中泰非语言文化交际展开一次分享和讨论,将文化冲突内容巧妙地融合到教学内容中,帮助学生理解中泰文化的差异。(朱佳)

五、思考

在你的课堂中,有没有碰到过类似的情况?你是怎么解决的呢?

六、相关文献阅读

1. 祖晓梅. 跨文化交际[M]. 北京:外语教学与研究出版社,2015.

2. 朱文哲. 非言语交际的文化差异对外语交际的影响及其初步教学对策浅议——以中俄手势语言的文化差异简要比较为例[J]. 赤峰学院学报(汉文哲学社会科学版),2009,30(9):192-193.

3. 雷楠. 非语言交际在对外汉语教学中的案例分析——以泰国为例[D]. 西安:西安建筑科技大学,2021.

4. 陈晴晴. 泰国小学初级汉语教学案例分析——以巴真府公立嘉民学校为例[D]. 郑州:郑州大学,2020.

5. 刘宁宁. 赴德汉语教师志愿者跨文化冲突案例分析[D]. 大连:大连外国语大学,2019.

6. 马靓. 哈萨克斯坦汉语学习者跨文化交际案例分析——以哈萨克斯坦欧亚大学为例[D]. 乌鲁木齐:新疆大学,2016.

7. 黄一帆. 对外汉语教师志愿者跨文化适应案例分析[D]. 武汉:湖北工业大学,2020.

8. 刘彦伶. 赴韩汉语教师志愿者跨文化言语交际案例分析[D]. 昆明:云南师范大学,2020.

案例 30 "拍照"知多少

一、文化实践背景

1. 教学环境:海外生活点滴

2. 地点:摩洛哥丹吉尔

说明:本案例是案例书写者在海外的生活经历。

二、案例讲述

初到摩洛哥丹吉尔时,除了教学工作地点以外,我对周边的环境还不是十分了解,为了帮助我尽快适应周围的环境,学生们主动利用假期的时间,带我去熟悉周边的环境。跟大多数志愿者一样,面对新的海外生活,我觉得一切都是崭新的,充满了好奇。所有关心我的家人和朋友,也特别想了解我所工作国家的教学和环境,我也经常把和学生在一起的经历和所见所闻分享给他们。有一次,学生带我们去了当地的集市,集市上有各种蔬菜、水果和一些卖民俗糕点的商铺。看到当地的特色美食,我们既感到新奇,也惊讶于现场手工制作者技艺的高超。我们下意识地拿出手机拍照,没有想到要提前征求店主是否同意。结果糕点师制止了我们,并告知本店不允许拍照。这时学生过来帮我们向糕点师解释,才化解了这次尴尬的场面。国际中文教师在境外从事汉语教学时,要时刻牢记,自己代表中国国家形象,不同于普通的旅游者,言行都要符合礼仪规范,坚持"非礼勿视、非礼勿听、非礼勿言、非礼勿动",传承中华民族的优秀美德。(赵蕴璐)

三、文化反思

在国内拍照,除非有的地方明确提醒禁止拍照,一般都不会被拒绝,所以我们在摩洛哥也没有考虑到这个问题,看到新鲜好奇有趣的,就想拿起相机记录下来。中国有句古话:"入竟(通'境')而问禁,入国而问俗,入门而问讳",我们要提升自己的文化修养,在境外从事汉语教学时,要有身份意识,言行雅致,避免不必要的冲突。在摩洛哥没有经过拍照对象同意而自行拍照冒犯了店主,好在经过学生们的沟通,我们表达了歉意,得到了店主的谅解。通过这件事,我也认识到尊重和了解当地的文化习俗和禁忌是非常重要的,也深刻地理解了礼行天下的重要意义。(赵蕴璐)

四、案例分析

在这个案例中,国际中文教师初到摩洛哥,对任何事情都抱有好奇心,喜欢到处拍照留念,但是在一次拍照时引发了当地人的不悦。本案例中的教师在初到异国时,没有充分了解当地人对隐私的重视,于是出现了上述情况。国际中文教师志愿者往往是刚刚迈出校门的大学生,没有丰富的社会阅历,在成长的过程中难免会出现一些突发情况,但随着他们的社会生活阅历的丰富、人际交往的日益频繁,类似的情况可能就不会发生。增强意识是必要的,但我们也不必过于紧张,增加海外生活的心理压力。相信大多数国家的人民都是善良与友好的,我们只要尊重各民族和地区的思维模式和价值观,提高职业敏感度,就可以实现顺利的跨文化交际,为国外的生活增添美好的回忆。

作为国际中文教师,在赴任之前,最好先了解一下任教国的风土人情、文化习俗、价值观及禁忌等方面的知识,做到尊重当地的风俗习惯,避免因不懂当地的文化而产生一些不必要的麻烦。(邓燕玲)

五、思考

你在赴任前,对所任教的国家的习俗是怎么了解的呢?

六、相关文献阅读

1. 高桂莲,车凤成,麦春萍. 关于跨文化交际原则的几种认识[J]. 北方民族大学学报(哲学社会科学版),2009(2):118-121.

2. 范红,崔贺轩. 从文化认同到跨文化认同:中华文化对外传播的交际伦理转变[J]. 对外传播,2023(3):52-55.

3. 申慧丽. 基于翻转课堂的混合式教学在跨文化交际课程中的实证研究[J]. 当代外语教育,2022:59-65.

4. 沈嘉纯."老外"的文化内涵及其对跨文化交际的启示[J]. 文学教育(上),2023(2):162-164.

5. 周庆艳. 跨文化交际课堂中文化维度教学研究——以集体主义——个人主义文化维度课堂为例[C]. 中国国际科技促进会国际院士联合体工作委员会,2023教学方法创新与实践科研学术探究论文集(一). 上海理工大学外语学院,2023:3.

6. 刘静. 对外语教学中跨文化交际能力培养的思考:双向文化教学视角[J]. 品位·经典,2023(1):144-146.

第四章

语言技能教学

在当前社会环境下,随着国际事务往来的频繁,语言学习的目标更倾向于培养学习者的语言交际和运用能力。国际中文教学为适应这一发展趋势,将培养学生运用汉语进行交际的能力作为语言学习的重要目标。要提升语言交际能力,首先要提高语言技能。语言技能主要包括听、说、读、写、译。译分为口译和笔译,是对听、说、读、写四种技能的综合运用。在国际中文教学中,分技能教学与分课型教学是常用的课程设计方法,在多年的教学实践中,教师积累了丰富的教学经验和方法。但在实际的中文教学中,很难单独强化某一单项,因此如何灵活运用各项语言技能方法,使语言技能训练与课型设计紧密结合,最终形成有效的听说训练、读写训练、听读训练、听写训练等方法,是教师需要探索和研究的。本章主要围绕语言技能训练进行相关的案例解读,探索在国际中文教学中如何进行教学设计,并采用适当方法提升听与说、读与写等综合能力。

第一节　听说教学

听说教学主要集中在听力和口语课型,生词的学习,句型的操练以及课文的讲解,都突出语音输入和口语输出的特点。相对于其他课型而言,听说教学更强调发音的准确、句调辨识的能力,内容倾向于场面化、情景化,这需要在教学设计中,围绕典型的场景、典型的句型和口语化的交际来进行教学设计。本节以听说教学案例为讨论对象,探讨听说教学在话题选择、情景营造、常用口语句式提炼以及中文表达习惯等方面的教学尝试与探索。

案例31　听说课的课堂活动设计

一、案例基本信息

1. 教学主题

《汉语听力教程》——课堂活动主题设计

2. 教学背景

（1）**课型**：听说课

（2）**教材**：杨雪梅、胡波编著，《汉语听力教程》第一册，北京语言大学出版社.

　　　　　胡波、杨雪梅编著，《汉语听力教程》第二册，北京语言大学出版社.

　　　　　韩玉国主编《大文科专业汉语：综合教程》，北京语言大学出版社.

（3）**教学对象**：成人预科生（江苏大学）

（4）**教学地点**：江苏镇江

3. 教学方式

实物、图片、PPT 等

二、案例自述

第一学期我承担的汉语预科班听说课，学生不分专业，统一使用的教材是北京语言大学出版社出版的《汉语听力教程》第一册和第二册。

第二学期我承担的课程按专业选择相应的教材，文科专业汉语听说课使用的教材是北京语言大学出版社出版的《大文科专业汉语：听说教程》。

经过一学期的汉语强化学习，学生已经掌握了一定的词汇和语法知识，具备了一定的语言表达能力。为了给学生提供更多的语言实践环境，在第二学期的听说课堂上，教师可以有计划地组织开展语言专题实践活动。现以两个活动主题为例，进行课堂主题设计。

1. 运动主题：这个主题是根据《大文科专业汉语：听说教程》第二课的课文内容设计的。活动开展如下：1）话题预热。这一环节让学生尝试阐述自己喜欢的运动项目，构建话题。通过同学之间的交流，学生掌握常见的运动项目词汇，如：游泳、网球、乒乓球、足球等。2）话题参与。学生的参与度高，发言积极踊跃。通过这一主题实践活动，同学们增进了彼此的了解。来自埃利斯塔的阿尔达能冬泳；来自雅库茨克的戴安娜擅长短跑，上中学时多次在学校运动会上获得第一名；来自圣彼得堡的丽莎从小就练习柔软体操;来自斯塔夫罗波尔的卡佳自小练习滑冰,还是预备健将。韩瑞德和高远在江苏大学上学时经常一起去体育馆打乒乓球。这一主题设计,激发了学生的运动热情,锻炼学生的口语表达能力的同时,增进情感,倡导健康生活,班级的课堂氛围十分和谐,取得了良好的实践效果。3)话题延伸。这一主题实践活动,也可以适当加入中国传统体育运动的介绍,如跳皮筋、踢毽子、丢沙包、放风筝、跳长绳、跳细绳等,帮助同学们了解中国人的日常体育活动项目。

2. 语言文字主题:这一主题是根据《大文科专业汉语:听说教程》第三课的课文内容而设计的。与"语言文字"相关的主题共有3篇课文。1)话题预热。课文1是"汉字的信息量",以"燃"为例,分析了汉字的偏旁和读音,举例说明了汉字是信息量最大的文字。2)话题参与。以"金""木""水""火""土""目"为偏旁,让学生们自己列举跟这些主题相关的汉字。3)话题延伸。我从学生列举的汉字中,以"钉"和"盯"为例,告诉学生,当看到一个不认识的汉字时,我们虽然不会读,但可以猜出汉字的意思;当听到一个读音时,可能要根据上下文才能知道是哪个汉字。

这个练习不仅可以扩大学生的字词量,提高学生的语言表达能力,还能让学生更加自信,对汉语学习更感兴趣。(朱晓燕)

三、教学反思

通过语言实践主题活动,我发现在汉语实际教学中单一的听和说的技能训练过于枯燥,难以引起学生的兴趣。"听"和"说"的技能培养并不是孤立的,可以协同发展。在听说课上,教师的教学主题设计和课堂组织的成功与否,直接影响学生的参与度和学习成效。贴近学生生活实际和年龄特点的话题,能够很好地激发学生的语言表达热情,如请学生介绍自己的家乡、谈谈自己喜欢的体育项目等。这些接近真实生活的教学组织可以激发学生的兴趣,活跃课堂气氛,同时也综合强化了学生的听说技能。在组织听说教学过程中,有意识地设计这两种技能的交叉训练,互助互补,能够取得综合技能的全面提高。

听说课程教学相较于其他课型,更注重知识的实践性,以学生语言实际运用能力的培养为课堂教学的根本目标。在实际的教学组织中,我们在教学内容方面应注重培养学生听力并锻炼其口语表达能力。另外,在教学过程中,我们需依据课程要求及课堂实际进行适当调整,以确保学生在能力上能够得到提升。(朱晓燕)

四、案例分析

听说课是听与说的结合,所以在课堂上不仅要让学生能够听懂,而且还要他们说出来。因此教师的引导作用就显得尤为重要。

在本案例中,教师遵循了目标导向原则、兴趣激发原则及启发引导原则。在第二学期的教学中,教师根据课程课型特点,设计贴近学生生活实际的相关语言实践主题活动,比如"体育"和"语言文字"两个主题,不仅拉近了与学生的关系,同时使学生更容易融入课堂。

案例中教师设计的活动主题新颖别致,贴近学生生活。可以看出教师对自己的学生很了解,对课型和课文内容等都清晰明了。在课堂教学中,师生共同构建了交际的语境,听说训练更接近真实的语言环境,课堂气氛融洽、情感交流自然亲切,使听说操练由易到难,由简单到复杂,循序渐进地得到提升。

在听说课教学组织中,单靠一本教材是不够的,还需挑选适宜的音频、视频资料以及教学参考资料与课本相配套,另外还需要精心设计互动实践环节,才能使课本知识的讲解和演练达到系统化、情景化的效果。如该案例中可以提升的部分有:1. 在学生能够输出单句的基础上提升难度,让其进行对话练习,提高交际技能。2. 听说课程组织可以结合多种教学法来实施,除了情景教学法,还可以结合游戏教学法。如在"汉字的信息量"这一课文的操练中,可以采用"猜字谜"等方式进行,以提升课堂的趣味性。(石津菀、陈翊昕)

五、思考

对于零基础的学生,你是如何组织听说教学的呢?

六、相关文献阅读

1. 刘蕊. 对外汉语听说教学中的游戏技巧[D]. 西安:西北大学,2012.

2. 刘家业. 谈听说课教学[J]. 世界汉语教学,1989;3(4):242-246.

3. 胡晓清. 汉语听说一体化教学模式探析[J]. 语言教学与研究,2010(1):17-23.

4. 李文奇. 试论情景教学法在对外汉语听说课中的运用[J]. 现代语文(语言研究版),2010(12):127-128.

5. 胡秀春. 对外汉语听说课的课堂教学环节[J]. 首都师范大学学报(社会科学版),2013(S1):89-93.

6. 李彦春. 视听说课中不容忽视的交际文化[J]. 北京师范大学学报(社会科学版),1998(6):83-86.

案例 32　听说教学设计

一、案例基本信息

1. 教学主题

银行业务

2. 教学背景

课型：会话课

教材：김현철，김은희编，量페이，웨이훙校对，韩国本土汉语教材"스마트 중국어 STEP3"，동양books出版。

教学对象：韩国培材大学中国学科大二(2班)共28人。28人中有6人的汉语能力为高级水平(从小学习汉语或跟随父母在中国居住过两年以上)，19人为中级水平，3人为初级水平(虽然专业是中国学科，但这3位同学均为读完大一后参军两年，退伍复学后直接申请大二的课程，汉语能力几乎为零基础)。

教学地点：韩国培材大学

3. 教学目标

（1）知识目标：掌握在银行办理账户时所用的词汇和句型。

（2）技能目标：能用学过的词汇和句型与银行工作人员沟通开户或者兑换外币，语音清晰，词汇准确，语句自然流畅。

（3）情感目标：熟悉和了解中国银行的业务流程，掌握常用的礼貌用语。提高公共场所的社交语言能力。

二、教学设计

1. 课前准备

（1）在银行申请开设账户时所需材料的图片。

（2）PPT、教案的设计和打磨。

2. 课堂活动(75分钟)

（1）与银行开设账户相关的图片导入(10分钟)

图一

图二

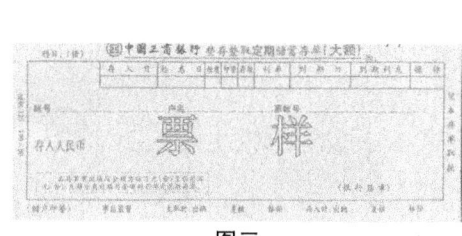

图三　　　　　　　　　　　　　　图四

利用PPT依次将在中国银行申请账户时所需提交的资料以图片的形式展现给学生。

图一：这是哪儿？我们P馆的1楼大厅入口处有什么？（银行）

图二：这是什么？（存折、银行卡）

图三、图四：我想去开一个账户，需要什么？（存单、身份证）

（2）词汇学习环节（10分钟）

开[kāi]＋账户[zhàng hù]

| 账号 | 账 | 转账 | 开一个账户 |

定期[dìng qī]活期[huó qī]

| 定期存款 | 活期存款 |

还是[hái shì]

| 吃什么好呢？炒饭还是面条？ |

需要[xū yào]手续费[shǒu xù fèi]

| 在哪个教室上课？P馆的203还是205？ |

存单[cún dān]存折[cún zhé]银行卡[yín háng kǎ]

| 需要（支付）手续费 |

依次导入对话课文中出现的生词，并将与生词相关的词组、常用语句融入其中。

一边学习生词一边结合实际和学生进行对话练习。

(3) 对话一:学习、练习环节(15分钟)

> 朴民秀:你好!我想开一个账户。
> 职员:您要开定期的还是活期的?
> 朴民秀:定期的,需要手续费吗?
> 职员:不用。但您得填一张存单。
> 朴民秀:我填好了。
> 职员:请您把身份证给我。
> 朴民秀:除了存折,我还想申请一张银行卡。
> 职员:好,请等一下。

> 朴民秀:你好!我想(　　)。
> 职员:您要开(　　)的还是(　　)的?
> 朴民秀:(　　)的,需要(　　)吗?
> 职员:不用。但您得(　　)一张(　　)。
> 朴民秀:我(　　)好了。
> 职员:请您把(　　)给我。
> 朴民秀:除了存折,我还想申请(　　)。
> 职员:好,请等一下。

采用跟读、领读、师生对话、生生对话等方式进行课文一的学习和练习活动。

(4) 生词学习环节(10分钟)

换钱[huàn qián]　去银行换钱　把韩币换成人民币
汇率[huì lǜ]　今天的汇率是多少?
取[qǔ]　取钱　取行李
付[fù]　付款
转账[zhuǎn zhàng]

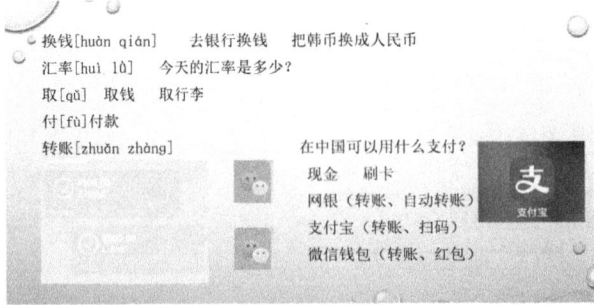

在中国可以用什么支付?
现金　刷卡
网银(转账、自动转账)
支付宝(转账、扫码)
微信钱包(转账、红包)

依次导入对话课文中出现的生词,并将与生词相关的词组、常用语句融入其中。
一边学生词一边结合实际和学生进行对话练习。

拓展:在中国常用的几种支付方式。

第四章 语言技能教学

(5) 对话二:学习、练习环节(15分钟)

회화(2)

朴民秀:请问,这里能换钱吗?

职员:可以,您要怎么换?

朴民秀:我想把韩币换成人民币。

职员:好的,您要换多少?

朴民秀:我想换1000元人民币,需要多少韩币呢?

职员:现在的汇率是1:179。您需要付179000元韩币。

朴民秀:我还没取韩币,可以用韩国的银行卡转账吗?

职员:可以,请把您的银行卡给我。

회화(2)

朴民秀:请问,这里能(　　)吗?

职员:可以,您要(　　)?

朴民秀:我想把(　　)换成(　　)。

职员:好的,您要换(　　)?

朴民秀:我想换1000元(　　),需要多少(　　)呢?

职员:现在的(　　)是1:179。您需要付179000元(　　)。

朴民秀:我还没取(　　),可以用韩国的银行卡(　　)吗?

职员:可以,请把您的银行卡给我。

采用跟读、领读、师生对话、生生对话等方式进行对话课文二的学习和练习活动。

(6) 复述与总结(15分钟)

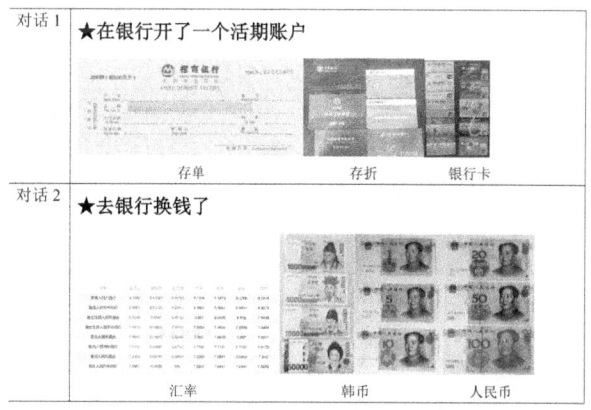

- 民秀在银行开了（　　　）。
- 他先填了（　　　），
- 然后把（　　　）给了银行职员。
- 除了存折，民秀还申请了（　　　）。
- 后来，民秀又去银行（　　　）了。
- 他想把（　　　）换成（　　　），因为他需要1000元（　　　）。
- 当时的（　　　）是1:179,
- 因此，民秀应该付给银行179000元（　　　）。

首先，利用PPT呈现对话课文一和对话课文二中的关键词，采用"老师问—学生答"的方式引导学生复述对话内容；其次，找2—3位同学分别复述对话内容。最后，作为总结，在PPT上呈现带有省略部分的文章，一起复述本课的主要内容。

三、教学反思

通过会话课的练习，我发现韩国学生上课时主动发言的积极性不高。对于一些陌生的难以理解的词语，他们在说句子时也会主动选择回避。东亚学生在学习汉语时，对于一些生词和抽象结构往往能够很快掌握，但是在具体会话运用中又会出现问题。因此我在上课的时候，讲解完相应的生词和语法点后，会及时引导学生进行操练，从而更好地帮助学生掌握生词和语法点。同时，也会利用图示法、动作法和情景法等教学方法来组织课堂教学。

会话课最主要的就是引导学生开口说话，让他们运用汉语进行交流，从而培养他们的汉语交际能力。本节课中，对于一些抽象关联词，学生需要在具体的语境中去感知和理解。比如关联词"还是"和"或者"，可以采取举例子的方式，让学生在真实的语境中感知二者的区别，引导学生反复操练，这大大提升了教学效果。我在教学时遵循循序渐进的原则，按照先跟读，再领读，然后师生对话，最后生生对话这样的顺序进行操练，当师生对话时出现学生对生词和会话内容不熟悉的情况，我会及时提示和引导，以帮助学生巩固会话内容，让他们更好地进行会话练习。通过这种方式，学生开口说话的积极性得到显著提升。（黄雪云）

四、案例分析

本课的教学设计遵循了循序渐进原则。教师很好地把握了学生的现有知识和认知水平，准确制定针对大多数学生水平的教学方案，这些方案能够满足大多数学生的学习需求，难度适中。同时，教师贯彻了"精讲多练、课内外结合"的教学方针，以锻炼学生的交际能力为教学目标,将听说技能训练放在课堂的首位。结合学生生活实际讲解生词,使用领读、跟读和对话训练等方式来锻炼学生的"听说"技能。

整个课堂总体而言非常不错,教师把握了大部分学生的认知水平和能力,基本达成了教学目标。本案例对国际中文教师的教学启示与建议有以下几点:

1. 课堂导入

导入部分是学生进入课堂学习的钥匙。如果导入部分脱离学生的学习生活情景,那么学生将很难对本节课即将学习的内容有一个预设,从而影响主体部分的学习效果。教师使用了银行开设账户的相关图片,并且借助校园内的银行等相关内容进行导入。由于教学对象都是大学生,他们大都有去银行开户的经历,所以用相关图片进行引入时,可以让学生联想起自己的经历。

建议可以加入中韩银行的对比。虽然中韩的银行开户流程大同小异,但教学对象是韩国本土的大学生,并且大部分学生没有去过中国,可能不太了解中国银行的开户流程。究其原因,可能是教师没有将汉语知识与中国生活在教学中很好地结合。

导入时,流程可以保持不变,但可以增加一些和学生的互动,例如,询问学生"你知道韩国银行开户时需要什么东西吗?""韩国银行怎么开户(有哪些流程)?""这个像韩国的××吗?"等。虽然只是将相似的韩国银行的开户流程呈现出来,但它能够激发学生的认知能力,这样或许可以达到更好的效果。这样引导学生对展示的内容和生活中的事物进行对比、联想,既可以让教学贴近生活,又有助于学生理解。

2. 词汇学习

教师使用贴近学生生活的例句去讲解生词,如提到"上课的地点在P馆的203还是205"等。建议可以多增加些和学生的问答,如"xx你要存款吗?定期的还是活期的?"。多去询问几个学生,尽量提高学生的参与感和认可度。

3. 对话训练

教师采用了跟读、领读、师生对话、生生对话等方式进行对话学习和练习活动。但学习课文时可以采用"先填空,再提问,再复述"的形式,这符合由易到难的认知规律和教学顺序,便于教学的逐层深入,能提高学生的认知。

4. 改进及建议

(1)建议教师在做设计时考虑到全部教学对象,尽管大部分学生是中高级水平,能在该课堂中很好地适应和学习到符合其水平的内容,但仍有三名学生在学习时遇到了困难,教师在设计话题时,要体现一定的梯度和层次,以满足不同层次学生的学习需求。

(2) 合理布置作业。作业可以说是教学设计中必不可少的一环,能够让学生巩固并拓展本节课已学习的内容,培养并发展学生的听说能力,让教师获得教学效果的反馈。因此,建议补全作业环节,最大限度地保证和巩固本课的教学成果。

国际中文教学是教与学的结合,教师不仅要懂得自己怎么教,也要考虑到学生能否顺利地学,这样才能更好地取得学习效果。(徐泽华、吴鑫明、杨蕊)

五、思考

听说教学如何让学生开口说话呢?

六、相关文献阅读

1. 尹青华.基于情景教学法的中级汉语听说课堂教学研究[J].知识文库,2019(11):162+159.

2. 于洪雪.韩国汉语会话课研究——以韩国汉松 Chinaro 中国语学院为例[D].长春:吉林大学,2016.

3. 杨蕊.对外汉语会话课的课堂活动研究——以韩国高中汉语会话课为例[D].黑龙江:黑龙江大学,2018.

4. 王飙.中国大陆对外汉语视听教材评述与展望[J].世界汉语教学,2009,23(2):252-261.

5. 曹莉敏.中文电影在对外汉语教学中的应用[J].电影文学,2011(15):64-65.

6. 陈作宏.书面表达训练是有效避免听说能力与读写能力脱节的关键[J].民族教育研究,2009,20(5):101-104.

案例 33　听说教学活动设计

一、案例基本信息

1. 教学主题

网络环境下的语言信息交流

2. 教学背景

(1) **课型**:听说课

(2) **教学对象**:成人中级语言班(共 9 人,学生汉语水平为中高级)

(3) **教学地点**:中国江苏镇江

（4）**教学设计**：综合运用所学的语言知识，针对特定的主题进行语言表达，包括语言基本知识、词汇和句型等；运用网络工具进行网络信息检索，了解常用汉语APP软件的类型与功能；在课堂上鼓励学生积极运用现代交际工具使用汉语，提升汉语应用能力。建立汉语思维和表达习惯，激发团队意识，提高语言交际技能。

3. 教学目标

（1）知识目标：掌握当前常用的网络信息检索词，熟悉网络语言常用词汇及基本句型。

（2）技能目标：引导学生使用汉语APP常用软件，了解网络语言检索工具，提升键盘输入及语音输入汉语的能力。

（3）情感目标：熟悉和了解中国语言研究的最新成果，感知汉语网络语言生活。

4. 课前准备

确定主题：你身边的网络语言生活现状及特点。

布置教室：将课桌以小组的模式进行摆放，营造轻松、愉悦、开放的语言交际环境。

用抽签的方式决定小组发言的顺序，推选一名学生担任主题活动的主持人。

学生们有10分钟的准备和讨论时间，通过网络检索查阅所需资料，提炼关键词，收集语例，提炼句型，总结分类。

二、案例自述

我准备在班里举办一场小型主题活动，首先确定了主题活动的题目——你身边的网络语言生活现状及特点，引导学生关注当前网络上常见的汉语APP软件，如汉字识字类、翻译类、会话交际类等。给学生提供一些常用的网络检索关键词，帮助学生了解网络语言工具类型及其使用方法。班里一共有9名学生，用抽签的方式决定小组发言顺序，推选一名学生担任主题活动的主持人。每组4个人，分别依次进行相关主题任务的汇报。设计这个课堂活动一方面是为了帮助学生了解当前汉语网络语言工具的类型及功能，提升学生的汉语自学能力，培养学生的汉语思维和语言表达习惯，也激发他们的团队与人际交往意识；另一方面，能够丰富学生的汉语学习内容，让他们将汉语学习与日常网络生活有机结合，另外，使用汉语APP和常用的汉语小程序可以帮助学生适应在中国的日常生活。教材的滞后性已经满足不了学生的实际需求。这样的活动与教材形成互补，既巩固了教材知识，又拓展了语言的实际运用能力。

主题活动开始后,同学们经过四轮的主题汇报,呈现了一个完整的课堂互动过程。首先,通过网络检索、查找常用的汉语APP,学生们熟悉了查找的过程和常用的APP类型。通过小组成员的汇报,学生以直观形象的方式,尽可能多地掌握更多的网络语言工具,这样既丰富了视野,又提升了学习效率。其次,各小组分别提炼网络语言生活中的关键词,教师在学生完成这项任务时给予及时的指导。通过关键词的整理,学生扩大了话题讨论范围,提升了使用网络工具的兴趣。再次,通过教师给出的特定句型,引导学生使用翻译软件快速翻译并现场表达,帮助学生积累网络语言常用词汇和句型,提升学生的语言运用能力,这样学生的参与度高,词汇的复现率得到大大提升。最后,在主题活动的最后环节,教师组织学生进行总结,要求每位成员从不同的视角进行归纳,合作完成这项任务,为学生团结合作提供一个平台,提升学生的团队合作意识,增强小组荣誉感,让学生在集体的氛围中构建语言环境,积极使用汉语进行语言交际。

在活动的过程中,我不禁为学生提出的观点竖起大拇指,学生在这场小小的主题活动中给予我太多惊喜。"你在用手机找资料的时候,就用了汉语网络工具,所以很显然,汉语网络工具给我们提供了很多便捷之处""你刚才说网络上有很多骗子,但是生活里也有很多骗子,不管怎样,提高网络安全意识是十分有必要的""你可以和朋友视频聊天,也可以用订票小程序订机票去看你的朋友"。学生们在检索关键词的环节里,提供的词汇是:"网络病毒""黑客""政府""会议""防火墙""杀毒""政治""古代"等,这些词汇丰富了学生的网络词汇知识,也扩大了学生的网络视野,提升了语言学习的兴趣,让语言学习与日常生活紧密结合。这些相对来说较生僻的词汇,他们通过手机翻译软件在不经意之间就掌握了。在交际中遇到双方都无法理解时,有的学生能主动担任起小老师的角色,用动作、翻译等方法帮助他人理解。

主题活动结束后,学生纷纷表示意犹未尽,一致认为此次活动很有意思。在这次活动中他们一直积极地说汉语、用汉语,这大大提升了开口率。学生希望能在课上多组织类似的活动,我也答应他们并提前确定好活动主题,在上课前一两天告知他们,以便他们有更多的准备时间,课堂上能够有更优质更热烈的讨论。

通过这次活动,我深深认识到,充分利用好一些有趣的汉语活动,对于学生的汉语学习帮助极大。语言的学习是一项长期的、枯燥的工作,而培养长期的、有意义的兴趣则显得尤为重要。(陈睿)

三、教学反思

课堂上贯彻"精讲多练"的教学原则,需要教师多思考,在课堂上既要保证语言知识量的充足,同时也要兼顾课堂气氛的营造和兴趣的培养,如果不多思考,想办法,很难二者兼顾。再加上现有教材上的知识不能满足学生的实际需要,有些话题显得比较陈旧。另外,教材所提供的练习机会较少,内容也比较固定。

于是,我参考了汉语桥比赛,受其启发决定在班级里举办一场小型主题活动。成年语言学生已经形成了自己的三观,对问题大多有自己的看法,具备了运用汉语进行思考和表达的能力。按现有的课堂教学模式,为学生提供一堂生动的语言实践课程,是不难做到的。一个学期适当地开展一些贴近学生生活的汉语主题活动,不仅能够将已学的语言知识运用到实际交际中,也可以增强学生学习汉语的信心,让他们更好地融入课程中去。语言主题活动能为他们提供一个更广阔的平台展示自己的汉语语言实际运用能力,让他们的思维相互碰撞,使课堂充满趣味性和思辨性,尤其是能培养他们用汉语表达的思维能力。在选择主题时,我也侧重寻找切合实际、比较新颖的话题,这样能充分调动学生的积极性,促进他们生活语言能力的生成。

主题活动还有助于个人语言能力的提升,例如在准备主题活动时,学生积极上网查找资料、收集素材,这一方面锻炼了他们运用工具的能力,如网络工具和翻译工具;在查询生词的同时,学生的词汇储备量自然就得到了扩展。这样的实践有助于学生养成自主学习的习惯。另一方面,在查找资料和讨论时,学生自然要进行团队协作,因此活动的开展也能激发学生的团队合作与人际交往意识,这样一来就形成了"生生互动"的场景,凸显了"以学生为中心"的教学理念。

为确保句子的规范性,我在活动开展的过程中也会进行引导,纠正学生表述的错误,让学生记住正确的表达形式;我也会针对学生的闪光点和新词的积极使用,给予他们及时的表扬和鼓励。活动中出现了很多较为生僻的词汇,学生通过手机翻译软件和实际运用自主习得,这极大地提升了学生交际的深度和广度。学生也会尝试用其他的方式来辅助翻译,增加了语言的使用技能。(陈睿)

四、案例分析

课堂主题活动组织起来是有一定难度的,师生之间要达到一定的默契度,彼此了解,才能顺利进行。对学生来说,运用汉语针对一定的主题进行现场的交流,是需要一个过程的。首先,教师要对活动主题进行详细的解读,针对学生的语言情况,合理设置环节,并提供给学生相应的信息,帮助学生克服心理困难,明确活动目标,了解学生的语言学习需求,才能保证主题活动顺利实施,并能取得预期的效果。

本案例中,教学对象是具有中高级汉语水平的成人。成人受母语影响最大,该教师充分认识到这一点,并有意识地利用各种课堂活动,来培养学生的学习兴趣。在班级里举办主题活动,既帮助学生使用汉语进行交际,提升语言能力,也充分激发学生的浓厚兴趣。

其次,教师的教学准备充分。提前确定了与学生实际语言水平相匹配的主题活动题目,并预留时间让学生准备。在活动开始前重新布置教室,营造氛围,帮助学生融入情景。

再次,课程充分体现了以学生为中心的教学原则。充分发挥学生的主观能动性,部分学生甚至担任教师角色,帮助讲解。教师充当辅助角色,调整学生的表述,适当纠正学生的用词用句,概括学生的观点以保证活动的顺利进行,同时给予学生正向反馈,如竖大拇指。

最后,学生在用中学。学生在搜集活动材料时不经意间就掌握了一些较生僻的词汇,也涌现出一些犀利的观点,在辩论中锻炼了口语表达能力。

课程最后教师进行了教学反思和总结。全体学生对本次课堂活动的体验极好,针对学生的提议,教师认识到要留给学生更多的准备时间,课堂上才会有更优质更激烈的互动效果。

在活动的过程中,教师也注意纠正学生的偏误,这样才能保证每个学生都能听懂。但这样的纠正和示范,不知道会不会打断学生的思路和活动的节奏。总之,学生对这个活动很感兴趣,这也是一个锻炼学生的汉语表达能力的一个有效的方式。

五、思考

你在班里组织语言主题活动时,会提前做哪些准备?

六、相关文献阅读

1. 刘泓廷. 对外汉语主题辩论式教学方法的运用研究[J]. 才智,2018(24):139-140.

2. 刘亚丁. 辩论式教学过程中应注意的问题[J]. 当代教育科学,2008(15):25-27.

3. 傅绎衡. 浅析"汉语桥"比赛对对外汉语教学的启示——以第十九届、二十届比赛为例[J]. 汉字文化,2022(20):111-114.

4. 戴语. 游戏教学法在对外汉语教学中的优势[J]. 汉字文化,2019(20):58-59.

第二节　读写教学

国际中文教育的读写教学分为阅读和写作,所谓培养学习者的阅读能力就是指培养精读和泛读的能力。精读培养阅读的准确性,泛读培养语感和提高阅读的速度。写作教学的范围比较宽泛,可以是写汉字,可以是写句子,也可以是写文章,主要是培养学习者的书面表达能力。

与听说课不同,读写课的生词、句型以及课文更强调规范性、得体性、准确性,突出知识理解和观点梳理,涵盖面广。在提升读写能力的同时,教师要拓展学生中文知识的广度和深度。本节以读写教学案例为讨论对象,探讨读写教学在篇章选择、文章结构、意义表达等方面的教学技巧以及常用方法。

案例 34　写作课教学设计

一、案例基本信息

1. 教学主题

HSK 五级写作训练课。

2. 教学背景

课型: 写作课

教材: 姜丽萍主编《HSK 标准教程五上练习册》,北京语言大学出版社

教学对象: 留学生 HSK 五级学习者

教学地点: 中国黑龙江黑河

教学时长: 45 分钟

3. 教学手段

实物、图片、PPT 等

4. 教学目标

(1) 知识目标:掌握 HSK 写作的基本写作技巧和方法。

(2) 技能目标:培养在给定词语的基础上完成句子和短文写作的基本能力;培养学生在使用规定词语进行书面表达时所需的书面表述能力。学生可以正确使用规定

词语,在正确的书面表达和写作的基础上,体会汉语写作的魅力。

(3) 情感目标:了解汉语的思维方式和表达习惯。

5. 教学组织与安排

(1) PPT展示给定的词语。

(2) 认读并理解词语。

(3) 用给定的词语进行连词成句。

(4) 推敲并检验句子的准确性,注意标点符号。

二、案例自述

留学生写作往往习惯于选择熟悉的、简单的词语和句型,特别是口语中常用的词语。对于写作来说,对词语的选择和所要表达的情感要求更高。留学生汉语写作面临的难点是:如何运用给定的词语造出符合书面表达要求的句子。他们还不太习惯把新学的词语运用到写作过程中,因此我在授课的过程中,有意识地按照 HSK 考试的模式去培养学生用新学的词语去造句,特别是在讲语法之外,有意识地对词语进行扩充造句练习,增加同义词的使用频率,还要讲清楚同义词的区别和感情色彩。

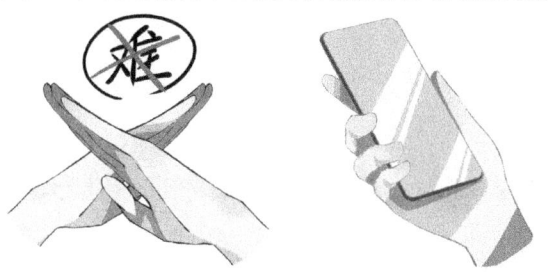

当前,受网络环境的影响,人们的写作能力普遍下降。在有写作需求时,人们往往不愿意自己动脑思考,习惯于找例句,这不利于写作思维的培养。"言由心生",首先要有感知,然后才有书写,因此,我在课堂上禁止学生使用手机,锻炼他们思考的能力。"熟读唐诗三百首,不会吟诗也会吟。"阅读与写作是紧密相连的,在没有阅读的基础上,让学生写80字的作文是很难的。我在课堂上把阅读练习和写作练习放在一起进行。讲的时候注重词语的使用方法,把学生的兴趣点吸引到写作过程中。从学生的实际与兴趣入手,加上学生对汉语内容的感知和表达的意愿,我完成了写作技能训练的目标。另外,在学生完成作文后能够准确地给出评价,这样他们的作文就会达到事半功倍的效果。(祝志春)

三、教学反思

我的教学对象是成人高级班的留学生,他们的汉语听说已经很好了,但是落到笔头,完成80个字左右的小作文对他们来说仍然存在困难。我发现留学生在写作的时候习惯用简单的词语造简短的句子,以及留学生在课堂上使用手机来辅助写作的现象非常普遍。对于这些问题,我也进行了反思,采取了一些方法。

首先,留学生写作往往习惯用口语词汇和句子来进行表述,在面对新的词语时,由于不适应书面表达习惯,害怕用新词,害怕犯错误。对于这个问题,我在课堂上有意识地去培养学生使用新词的能力,让学生在"连词成句"中反复操练新词。每次课前我会准备一组词语,在课上教学生读准这些词,并讲解词语的含义,再请同学们把所有字词都用上,连成一句话,然后学生自己检查是否通顺连贯,并注意标点符号。在操练中,学生会反复使用到这些词语,以此来训练自己的书面表达习惯,从词到句子,再慢慢写出短文。汉语五级考试也需要学生用固定的词语连词成句,这样学生在课堂上也能得到训练,能更好地应对考试。另外,在汉语中也存在很多同义词,教学过程中我会提醒同学们注意区分,特别是感情色彩的差异。

其次,留学生用手机的现象非常普遍。在课堂教学过程中,学生总以翻译为借口,用手机查百度。依赖手机,这对他们写作能力的培养是非常不利的。因此我杜绝让学生在课堂上用手机,从学生的实际和兴趣出发,努力把学生的兴趣点吸引到写作过程中,并及时给予反馈,希望能让他们的作文达到事半功倍的效果。(祝志春)

四、案例分析

按照《国际中文教育中文水平等级标准》,通过HSK五级的考生可以阅读汉语报纸杂志,欣赏汉语影视节目,用汉语进行较为完整的演讲。然而,实际上留学生的听说能力与读写能力差异较大,特别是汉语写作,对学生来说是有难度的。

在本案例中,可以发现以下两个问题:

第一,写作练习时,学生使用给定的词语进行造句时,依赖于已有的口语造句经验,通常采用简单的句型来进行书面写作,往往达不到预期的写作效果。教师采取激发学生写作兴趣、拓展同义词训练等方法培养学生的书面语思维表达能力,要求造句力求思维缜密、严谨,语言形象、生动,符合书面语的写作要求。同时,教师采取阅读与写作同步进行的方式,增加词汇量,使学生熟悉书面语的常用句型。

第二,对于课堂上学生依赖手机的问题,教师注意到写作训练过程中,不可忽视思维能力的培养,采取禁止使用手机的办法,培养学生独立思考的能力,增加学生自信,鼓励学生自主造句,从而建立汉语思维能力。

结合案例中的问题及教师思考,我们得出汉语写作课有如下几点启示:

第一,在词汇教学时,注意培养学生的造句能力,特别是运用固定的词语,连词成句。比如"苹果",加上动词组合成"吃苹果",再加上主语组成"我吃苹果",逐渐递增到"今天我吃了一个苹果"。比如"名词＋般",组成"阳光般",到"阳光般的笑容",再组合为"他露出了阳光般的笑容"。这样循序渐进,学生既掌握了生词和语法,又实现了写作的积累。

- 苹果
- 吃苹果
- 我吃苹果
- 今天我吃了一个苹果

除此之外,高级班的学生要有区分同义词的意识,教师要注意同义词的讲解,包括词语的感情色彩。比如"想念"和"怀念"都是动词,都可以表示难以忘记某个人,但"想念"偏重于口语,多用于活着的人;而"怀念"偏重于书面语,多用于已经去世的人。词义解释的同时再加入例句填空的练习,来加深记忆。

- 一、指代不同
  - 1.怀念:（动词）心里惦念着不能忘怀。
  - 2.想念:（动词）对人或环境难以忘怀,希望见到。
- 二、侧重点不同
  - 1.怀念:知道不能再见面了。
  - 2.想念:虽然见面很难,但是心中还是有见面的愿望。

第二,把握教学主题,阅读与写作并重。授课教师可以将相同主题的阅读篇目和写作放在一起讲。比如 HSK 五下第 1 课的阅读篇目是《家乡的萝卜饼》,那么写作练习就可以布置"家的味道""我最爱的食物"等主题。一方面,同一主题利于对学生整体思维的把握;另一方面,写作时可以借鉴阅读篇目中词汇和语法的使用。

作文除了紧贴阅读篇目,还可以从学生的实际出发,从学生感兴趣的事入手,把学生的兴趣点吸引到写作过程中,增强其表达意愿。国际中文教师可以先请学生口头表述,鼓励思考,加以引导,再落实到纸面上。

- 老师:你最喜欢的食物是什么?
- 学生:披萨。
- 老师:哪一种披萨呢?
- 学生:夏威夷水果披萨。
- 老师:吃起来怎么样?
- 学生:有酸甜的味道,很新鲜的味道。
- 老师:跟我说——酸酸甜甜,很清新。
- 学生:酸酸甜甜,很清新。
- 老师:很好。你能把这些词组成一句话吗?
- 学生:我最喜欢的食物是夏威夷水果披萨,吃起来酸酸甜甜,很清新。

除此之外,如果学生感兴趣,还可以围绕该食物是怎样制作的角度思考。这个方法可以激发学生的表达欲,提升自信心;说出来后再写,同时加之教师合理地引导,还可以降低写作难度,减少其畏难情绪。

第三,教师要重视作文批改的重要性,从纠错、评语等方面给出有针对性的反馈,注意准确性、激励性、启迪性。

- 修改病句的两条原则:
  一、不能改变原句的意思;
  二、改动要尽可能的少。
- 修改病句的方法:
  一、读(读句子);
  二、找(找出句子的毛病);
  三、改(用符号修改句子);
  四、读(读修改后的句子,看看句子是否通顺)。

纠错时注意错别字、病句等语言问题,同时要让学生提前明确纠正符号的含义。对于跑题等现象可进行面评,通过问答引导学生再思考。评语可分为过程性评语和总结性的评语。过程性的评语多采用旁批,针对某个语法问题进行解释和举例。总结性的评语一般为尾批,从亮点和提升点两个方面分别给出意见和建议。"详细"并不意味着烦琐、啰嗦;"准确"也不意味着指出所有的问题。写作教学本就为国际中文教学中的难点,加之学习者兴趣不高、畏难情绪等问题,教师更要注意"慎批",不可打击学习者的积极性,反而要善用鼓励性话语。

写作既是留学生学习的内容之一,又是一项学习成果的展示。教师要开拓思路,像案例中的教师一样多发现问题、分析问题、寻找对策,在写作教学上"站稳脚跟",让学生有话可说,有事可写,达到写作课教学的理想效果。(高可新、匡佳竹)

五、思考

在学生作文中经常会碰到一些口语化的表达,针对这种情况,我们该如何去提升学生的书面表达能力?

六、相关文献阅读

1. 朱勇. 国际汉语教学案例与分析[M]. 2版. 北京:高等教育出版社,2015.
2. 姬凯迪. 对外汉语写作教学课堂导入方法探究[J]. 现代交际,2021(04):155-157.
3. 罗青松. 对外汉语写作教学研究述评[J]. 语言教学与研究,2011(03):29-36.
4. 赵丹. 来华国际生汉语写作偏误分析及教学研究[J]. 高教学刊,2020,6(17):5-8.
5. 陈朗,孙毅,张梦娇. 国际学生汉语写作隐喻能力实证研究[J]. 外语电化教学,2019(3):9-14.
6. 刘颂浩,彭馨. 缩写练习在对外汉语教学中的应用研究[J]. 世界汉语教学,2016(1):119-128.

案例 35 读写课程的语言能力训练

一、案例基本信息

1. 教学主题

HSK 四级强化训练

2. 教学背景

课型: 读写课

教材: 王海峰等编著《HSK 速成强化教程 四级》,北京语言大学出版社

教学对象: 成人中级语言班

说明: 本课程是常州纺织服装职业技术学院留学生的必修课程,教学班级为国际1801 和国际 1802,共 64 人。两个班级的留学生经过一学期的汉语学习,三分之二的同学通过了 HSK 三级考试,其余同学未参加过汉语水平考试。

教学地点: 中国江苏常州

教学时长: 45 分钟

3. 教学手段

实物、图片、PPT 等。

4. 教学思路

培养学生快速阅读的技巧,包括理解记忆字义的技巧,理解记忆词义的技巧,理解句义的技巧,理解篇章的技巧等;培养学生阅读理解能力,包括找出主要词语和关键词语,理解长句、多重复句和段落,概括文章主旨的能力等;通过学习反映中国政治、经济、文化、科技、历史等方面的文章,从而了解中国社会和国情,积累知识,使其语言知识更好地与社会知识相融合。

5. 课前准备

(1) 掌握 HSK 四级考试大纲、试卷结构、核心考点、重点字词等。

(2) 教学活动、PPT、教案的设计与打磨。

二、案例自述

在教授"汉字读写Ⅱ"这门课程前,我提前了解了 HSK 四级的考试大纲、试卷结构、核心考点、重点字词等方面的内容。当我对这门课程做了初步的课程安排,了解了学生的基本情况,信心满满准备上课时,我才发现实际并没有想象的那么顺利。由于学生只学习了一个学期的汉语,目前所能够达到的汉语水平只是初级偏上,词汇量大致掌握了 400—600 个。而且我所在的学校汉语综合课、听说课采用的教材都是《汉语初级强化教程》,其教材的词汇、语法等重点与 HSK 考试所需掌握的内容并不是完全匹配的。因此在课堂教学中存在大量的生词难点,学生单凭一学期的知识量是难以完成课堂任务的。《HSK 四级强化教程》是以习题集为主,以考试中出现的原题为例,进行示范讲解,然后按内容划分章节进行专项练习。词汇量以及语法掌握的不足将直接导致学生题目读不懂、做不对等情况出现。大量的生词以及语法导致学生学习本门课程的兴趣逐渐降低,更有甚者上课时开始拿出其他课程的作业写,不听教师的课堂讲授。与此同时,由于学生看不懂题目,每个生词都需要讲解,课堂节奏严重滞后,每节课的课程指标完成度低,影响整体教学进度。

出现上述情况后,我便向学院里的几位教师请教。我先请教的是上一学期教授学生综合课的老师。综合课的老师最了解学生,因此他告诉我想要学生对这门课程有兴趣,愿意学,那就需要采取多种方式灵活使用。单一的讲题课程太枯燥,可以换个方式。我又向负责学生管理的老师请教,她告诉我要明确课堂要求,告诉他们上课时能做什么不能做什么,所有的行动都要经过老师的允许才能进行,严格课堂制度。

于是我再次上课时对课程内容重新进行了编排,不再按照书上的顺序进行授课,而是从易到难,各类题型穿插着教学。学生连续学习单一的题型会觉得枯燥乏味,如果将几种题型穿插起来进行教学,学生对于不同类型的题目可能会激起不一样的学习兴趣。教学方法上我也不再是单纯的输入,而是采用课前让学生提前预习章节,自己查找不认识的生词标注出来,并理解含义。课堂教学中我对大多数人不理解的词语再稍加提示或解释,语法部分稍加拓展,这样就大大提升了教学速度,学生也开始了自主学习,也加深了对教学内容的印象,教学效果初步好转。自从明确了课堂纪律,公布了奖惩制度,重申了HSK四级的重要性后,上课做小动作、不专心听讲的人数大大降低,大部分学生都能做到上课认真听讲,课前充分预习,课后及时上交作业。最终经过一学期的强化训练,班里一大半的学生都通过了HSK四级的考试,顺利进入了专业学习。(黄雅文)

三、教学反思

我发现学生学习汉语最困难的地方在于词汇量不足,对于汉语存在一定的畏难情绪。这就导致学生一旦遇到难以理解的字词就会采取逃避的策略,这样的情况发生多了以后就直接造成了学生对学习汉语的抗拒。造成这一现象的原因大致有以下两点:第一,是教材与教学目标不一致。我教学的目标是通过教学使学生通过四级考试,所以偏重的练习也是以四级考试的题型为准,但是所使用的教材中的题型与考试题型存在差别。第二,是学生学习汉语的热情不高,课堂上的学习氛围不算好,这要求教师要使用更多的方法组织课堂教学,以引起学生的学习兴趣。

在意识到这些问题后,我采取的方式主要有两点:第一,在教材上,我不再一板一眼地按照教材的顺序去教学,而是将教学内容进行一定的整理,在一堂课中呈现出多样化的教学方式,包括导入方式、练习方式等。我了解到,并不是每一个知识点都需要花费大量时间去练习的,对大部分学生都能做对的题目我就快速带过,将注意力放在重难点上。第二,要因地制宜地使用教材,教材的编排并不一定适合所有情况,我要根据现实教学对教材内容做一定的取舍。在教学上,为了激发学生的热情,我首先明确了课堂秩序,告诉学生什么可以做,什么不可以做;其次让学生提前预习课文,对难点有一个大概的掌握,这样在课堂上就可以提高学习效率。有了这两方面的改变,学生明显在课堂上更加活跃了,最后也取得了令人满意的成绩。(黄雅文)

四、案例分析

由初级汉语过渡到中级阶段,大纲对学生的字词掌握要求也相应提高了,这需要教师统筹规划学期内容,运用更多的教学手段,帮助学生短时间内掌握更多的汉语知识,以完成学业。案例中的教师为了提高学生的 HSK 考试通过率,请教综合课教师和管理学生的教师,这样就对学生的学习情况和课堂情况有了很好的了解,加上及时改变了教学思路,使得课堂教学不再枯燥,有效地提高了教学效果并出色地完成了教学任务。这值得每位国际中文教师学习和借鉴。

案例中的教师在正式授课前,准备工作比较充分。课前了解 HSK 四级的考试大纲、试卷结构、核心考点和重点字词等,但对于学生的学情,我认为一定也要深入了解,因为根据不同的学情,教师才可以合理编排教材,灵活地采用不同的教学方法。值得庆幸的是,该教师及时止损,立马转换了思路,求教于有经验的教师,这对于新手教师的快速成长非常有利。同时该教师还打破了原有上课的模式,避免单一题型的讲解,变换题型,不至于让学生觉得枯燥和无聊,最终取得了良好的效果。

教学有法,教无定法。汉语的学习对于留学生有一定的困难,在教学时教师按由浅入深、由简单到复杂的教学原则,既可以提高学生学习的兴趣,又能促进他们汉语知识的吸收。另外,除了抓住课堂教学,还要利用好课前预习和课后复习,以提高课堂教学的成效。在教学中也要做好班级课堂的常规管理,让学生明确学习目标,他们才能更好地投入课堂学习中。想要做到听说读写并肩走,在做好以上准备的基础上,才能更好地激发学生的学习热情。(王牡丹、王丽媛、唐子豪)

五、思考

你是如何组合听说读写并肩走的问题的?

六、相关文献阅读

1. 吴中伟.汉语教学模式的集成、创新和优化[J].华文教学与研究,2016(1):40-46.

2. 宗世海.我国汉语教学模式的历史、现状和改革方向[J].华文教学与研究,2016(1):18-39.

3. 李海鸥.对外汉语课堂教学的路径设置与实施——基于初级汉语读写课教学案例的分析[J].暨南大学华文学院学报,2009(2):26-31.

4. 韩静.基于跨文化意识的对外汉语教学——评《对外汉语教学传播路径与跨文化交际模式探究》[J].中国教育学刊,2022(07):117.

5. 姜晓."探究式教学法"在汉语教学中的模式构建与应用[J].语言教学与研究,2021(6):1-12.

第五章

非学历汉语兴趣教学

在国际中文教学中,有相当一部分汉语学习者是出于对汉语的兴趣而选择学习汉语的,包括学龄前儿童、青少年、成年人以及离退休的老年人。他们的共同特征是出于对汉语的兴趣爱好而非提高学历,这种汉语学习方式多样,学习内容广泛,学制灵活。面对不同年龄段的汉语学习者,国际中文教师往往会根据实际教学情况,灵活选择教材、教学方法和授课方式,与传统的课堂教学相比,非学历汉语更注重学习者兴趣的培养和个性化的汉语学习需求。本章以非学历汉语学习者的年龄为区分点,探讨在不同的课堂如何灵活设计教学内容、选用适当的教学方法,开展汉语教学的同时,提升学习者对汉语的兴趣。

国际中文教学,经常会遇到不同年龄段的学生,上到爷爷奶奶辈的汉语学习者,下到三四岁幼儿园的小朋友,还有大中小学以及成年人。面对不同年龄段的汉语学习者,国际中文教师在教学方式和方法上都会有所不同,而如何因材施教才是国际中文教师应该注意的一个问题。在未成年人的汉语课堂上可以增添游戏设计,汉语课堂重在培养学生的兴趣和爱好;成年人的汉语课堂,除了必要的汉语知识的教学,还应该多加一些中国文化方面的涉猎。这样学习者不仅能去认识汉语、学习汉语,还可以通过汉字汉语来了解中国文化,加深对中国的了解。

第一节　中小学生的汉语兴趣教学

在国外中小学开设的语言兴趣课,一般是作为学生提前感知母语以外的其他语言的课程,学生可以根据自己的兴趣和爱好选择所学的语言,以作为将来继续深入学习一种语言的前期准备。这一类语言兴趣课一般不纳入考试科目,也就是说,学生没有学业压力,完全是以兴趣为导向的语言观摩课、体验课。对于国际中文教师来说,了解这一年龄段学生的生理和心理特点是教学设计的起点。中小学生正处于智力和体能的成长阶段,思维活跃、勇于探索,因此对国际中文教师的课堂管理能力、协调组织能力、潜能开发能力和教学环节的设计能力等提出了更高的要求。教师不仅要语言准确、精炼,同时课堂还要富有张力,给学生参与、探索和体验的机会。本节以中小学的汉语兴趣课、实践活动案例为讨论对象,重点探讨如何增加课堂的趣味性,拓展语言体验课的学生参与度。教师在教授语言的同时激发学生学习汉语的兴趣,同时学生通过语言学习,了解和感知古老文明中所蕴含的中国文化。

案例 36　华裔学生的课堂管理

一、案例基本信息

1. 教学主题

汉语零基础入门课

2. 教学背景

课型: 汉语体验课

教材: 无

教学对象: 英国小学五年级(有英籍华人学生)

教学时长: 35 分钟

3. 教学手段

实物、图片、PPT 等

4. 教学目标

(1) 知识目标:掌握初次见面时常用的词汇及句型。

(2) 技能目标:培养学生用所学词汇进行自我介绍及问候的能力。

(3) 情感目标:引导学生关注汉语见面、问候、打招呼的习惯。

5. 课前准备

教学活动、PPT、教案的设计与打磨。

二、案例自述

本案例是志愿者在英国小学任教过程中的首次课,对班级学生的汉语水平并没有完全了解。在授课过程中发现,有几名学生的汉语水平已经较高。其中有一位来自香港的女生,汉语的听说读写都没问题;有两位男生的母亲是英籍华人,除了在校学习汉语之外,他们每周六都会去中国学校学习汉语。其他同学的汉语水平为零基础,这样的课堂环境给志愿者教师带来很大的挑战。首次课虽然经过充分的准备,但呈现出来的效果并不理想。

课堂上,讲授新词汇时,这三位学生觉得内容简单,课堂上表现状态不佳,有时甚至会大声说出答案,并对其他同学说"It is so easy.",他们的一系列行为影响到班级整体的教学环节和教学秩序。因为除了他们三个学生,其他学生都是零基础,因此也不能临时更改课程难度。但在课后志愿者教师与他们进行了交流,共同商讨解决办法。

解决办法一:在教学内容上,适当增加拓展内容,保证课堂的知识性和趣味性。设计梯度作业,学生可以根据自己的汉语水平来选择相应难度等级的家庭作业。

解决办法二:拓展课堂互动的深度和广度,根据汉语水平分成若干小组,互帮互助,结成汉语学习搭档,让三位汉语水平较高的同学成为教师的"小老师",承担领读、示范、讲解课堂规则的任务,一方面是为了提高课堂效率,另一方面也是为了锻炼他们的汉语沟通能力。

这样做之后,课堂秩序得到了很大的改善,每一节课都进行得很顺利。(李超)

三、案例分析

汉语志愿者在赴任国上汉语体验课时,不可避免地会遇到很多状况。因为在去学校之前,我们除了知道教学对象是几年级,其他的信息一概不知。有时,甚至连几年级都不知道,等到了学校才知道要去哪个班。所以当我在课上知道有英籍华人学生时,不免有些紧张,因为备课的教学对象是零基础的学生,内容对他们来说肯定是过于简单的,并且英籍华人学生的学习目的性很强,如果学不到内容,他们在课堂中就会呈现两种状态:一是过于积极,一直抢答;二是十分消极,不参与课堂。这两种情况,无论是哪一种,都会对以合作学习为主的课堂带来不小的障碍。鉴于这种情况,我只能与部分学生商量,寻找解决方法,原则是,既不影响汉语体验课的教学目的,又能让他们找到成就感,学习到新内容。

我认为作为国际中文教师志愿者,要做到以下几点:① 充分了解自己的教学对象的基本情况,准备合理的教案和备案。② 准备面对突发情况的教案,做足准备。③ 解决问题不应死板,灵活对待学生出现的问题。④ 因材施教,对水平不一的学生采取不一样的教学和交流策略。(李超)

在汉语水平不同等级的教学班级中,教师的授课就会有一些限制,即程度高的学生吃不饱,程度低的学生又吃不透,所以这是一个很难平衡的问题。本案例中,教师对于课堂中出现的行为积极处理是值得肯定的,而且解决问题的方式也是比较合理新颖。但是依旧存在以下几个问题:第一,对学生的汉语水平了解不充分,部分具有华裔背景的学生汉语水平比预期的高,导致这部分学生觉得汉语课堂无聊。第二,课堂组织存在问题,部分汉语水平较高的学生不能专心听课,并且在课堂上捣乱,影响正常的教学流程和课堂秩序。第三,解决的策略不够完善,为了兼顾大多数学生而不改变教学内容。让汉语水平高的学生当助教,虽然在一定程度上解决了课堂秩序问题,但是对于汉语水平较高的学生来说,他们的学业并没有实质上的提高。以上这些问题,对于新手国际中文教师来说都是很常见并且不好把握的,但可以尝试从以下几个方面解决:

针对第一个问题——备课不充分。好的备课是上好一节课的前提。国际中文教师备课,除了需要准备教材、教学内容,还应该对自己所教授的学生年龄、水平、背景有大概的了解。针对这种情况,教师在到达当地时,应该第一时间向当地教师或者上一任中文教师了解学生的大概情况,了解完之后再进行有梯度的教学内容备课。教师可以提前准备两套教学方案,一套为常规教学课件,一套为应急教学课件,当课堂上出现高水平学生时,适时启用第二套教学方案。如果教师没有条件提前了解学生情况,第一节汉语课可以设置交流活动环节,用于师生交流、制定课堂规则,以熟悉和了解本课程的主要教学内容和教材体例,了解学生的情况及学习需求。

针对第二个问题——课堂组织。少部分汉语水平较高的学生不能专心听课,并且在课堂上捣乱,影响了正常的教学流程和课堂秩序。这就需要教师在进入一个新环境前要制定好课程规章制度。在进行授课之前,首先要做的组织管理便是根据课程目标和环境建立课程规章制度,并提前告知学生。课堂出现问题时,教师的监控与管理(眼神示意、手势、提问等规范化裁决与奖惩手段)更易于使学生接受监控并纠正错误。

针对第三个问题——解决策略。因为班级上大多数学生的汉语水平不高,又没有办法改变教学内容,所以选择让汉语水平高的学生成为"小老师",虽然这在一定程度上可以调动他们的积极性,但并没有让这部分学生学习到新知识。关于对教学内容选择的干预度,不同层次的学生对教师的教学内容选择的干预度是不一样的,因此需要教师有针对他们学业提高的教学设计和布置有梯度的家庭作业。

该课堂管理问题的核心在于教学内容与部分学生的汉语水平不符,从而导致这部分学生学习兴趣的丧失,他们通过打破课堂秩序来制造存在感。这就要求教师在课堂管理中应加强同学生的交流，了解学生的真实想法以及学习需求，根据学生的学习需求去设计教学内容。与学生建立良好的师生关系，并不意味着教师不需要树立权威感。教师适当树立权威，可以对整个课堂的秩序进行更好的管理。这就要求国际中文教师要加强自身素质，提高自己的知识水平，使自己具备与学生需要相匹配的技能。最后，国际中文教师还要培养自己的感染力、影响力，这些人格魅力会对学生产生隐形的教育影响，感染学生的精神世界。（刘雨、孟宇卿）

四、思考

如果是你，你会怎样处理汉语水平差距较大的班级的汉语教学呢？

五、相关文献阅读

1. 盛华萍．浅析汉语课堂中的立体教学模式[J]．语文建设，2014(20)：9-10．

2. 颜湘茹，廖晶琰．汉语课堂管理中奖惩案例分析——以广州美国人国际学校小学部为例[J]．海外华文教育，2015(3)：377-388．

3. 罗红．对外汉语课堂教学管理问题与对策——以美国波特兰市孔子课堂为例[D]．武汉：湖北大学，2016．

4. 吴琨，刘静．对外汉语教学管理中的文化教学探析[J]．管理观察，2018(31)：132-133．

5. 龙春红．对外汉语教学课堂管理探析[J]．教育现代化，2019，9(74)：239-240．

6. 吴应辉，刘丹丹．美国中小学汉语沉浸式教学面临的问题与解决方案[J]．民族教育研究，2020，31(6)：113-118．

7. 韩秀梅．针对不同层次留学生课堂管理的差异性研究[J]．教育教学论坛，2020(35)：141-142．

8. 赵杨．汉语国际教育的"变"与"不变"[J]．天津师范大学学报(社会科学版)，2021(1)：7-14．

9. 张啊倩．对外汉语新手教师中小学课堂纪律管理行动研究[J]．汉字文化，2021(22)：98-100．

10. 沈韵琪．基于微观权力视角的国际汉语教育课堂管理之透视及建议[J]．汉字文化，2022(12)：83-87．

案例 37　灵活多样的课堂教学

一、案例基本信息

1. 教学主题

常用日期的表达方式及基本句型

2. 教学背景

课型: 口语课

教材: 国际语言研究与发展中心编《体验汉语 3》,高等教育出版社

教学对象: 泰国小学三年级学生(汉语初级)

说明: 本课程是泰国政府学校拍差拉吾部队学校(皇家赞助),小学三年级学生,班级学生共 42 人,班级整体汉语水平为零基础。

教学时长: 100 分钟

3. 教学手段

卡片、日历、图片等

4. 教学目标

(1) 知识目标

语音:正确掌握重点词汇以及重要句型的正确发音,做到发音标准,准确无误。

词汇:通过对本课生词的学习(昨天、今天、明天、月、号、星期),可以基本掌握重点生词,能够用所学词汇进行词语搭配,完成相应的语义表达。

句型:通过对本课语法的学习,掌握星期的常用表达方式以及汉语日期表达的基本句型。

(2) 技能目标

听:能够听懂有关"日期的话题"。

说:能够用所学句型谈论课程安排,回答老师提出的有关课文内容的提问。

读:能够以正确的发音朗读课文,做到通顺流畅。

写:能够正确书写本课生词。

(3) 情感目标

一是通过课前、课上的教学安排,使学生能够在学习中体会到乐趣,获得一定的成就感,以此提高学生学习汉语的积极性。二是培养学生的自主学习和小组合作意识。三是让泰国学生对中国日历有一定的了解,加深对中国的印象。

5. 课前准备

(1) 准备好各类卡片以及日历。

(2) 教学活动设计、PPT 制作。

二、教学设计

第一课时

(一) 复习(10 分钟左右)

复习数字 1—31。

第一遍学生齐读。

第二遍点读。

第三遍做游戏：从第一排的一个同学开始，第一个同学说泰语数字，第二个同学说汉语，依次进行。然后再进行交换。

(二) 生字词认读学习(5 分钟左右)

学习内容：昨天、今天、明天、月、号、星期。

分别进行领读—齐读—分读—齐读。

(三) 日常用语学习(30 分钟左右)

1. 提问学生：昨天星期几？今天星期几？明天星期几？

2. 点学号抽查星期一到星期天的表达用语。

3. 游戏：萝卜蹲(根据泰国七天代表七种不同的颜色，在七张不同颜色的纸上写上不同的星期)。

将全班同学分成六组，每组派一名代表参加游戏，老师先进行示范："星期一蹲，星期一蹲，星期一蹲完星期三蹲。"错误的同学被淘汰，最后三组可以得到小星星的奖励。

(四) 归纳小结(3 分钟左右)

1. 昨天、今天、明天星期几？

2. 引入句型：今天是……月……号，星期……。

(为下节课的学习做铺垫)

(五) 布置作业(2 分钟左右)

1. 写生词。

2. 预习新课。

第二课时

(一)复习(10分钟左右)

1. 卡片展示:昨天、今天、明天、月、号、星期。

让学生认读生词。

2. 复习数字1—31。

(二)导入新课(5分钟左右)

1. 提问学生:今天几号?星期几?

学生用"今天是……月……号,星期……"句型回答。

2. 日历导入:用日历告诉学生,今天是……月……号,星期……

(三)生词造句(30分钟左右)

1. 图片展示。

今天、昨天、明天等词语。

2. 扩展词语。

如:前天、后天、年等词语。

3. 教师板书例句,学生跟学造句。

今天是……月……号,星期……

昨天是……月……号,星期……

明天是……月……号,星期……

…………

4. 老师点学号让学生造句。

(四)布置作业(5分钟左右)

做一张本月的日历,并圈出你最喜欢的日子。

问一问你的家人和朋友的生日是哪一天,并把它写下来。

三、教学反思

首先,在本次游戏环节,大部分学生都积极参与,反响非常热烈。学生可以在游戏中学习巩固相对应的知识点且有的学生很活跃,参与的积极性极高。但是由于个别泰国学生比较内向,配合度不高,没能很好地兼顾到所有学生。其次,在刚开始进行规则说明时,由于是口头表达,学生们对于规则的理解并不透彻,这也造成在讲述规则这一环节,用时过长。因此下次需要在这方面进行改进,提前把规则在大屏幕上展示或者让泰国老师帮忙进行同步讲解,借此帮助学生快速理解规则,以节省课堂时间。另外,在具体的教学实践中,受会话课课程性质的影响,往往会忽略某一技能,例如在本次教学设计中关于"写"方面的练习相对较少。因此,如何在有限的课堂时间内平衡"听、说、读、写"四方面的练习时间,这些都是在本次教学设计中暴露的问题。鉴于此我将会在今后的教学实践中不断完善自己,做到理论与实践相结合。(欧杏丽)

四、案例分析

在国际中文课堂教学中,对教学对象的具体分析直接影响着教师的授课方式。本案例对教学对象的叙述相对较为详细,分别从学习者的年龄、班级人数和汉语水平进行了描述。

在对零基础学习者进行教学的初期阶段,学生应集中精力进行听说模仿,熟悉汉语的语音、语调,掌握并学会运用拼音,也就是说这个阶段强调听说训练。在教学过程中,教师以复习旧知识开始,并且以游戏的模式让全班所有的学生都参与到课堂之中,进一步加深学生对汉语词汇的掌握以及其与泰语表达方式的对应。在生字词认读学习中,一共有6个生词需要学生掌握,教师安排了5分钟左右的时间,对于初级学习者来说,首要便是关注汉语的语音和语调。此时教师除了将汉语生字词与泰语词汇相对应之外,应该在分读环节对学生进行纠音,5分钟左右的生字词认读时间可能会让教师的纠音工作时间有些紧张。

在日常用语学习的环节中,教师安排了大量的会话练习,以师生互动的方式将生字词引入会话中去,从而使学生达到习得的目标。在学生掌握了"星期几"的表达方式后,教师又安排了游戏活动,以减少机械练习的枯燥感,这也与教师所设的"在学习中体会到乐趣,获得一定的成就感"的情感目标相吻合。在第二课时的生词造句环节中,教师安排了30分钟左右的时间让学生进行生词造句,而不是将其引入会话练习之中,教学环节或许有些枯燥,且第三个步骤是教师在板书例句,全班学生跟学造句,难免会有个别的学生走神或滥竽充数,这样在第四个步骤中就会让学生产生紧张与抗拒心理。教师在布置第二课时的作业时,要求学生做一张本月的日历,并圈出自己最喜欢的日子。虽然在汉语初级阶段以听说训练为主,但是也并不排斥汉字的出现,教师在布置家庭作业的时候可以适当安排一些汉字的练习,而且在上一个环节中教师已经有了句型的板书,这样简单的汉字练习也不会给学生造成畏难情绪。(王菘)

本案例由学生讲述,学生点评分析。从案例的描述和点评的情况来看,学生都比较认真细致。能够在境外从事汉语教学,对学生来说是一次宝贵的实践经历。实际的课堂教学和教学理论的学习总是有一个结合的过程,学生根据自己所学的理论知识亲身到课堂中去实践,会遇到很多新问题、新现象。这些问题和现象,对于在校学生来说,可以帮助他们立体感知国际中文课堂,清晰地完整地描述课堂过程,准确地客观地评价课程,这对在校学生具有重要意义。通过对案例的分析和点评,他们能够减少理论与实践的距离。另外,学生首先要会观察课堂、分析课程、实践课程、总结课程,进而才能设计出符合实际需求的优质课程。本案例的点评者对案例的描述是准确的、客观的,同时也做到了结合所学的相关理论知识对案例进行积极的评价,并尝试多角度的探索、实践和应用。在点评案例的过程中,他们能搜集相关的文章,结合自己的观点给出相应的判断和评价,这能够帮助他们建立研究意识,在实践过程中不断地充实提高自己。(付丽)

五、思考

针对小学生的汉语教学,还有哪些比较好的教学方法呢?

六、相关文献阅读

1. 徐子亮,吴仁甫. 实用对外汉语教学法[M]. 3版. 北京:北京大学出版社,2013.

2. 许静茹. 泰国儿童和成人汉语习得对比研究——以泰国 Phusang District Non-formal and Informal Education Center 学生为例. [D]. 长春:吉林大学,2015.

3. 余佩. 对外汉语数字教学案例分析[D]. 武汉:湖北工业大学,2018.

4. 吴双. 论汉语作为二语教学对象的构成要素[J]. 汉语国际教育学报,2019(1):55-80.

5. 李谷乔. 探索高校对外汉语教学新路径刍议——基于对外汉语教学目标的思考[J]. 吉林省教育学院学报,2021,37(12):80-83.

6. 赵柯焱. 在泰幼儿汉语教师志愿者教学困境研究[D]. 昆明:云南师范大学,2020.

7. 王哲. 泰国小学汉语常见语言点习得偏误案例分析[D]. 西安:西安石油大学,2023.

第二节　面向老年人的汉语教学

面向老年人的汉语教学一般指社会上非学历的汉语教学,学习者一般具有一定的社会经验和工作经历,学习汉语往往出于兴趣爱好或者出于个性需求。针对这一类学习者的课程设计,既要突出基础性又要突出实用性。这一类学习者具有较强的学习自律性,具备基本的知识体系,有较强的理解和消化知识的能力。面向老年人的汉语课程要求国际中文教师对课程进程的整体性把握,难度等级划分以及基础语言能力的操练方式和方法等方面提出了更高的要求。在课堂设计方面,要考虑到学习者的学习环境和学习效率,既保证知识传授的针对性,同时又要保证课堂节奏,确保课堂操练充分有效的同时,尽可能多地关注老年人的接受心理和学习习惯。这一类课程同时也对国际中文教师自身的跨文化交际能力和文化修养提出了更高的要求。本节以面向老年人的汉语教学案例为讨论对象,重点探讨如何提升课堂效率,增加课堂语言操练的实用性和针对性。在教授语言的同时,教师帮助学习者理解语言中所蕴含的思想和文化观念。

案例38　老年人的汉语课堂设计

一、案例基本信息

1. 教学主题

汉语会话语音教学

2. 教学背景

课型: 会话课

教材: 宋彩英(송채영)《汉语口语速成 基础篇》,多乐园出版社(다락원 출판사)。

教学对象: 韩国老年汉语学习者

说明: 本课程是针对韩国已经退休的60—70岁老年人开展的汉语课程,学生年龄整体偏大,他们大部分在年轻的时候学习过汉语并有一定的汉语基础,对汉语学习兴趣较高,主要在汉语口语会话等方面语音不够标准。

教学地点: 韩国水原政府福利中心

教学时长：60 分钟

3. 教学手段

图片、PPT、动作演示法、夸张发音法、手势模拟法等

4. 教学目标

（1）知识目标：根据综合课上所学的词语和句子，进行话题操练，重点强调词语的正确发音。

（2）技能目标：设计话题以提升学生的听说能力，引导师生、学生对话，让学生正确发出词语的读音，进而增强学生的交际能力，让学生在会话中了解各类语法点的具体使用场景。

（3）情感目标：积极构建真实的会话情境，给学生提供开口说话的机会，使他们克服口语交际中的畏难情绪。

5. 课前准备

（1）准备好一组以"r"音开头的词语卡片。

（2）教学活动设计、PPT 制作。

二、教学设计

1. 复习：复习上节课的语音知识点。先复习"zh""ch""sh"这三个音的读音，以及相应的词语。

2. 语音示范与讲解：讲解"r"的发音。从发音部位看，"r"是舌尖后音，同"zh、ch、sh"的发音部位一样，是由舌尖和硬腭前部构成阻碍而发的音。从发音方法看，"r"是浊擦音，发音时舌尖上翘，抵住硬腭前部，留一小缝，让气流从小缝中摩擦而出，同时声带振动。为了找到正确的感觉，可以先发"sh"音，然后振动声带，即是"r"的发音。

发音的时候，把舌尖向上卷，卷到口腔上部的硬腭部位，顶住不要松开，然后把气慢慢吐出来，发出声音。

3. 汉字及词语发音训练：教授带有"r"音的汉字和词语。

"人、日、儿、热、肉"　　　"人群、儿女、日历、牛肉"

带领学生进行练习。先领读字词，再请学生站起来朗读。

看图说话，反复操练。把字词代入句子，请同学朗读。

打乱字词顺序，根据 PPT 上的图片，请同学依次读出内容。

4. 句段练习：找出一篇包含所学汉字的课文，让学生分配好文章句子，共同完成课文的朗读。

三、案例自述

在韩国,退休人员非常重视自我素养的提高,所以在韩国有很多专注个人能力提升的政府福利机构。本人留学韩国期间,水原政府福利中心工作人员联系到我,希望我去做中文教师,我欣然接受,但也有些担心,主要是因为教学对象是平均65岁的退休人员,这样的教学对象我还是第一次接触。韩国是一个非常注重礼仪的国度,如何面对高龄学生,的确让我有些忧虑。然而当我走进教室,他们热情地跟我打招呼时,先前的担心烟消云散。经过交流,我了解到他们中大部分人年轻的时候在大学里选修过汉语,多年后仍然无法对汉语释怀。他们学习汉语的热情让留学在外的我,为自己的国家倍感骄傲。

尽管他们有一定的汉语基础,课堂中我还是会抽出10—15分钟的时间纠正学生的语音错误。例如:韩语中没有"r"的音,韩国人要想发好此音,需要通过大量的发音练习。加之年龄偏高导致发音弱化不清的因素,在课堂中每次练习"肉""热"等以"r"开头的单词时,大部分学习者的发音都有不同程度的问题。

有的学习者是因为母语的负迁移而导致的,这种现象在以老年人为教学对象的课程中更加常见,而且更难以纠正其发音。所以教师要在发音部位的示范和发音方法讲解上下功夫,这个时候需要教师具备良好的语音教学基本功。教师可以注意以下几点:第一,讲解语音的发音方法,通过图片、视频及板书帮助学生找准发音部位,也可以用学生的母语说一下发音的注意事项与发音要领。第二,可以增加训练的强度,反复操练,直到他们熟练掌握。第三,每次上课时要及时地复习巩固。
(王明真)

四、教学反思

老年人因为年龄大,存在反应慢、听力不好、思想守旧等问题。以60—70岁甚至更年长的老年人为教学对象时,一定要照顾到教学对象的身心特征,才能做到因材施教。例如,教师应注意语速、音量,语速要更加放缓,音量要尽可能放大。纠正发音时,要适当夸赞,不能让学生产生学习挫败感。以老年人为教学对象进行国际中文教学时,我经常会感受到他们对中国的偏见。例如"中国人是不是除了桌子腿,什么都吃?"类似这种荒唐的问题,时有发生。建议国际中文教师理性应对,对于与课程内容无关的内容,提示学生注意课堂秩序和纪律,懂得彼此相互尊重,对于不礼貌的、不符合实际的话题,能够做到有理有力有节地维护国家尊严和形象。对于特意讥讽、嘲笑等不友好现象,要及时制止,迅速回到课堂教学中来。对于一些因缺乏对中国的了解而产生的误解和认识,教师可以通过多个角度给学生介绍,帮助学生全面了解真实的中国。

汉语教学中的语音教学和词句教学是紧密联系在一起的,在进行语音教学过程中更要关注学生的认知和理解,尤其是帮助他们区分不同的发音。对于韩国大龄的汉语学习者来说,语音是初、中级汉语教学的重难点,很多语言并不像汉语一样有表达丰富的声调,例如,韩国人的母语就不存在声调。而汉语语音中的声调对于缺乏声调概念的汉语学习者来说是一个难点。在进行汉语语音教学时,多采用夸张发音和手势模拟的方法来帮助大龄学习者来理解发音的方法,同时使用手势模拟的方法帮助他们正确地区分"阴平、阳平、上声和去声"四个声调。尤其在教授汉语语音中的音变现象时,更要采用反复操练、集中纠错的方法进行练习。例如,我在充分了解到每一个学生对汉字发音的困难点之后,做出规划,针对每一个学习者发音的错误,一个一个地进行纠正,反复多次,直到他们能够正确发音为止。针对大龄学生的性格特点,教师要更加耐心、细心,教学方法要适当,不能过于严厉也不能过于放松,要多组织交流活动和进行发音操练,让学生牢牢记住基础读音,再举一反三,从而强化学生的记忆。(王明真)

五、案例分析

图示法、对比法、夸张法、动作演示法都是汉语语音教学中常用的方法,都具有直观、生动、易懂等优点,能够达到深入浅出的效果。

根据本案例中提供的信息来看,该教学过程出现了两个问题:一是学生的年龄偏大,二是母语迁移对学生学习汉语语音产生负面影响。在这一案例中,教师在进行语音教学时,首先具有良好的心态,在面对大龄学生时,十分耐心和温柔,而且在教学过程中充满了热情,不厌其烦地纠正学生的发音。二是教师针对韩国的大龄学生不能准确发出"r"音以及发音时弱化不清的现象,教师采取及时纠正、发音要点概述和师生、生生互助的方法,帮助他们发出正确的读音,强化记忆。如今,现代科技在不断发展,多媒体技术和互联网技术日新月异,教师可以利用一些音频、视频等多媒体文件进行教学,此外还有一些拼音 APP 也能很好地弥补传统课堂教学的不足,教师可利用 APP 语音跟读功能学习语音和声调,与学生的发音进行对比,帮助学生模仿出正确的发音,从而强化发音薄弱环节。

本案例中的教师在教学环节设计这一部分,非常重视纠正学生的发音。因为大多数学员年轻的时候学过汉语,所以有一定的汉语基础。从教学环节设计来看,教师在课堂中抽出 10—15 分钟的时间纠正学生的语音偏误,充分体现了"精讲多练"的教学原则。在教学方法的使用上,教师讲解发音的注意事项和发音要领,强化模仿练习,让学生们多听多练。

国际中文教学中教学环节的设计、教学方法的采用以及课堂气氛的营造这几个方面都能影响到教学的效果。案例中的教师教态谦逊端正,营造了和谐的教学环境,同时运用多种方式来来训练学生的语音。建议教师在训练学生语音的同时,可以结合一些常用的、感兴趣的词语,如"生日快乐"。如果在同学过生日时,学生能标准地用汉语说出"生日快乐",那一定很有成就感,这肯定是学生或是上班族最喜欢的"星期日"。(张冰鑫、刘源)

六、思考

面对年龄较大的汉语学习者,尤其是有一定汉语基础的学习者的语音偏误,你是怎么处理呢?

七、相关文献阅读

1. 朱倩倩. 对外汉语语音教学研究[J]. 汉字文化,2022(7):85-86.

2. 刘婷,沈蓉. 对外汉语语音教学探索与实践创新[J]. 中国教育技术装备,2019(8):82-83.

3. 李艺菲. 韩国公州女子高中汉语语音教学中存在的问题及教学对策[D]. 郑州:郑州大学,2020.

4. 袁艺铭. 对外汉语语音教学方法及其技巧[J]. 艺术科技,2017,30(6):332+328.

5. 徐筱婷. 韩国人汉语语音学习中的母语负迁移现象[J]. 开封文化艺术职业学院学报,2021,41(8):68-69.

6. 黄雅婷. 对外汉语语音教学阐微——以对韩国学生的辅音声母教学为例[J]长江师范学院学报,2010,26(6):43-46.

案例39 老年人的文化交流

一、案例基本信息

1. 教学主题

我的学生是"老师"

2. 教学背景

课型: 综合课

教学对象: 摩洛哥社会汉语零基础老年人

教学时长: 45分钟

教学地点: 摩洛哥丹吉尔

3. 教学手段

PPT、图片等

4. 教学目标

(1) 知识目标:学生能够对汉语课堂的教学内容加以理解,并能运用所学知识进行对比。

(2) 技能目标:提升学生的汉语听说能力,学生能够运用所学的知识进行汉语交际。

(3) 情感目标:让老年学生对中国的历史有更深的了解,尊重中国的历史和习俗。

二、案例自述

我教的学生,有的已经参加工作很多年了,也有父子齐上阵,一起学汉语的。这些"父辈"学生的生活阅历非常丰富,学识也很渊博。和他们聊天时,如若教师的功底不深厚,真是非常困难。一位学生一直在和我探讨一些比较深层次的问题:纪伯伦的诗歌,第一次世界大战的起因、经过、结果,中国的教育制度,抗日战争,"一带一路",中国政府为保护中华传统习俗所做出的努力等,他还告诉我很多摩洛哥的历史。我们之间的探讨全部都用英语交流,大量的专有名词,加上他些微的摩洛哥口音,我真的有些应付不过来,两个小时下来令我十分费解。一些中国和世界历史的重要的时间节点,我确实淡忘了,场面一度陷入尴尬。值得庆幸的是我对中国的一些文化上的东西有一些见解,否则一定会感到些许羞愧。这些老年学生对汉语的学习能力没有年轻学生的学习速度快,但他们尤其爱关注中国国情、中国人的价值观念等更深层次的问题。所以国际中文教师需要对我们国家做更深一步的了解,同时也要提高自己的媒介语表达能力。(赵蕴璐)

三、教学反思

每一位志愿者在上岗前都会有大量的知识需要去学习和积累,不仅仅是和汉语本体、教学技巧等相关的内容，还有对中国国情、世界历史、文学艺术等很多领域，都需要有所了解。我在上岗之前总觉得这些知识无关痛痒，每次都是匆匆带过。可是在教学过程中，若刚好遇见了对中国国情感兴趣的当地老年居民与志愿者们讨论某个话题，尤其是中国的历史，我们却支支吾吾、模棱两可，作为一名中国人，对自己国家的历史还不如一位外国人了解得多，那实在是说不过去。志愿者都是国家精挑细选的优秀人才，倘若我们都不能对自己的历史有准确细致的了解，又何谈国外的当地人民会相信中国人民有着高涨的文化自信。老年学生在讨论中国文化时，绝不仅仅局限于"中国传统节日有哪些""饮食怎么样""服装怎么样"这些表面浅显的问题，而是会问"中国的历史教科书上认为第一次世界大战是怎么引起的？你觉得是历史书上所表述的原因吗？""中国被日本侵略的起止时间是什么？中国伤亡多少人？其中中国士兵的伤亡情况如何？"，而且对于外国文化我们也要有一定的了解，他们也会问"纪伯伦的诗歌是什么风格？"等等类似这些让我措手不及的问题。有一些问题属于常识，志愿者可以回答上来，有的问题实在有些冷僻，主观色彩也很强，已经超出我的能力了。甚至还有老年学生打算开辟一条中摩旅游线，问我合不合适，需要准备什么，这条旅游线的开设关乎他所在公司的盈利，我竭尽所能地展示大部分中国游客可能会有的选择。可以看出来，在当地居民眼中，志愿者代表了中国受过高等教育的年轻人，代表着中国的部分顶尖人才，所以他们会更好地利用这个契机，把志愿者当作深入了解中国的重要窗口。志愿者不仅肩负着教授汉语的使命，更承担了当代中国知识青年的责任，我们是否博闻强记、是否举止得体，都反映了中国当代青年的国家形象。为了能够与这些老年学生问答自如，我们就要时时刻刻保持对知识的热忱之心，彰显个人魅力。

当然，学生在与我讨论这些问题的时候，都是在课下一起外出游玩的时候。学生希望与我有更深入的探讨，所以会选择海边的某个餐厅，专门讨论类似的问题。因为中外受教育的内容和方式不同，对同一个问题可能会有不同的看法，也形成了不同的观点，这需要我们保留冲突，关注当下。我与其中一位老年学生的交流内容让我印象十分深刻："中国没有官方的统一宗教，那你们怎么来培养孩子的道德观念呢？""总的来说，我们在历史上是以家为单位进行自我约束的，家里的长辈会对晚辈进行美德培养，他们有绝对话语权，直到今天中国的家族教育依然十分重要。""对，不同宗教、不同文化的人们只是想过得更加幸福一点，幸福快乐是世界人民的永恒追求，所以有没有宗教也并不一定会形成冲突。"我被他的世界观深深震撼住

了,我从未想过这位虔诚的穆斯林老者会如此豁达开阔,在某种程度上,我才是他的学生吧。(赵蕴璐)

四、案例分析

对于老年人的汉语教学,由于他们的年龄、工作生活经历以及社会阅历等原因,他们的知识面是很宽泛的。教授这些学生对于新手教师,尤其是一些汉语志愿者教师来说,都是一个很难的问题。那如何去解决碰到的问题呢?首先在平时的学习中就要多掌握一些国情和社会知识,尤其是中国的历史、政治、教育以及中国的风土人情等方面的知识都应该有所了解。在赴任之前,可以先对所要教授的学生的学情有基本的了解,这样可以准备得更加充分一些,以免在课堂中出现尴尬的局面。因为每个中文教师不可能都是全才,总有自己不熟悉的领域,所以即使学生提出的问题自己不能现场解答,也可以放到后面查阅了资料后再去告诉学生,不可以把不了解的知识讲给学生。

案例中的教师,面对一群老年学生的问题,有种被"秒杀"的感觉,其实这是情有可原的。另外,有些问题,如果是大部分学生感兴趣的话题,教师可以在课堂中穿插着给他们播放一些中国的视频或者纪录片之类的,让他们对中国有更深的了解。此外,在交流中,有些问题并不是你的外语越好,你的回答就越好。其实在教学过程中,教师可以尝试着不用媒介语,给学生发放一些阅读资料让他们自己去查阅,了解一些相关知识,如果能组织学生进行讨论那最好不过了。这样学生既学习了汉语,也对他们感兴趣的东西有所了解,一举多得。(王丽媛)

五、思考

如果你在教学中,碰到学生问你关于中国的政治、经济、历史以及文化等方面的知识,你打算如何给他们解释呢?

六、相关文献阅读

1. 李泉,孙莹. 中国文化教学新思路:内容当地化、方法故事化[J]. 语言文字应用,2023(1):33-40.

2. 陈莉娜. 跨文化交际视野下汉语国际教育教学的"文化融通"策略——评《跨文化交际视野下汉语国际教育教学实践研究》[J]. 中国教育学刊,2022(9):353.

3. 周天甲,吴长安. 国际汉语教材海外推广策略探析[J]. 出版广角,2021(18):63-65.

4. 李如龙,陈艳艺.汉语国际教育应关注与文字、文学、文化的关系[J].语言教学与研究,2021(3):22-30.

5. 崔永华.对外汉语教学的目标是培养汉语跨文化交际能力[J].语言教学与研究,2020,204(4):25-36.

6. 柯彼德.汉语国际化的若干问题[J].语言教学与研究,2020(3):1-9.

第六章

线上汉语教学

大数据时代背景下，全球范围内的汉语网站和汉语教学平台建设已进入新时期，通过互联网学习语言已经成为普遍方式。线上汉语教学能够突破时地限制，最大限度地满足多元化的汉语学习需求，未来必将成为一种广泛的汉语教学方式。线上教学环境能够通过使用图片、视频等多种手段和方式调动学习者的视觉、听觉和触觉等多种感官，同时也能为学习者提供丰富的交际场景，激发学习者汉语交际的积极性和热情。线上汉语课堂所能呈现的内容更加立体化，这为我们的汉语教学设计带来了一场新的革命。

第一节　线上教学的管理与活动

由于特殊原因不具备开展线下课堂教学时，作为一种灵活的授课方式——线上汉语课堂教学成为一种被广泛采用的教学方式。线上汉语课堂教学由于学生和教师分处不同的教学和学习环境，使得师生双方只能在平台上营造交流环境，这对线上课堂的组织与管理提出了新挑战。学生的即时回应、对课堂内容的感知和理解都需要教师凭借教学经验获得。国际中文教师在授课过程中，兼顾课堂的组织与管理，才能保证教学效果。本节以线上课堂教学的组织与管理案例为切入点，重点探讨如何在线上汉语教学中组织和实施课堂管理，提升线上汉语课堂的教学效果。

案例 40　线上综合课的组织与管理

一、案例基本信息

1. 教学主题

课文：《你叫什么名字》第 1 课时

2. 教学背景

课型：综合课

教材：姜丽萍主编，《HSK 标准教程 1》，北京语言大学出版社。

教学对象：多国别在线混合班（40 人以上）

教学时长：45 分钟

3. 教学目标：

（1）知识目标：学生能够掌握声母 j、q、x 和 z、c、s 的发音区别和单韵母 ü，以及 ü 开头的韵母跟 j、q、x 相拼的规则；掌握韵母 i、u、ü 的发音及与声母拼读的规则；熟悉并掌握"不"的变调。

（2）技能目标：通过知识的掌握可以区分声母和韵母的发音，了解独体汉字"先横后竖、先撇后捺"的笔顺规则；学生能够认读本课生词；独立书写独体字"月、心、中、人"。

（3）情感目标：学生能够用汉语询问和回答姓名，询问和回答职业、国籍，介绍他人的姓名、职业、国籍，培养学生对汉语和汉字的认知情感。

4. 线上教学平台及功能

本课程使用 Zoom 平台进行教学，根据平台的一些相关功能完成课堂教学组织与管理，实现线上教学的实时互动、生生互动和师生互动，有利于充分展示和提升学生的听说技能。

5. 案例说明

本案例旨在呈现完整的教学设计及过程，总结线上教学环境下实际的教学效果及课堂组织与管理过程中遇到的问题及解决办法。

二、教学设计

1. 语音教学设计

（1）复习声母 j、q、x；z、c、s 和韵母 i、u、ü 以及 ü 开头的韵母的发音。（2 分钟）

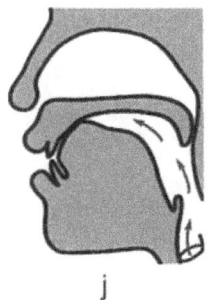
j

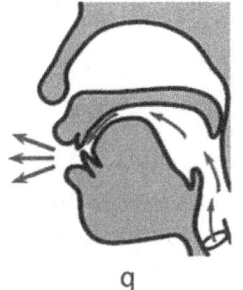
q

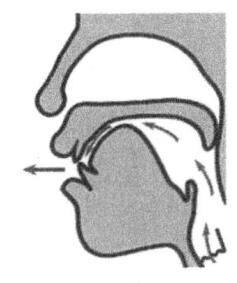
x

听录音并跟读,注意声母发音的区别

Listen to the recording and read after it. Pay attention to the differences between the initials.

xiū xi   jī jí   jī qì   xiǎo qū

xīng qī   xiāng jiāo   xìng qù   jì xù

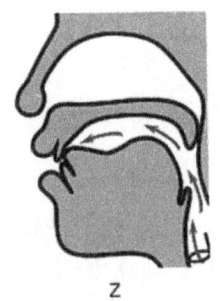 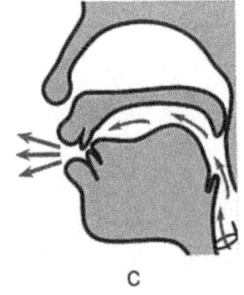 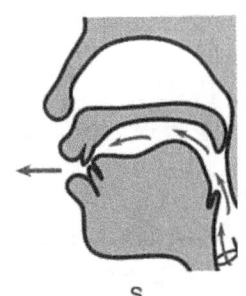

听录音并跟读,注意声母发音的区别

Listen to the recording and read after it. Pay attention to the differences between the initials.

xǐ zǎo   dǎ sǎo   sān cì   zì jǐ

zuó tiān   zǎo shang   cāo chǎng   hàn zì

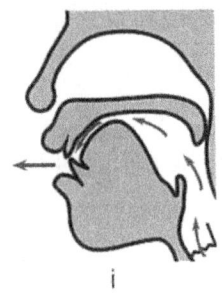 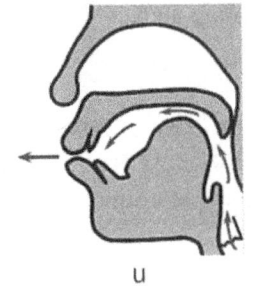 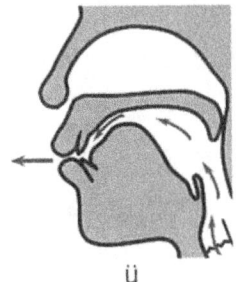

利用PPT动态图片展示和复习发音辨析,让学生加深印象,并带着学生朗读对应的音节。

(2) 认识并掌握单韵母ü和ü开头的韵母跟j、q、x相拼的规则。(3分钟)

让同学们听录音并跟读,在听的过程中注意ü的拼写与实际发音。

    ü   üe   üa   ün

    ju   jue   juan jun

    qu   que   quan qun

    xu   xue   xuan xun

听录音,对比观察音节与音节之间的差异,总结相拼的规则并操练发音。

(3) 认识并掌握"不"的变调。(5分钟)

① 讲解并练习:"不"在第一、二、三声音节前不变调

    bù chī   bù xíng   bù hǎo   bù hē   bù néng   bù xiǎng

② 讲解并练习:"不"在四声音节前变成第二声

          bú huì   bú shì   bú kàn

2. 汉字教学设计

复习上节课学习的独体字"月、心、中、人";学习"乛"在汉字中的正确写法;了解"先横后竖、先撇后捺"的笔顺规则;再由热身活动引入本课生词"叫、名字、什么、老师、学生"。

(1) 复习上节课学习的独体字"月、心、中、人"并进行书写训练。(2分钟)

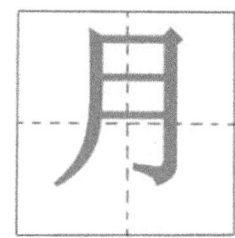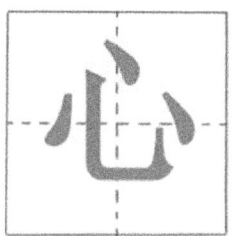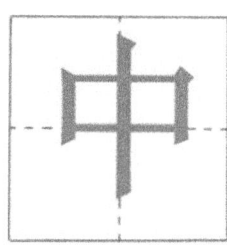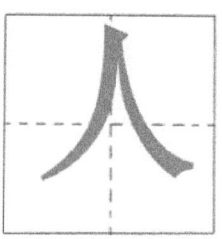

(2) 认识并掌握"乛"在汉字中的正确写法。(3分钟)

笔画名称(Stroke)	运笔方向(Direction)	例字(Example Characters)
乛 横折钩 héngzhégōu horizontal-turning-hook	乛	门 mén door 月 yuè moon
⺄ 卧钩 wògōu lying hook	⺄	心 xīn heart 您 nín (polite) you

在讲解笔画的过程中让学生观察刚刚复习的独体字中哪些字中出现了这两种笔画。

(3) 了解"先横后竖、先撇后捺"的笔顺规则。(2分钟)

笔顺(Rule)	例字(Example Characters)	书写顺序(Stroke Order)
先横后竖 Horizontal preceding vertical	十 shí ten 工 gōng work, labor	一 十 一 丅 工
先撇后捺 Left-falling preceding right-falling	八 bā eight 人 rén human	丿 八 丿 人

讲解完规则后,再结合学习过的独体字和笔画动手写一写(操练笔顺规则)。

(4) 导入生词:给词语选择正确的图片。(3分钟)

结合学习的生词"人",引出老师是中国人,学生是哪国人,引出生词。

① 中国人 F_____
　　zhōng guó rén

② 美国人 E_____
　　měi guó rén

③ 老师 A_____
　　lǎo shī

④ 学生 B_____
　　xué shēng

(5) 学习生词:叫、什么、名字、老师、学生、你、我、他(她)、是。(2分钟)

叫 jiào　　什么 shén me　　名字 míng zi　　老师 lǎo shī　　学生 xué shēng
你 nǐ　　我 wǒ　　他(她) tā　　是 shì

(6) 操练生词。(3分钟)

利用班级同学的名字、国籍来操练生词。

叫	叫月芸	我叫月芸
名字		
老师		
学生		
人		

叫	叫月芸	我叫月芸	
名字	什么名字	叫什么名字	你叫什么名字？
老师	中国老师	美国老师	
学生	墨西哥学生	厄尔瓜多学生	
人	中国人	刚果（布）人	

3. 语法点教学设计

在认识生词的基础上，教师让学生学习并操练（利用班级同学的信息）本课的三个语言点，帮助学生更好地掌握本课学习内容。

（1）学习语言点一：疑问代词"什么"。（3分钟）

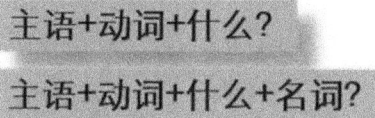

(1) 你叫什么名字？
(2) 这(zhè, this)是什么？
(3) 这是什么书(shū, book)？

（2）学习语言点二："是"字句。（4分钟）

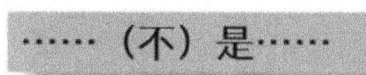

Subject	Predicate	
	(不)是	Noun/Noun Phrase
月芸	是	学生。
我	是	美国人。
我	不是	老师。

（3）学习语言点三：用"吗"的疑问句。（3分钟）

Subject	Predicate		
	Verb	Noun/Noun Phrase	吗？
你	是	墨西哥人	吗？
你	是	中国人	吗？
你	是	老师	吗？

（4）操练语言点。（10分钟）

利用图示法＋情景法设计不同的情景来操练语言点，学生在情境中询问和回答姓名、职业、国籍，介绍他人的姓名、职业、国籍。

① 图示法：用本课新学的语言点和词语描述图片。

Tā jiào Qiáodān, tā shì rén.
他 叫 乔丹（Michael Jordan），他 是_____人。

Tā jiào Yáo Míng,
他 叫 姚 明（Yao Ming），
tā shì rén.
他 是_____人。

Wǒ bú shì wǒ shì xuésheng,
我 不 是_____，我 是 学生，
wǒ shì rén.
我 是_____人。

Wǒ shì wǒ bú shì xuésheng, wǒ shì rén.
我 是_____，我 不 是 学生，我 是_____人。

② 情景法：用本课新学的语言点和词语在不同情景中对话。

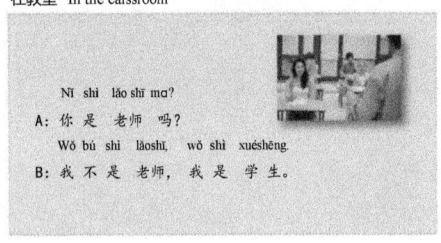

（5）布置作业。

① 准备一张自己喜欢的明星或者名人的照片。

② 用本课所学的语言点给大家介绍这个人。

③ 大家看照片集体复述所介绍的内容。

他/她叫……，

他/她是……人（国籍）

他/他是……（职业）。

（毛天培）

三、教学反思

国际中文在线教学的优势在于突破时地限制,使多个国家和地区同步上课成为可能。同时,授课过程中课堂教学组织协调与管理也面临巨大的挑战。在汉语综合课在线教学的语音、词汇、语法、话题教学等方面均可借助于网络平台实现课堂交互式训练,提高课堂参与度,提高课堂教学效率。但在线学习由于时差、学生个性差异、学习习惯不同等多方面原因,使教学组织与管理面临诸多问题。下面针对典型情况逐一进行总结分析:

情况一:

原有安排:在学生入学之前,由于各个国家的时区不同,学生很难在合适的时间同时参与课堂。学院将学生按时区划分,按照时差分班,尽可能安排合理的课程时间。

出现的问题:仍然存在有学生需要在自己国家凌晨北京时间早晨九点上汉语课的情况,因此第一周的实际到课情况并不理想。

调整方案:将个别极端时差的学生进行调班处理。

情况二:

原有安排:听说、口语、综合课每门课配一名主讲教师,教师既要教授知识,又要管理在线课堂,关注学生在小窗口提出的问题,批改线上作业、处理线上事务等。

出现的问题:主讲教师负担大,管理课堂花费太多时间,课时任务难以完成,学生的听课效果不尽如人意。

调整方案:对学生进行分组,每组配备了专门的实习教师,提醒他们按时上课、交作业等。一对几的模式能及时反馈学生的状态和问题,大大提高了师生沟通和课堂教学的效率。在第一节课时,教师就将课堂规则和规约告诉学生,并且严格执行和记录。对于旷课和迟到的学生,可以先不点名而在学生群里提醒,如果再犯,则直接记录并通知到本人,超过一定数量的则予以取消奖学金资格或者作退学处理。在线课堂中,主讲教师负责正常上课,配备的助理则负责处理其余事务,这使得教学得以更加专注和高效。同时,要求学生把摄像头都打开,以便观察学生的听课状态,并及时提醒状态不好的学生;最后,适当地课间休息,让学生能有时间调节状态。对于那些长期无法适应在线教学的学生,我们建议其暂时休学。

经过本次在线综合课的教学,我发现在线教学有如下局限性:首先,教师无法根据班上学生具体情况进行教学与课堂活动的灵活调整,课程与课堂活动缺乏个性化;

其次,在线教学需要教师花费大量的时间和精力来组织课堂活动,这对教师而言是一个很大的挑战。如何能够调动学生的积极性,吸引学生的注意力,提高课堂参与度等问题也是在线授课教师必须考虑的问题。教师一旦没有正确处理并协调好这些问题,就会大大降低课堂活动的有效性,出现学生在进行课堂活动时不配合、开小差、搞破坏等不利于学生进行语言习得与交际练习的情况,影响正常的在线教学课堂秩序。此外,在线教学虽然为师生带来了时空便利,让教师、学生可以足不出户地进行汉语的教学与学习,但线上课堂与线下课堂还是有本质区别的。由于师生互动、生生互动的频率较为频繁,且缺少非语言交际的信息补充,师生之间、生生之间的交流容易产生障碍和误解。在线课堂没有丰富的现实语境和文化体验,学生往往感受不到真实的汉语课堂,虽然可以减少陌生感,但是汉语及汉语语境带来的文化熏陶不足,使语言学习停留在知识层面,无法落实到交际层面,因此教师在营造汉语交际环境时往往显得力不从心。(毛天培)

四、案例分析

良好的教学秩序是保证课堂教学得以顺利进行的重要条件,尤其是在新冠疫情情况下,线上教学的良好课堂秩序更为重要。由于时差和网络环境等条件的限制,线上教学组织更为困难。尤其是让学生在凌晨两点开始上课,对学生而言难度较大,导致第一周的实际到课情况并不理想。另外,主讲教师既要教授知识,又要管理课堂和关注学生提出的问题,使得教学效果和听课状态也不尽如人意,因此配备专门的实习教师对学生进行管理,比如提醒学生按时上课和交作业,反馈学生的学习状态和问题,能够保证教学的顺利进行,大大提高了教学效果。

该教学设计清晰地划分了复习、导入新课、生词练习、语法训练、课文操练和布置作业五个环节,每个环节都进一步设计出相应的详细的教学程序以及具体方法,有具体的时间分配,显示出清晰的教学步骤和教学内容,体现出从语音到汉字到语法点再到具体操练的循序渐进的过程。教案对教学重难点做了充分预估和准备,不仅设计了大量的例子和练习方法,还结合大家熟悉的班级同学的个人信息来操练知识点,让大家在学习的过程中关系更加亲密。例如,"我叫……""我是美国人"等。本课练习方法丰富,有图示法、情景法。但在在线教学中运用情景法很难达到有效的操练效果。除此之外,该教学设计也存在如下不足:课堂时间有限,但教学内容太多,导致学生可能学习得不够深入;不同教学内容之间的连贯性不强,例如:从语音"不"的变调直接转到汉字教学上,教学内容的连贯性有待改进。

常规的线上授课模式将教学和管理分离,更有利于教学的顺利开展和教学效率的提高。案例中的实习教师分担了主讲教师的任务,可以减轻主讲教师的部分管理负担。实习教师根据学生的到课情况在学生群里进行提醒和记录,并执行相应的处罚措施。对于那些无法适应长期线上授课的学生,也采取了一定的措施——劝退休学。教师通过多方面举措保障了教学进度和教学内容的正常进行。不过案例中的上课时间为北京时间上午九点,若存在时差问题,是否考虑可以下午上课,从而避免因时差问题影响到课堂效率,进而影响学生的学习效果。(曹小庆、王丽媛)

五、思考

课堂上经常会遇到各种问题,尤其是课堂秩序的管理问题。大多数教师对这个问题没有足够地重视,导致在今后的课堂中会出现教学设计与学生学习能力、学习方式和学习习惯不匹配等现象。如果教师不能正确区分是教学设计的问题,还是课堂组织与管理的问题导致学生的学习兴趣不高,学习效果不佳,那么就不能获得有效的解决办法。你在教学过程中遇到了哪些课堂组织与管理方面的问题,你是如何解决的?

六、相关文献阅读

1. 汪宁. 对外汉语初级综合课在线教学课堂活动的案例研究[D]. 沈阳:沈阳大学,2021.

2. 崔传杏. 网络课堂在对外汉语教学中的应用——以孔子学院网络在线课堂为例[J]. 知识文库,2016(7):101.

3. 方贻聪. 网络孔子学院"在线课堂"教学研究——以初级语法教学为例[D]. 南昌:江西师范大学,2016.

4. 宋晖,谭紫格. 对外汉语在线教学的"三教"问题[J]. 国际汉语教育(中英文),2018,3(2):4-10.

5. 张丽维. 汉语在线互动教学平台研究及其对泰国汉语教学的启示[D]. 桂林:广西大学,2018.

6. 龙曼莉,吴桐. 基于在线学习体验的对外汉语教学策略探究[J]. 汉字文化,2021(3):65-66.

7. 张慧明. 中级汉语综合课线上课堂操练研究[D]. 桂林:广西师范大学,2021.

8. 何结诗. 在线对外汉语教学中存在句的课堂活动设计[J]. 中国新通信,2020,22(16):180.

案例 41　线上教学的参与度

一、案例基本信息

1. 教学主题

星期的表达

2. 教学背景

课型:综合课

教材:杨寄洲编著《汉语教程》第一册上,北京语言大学出版社

教学对象:多国籍汉语学习者(俄罗斯、泰国、印度尼西亚、波兰等)

说明:本课程是江苏大学本科预科 A 路径基础汉语课程,教学班级为预科 1 班,共 19 名学生。其中 11 名学生有一定的汉语基础(他们在本国学过 1—3 年的汉语),其余 8 名学生的汉语是零基础。

教学时长:90 分钟

3. 教学方式

钉钉线上互动教学平台

4. 教学目标

(1) 知识目标:使学生熟练掌握本课所学声母和韵母及声调,会唱四声;熟练掌握本课的生词及能正确运用汉语进行时间的表达,能理解课文并复述课文;

(2) 技能目标:训练学生 z、c、s 的发音并培养其"询问星期一到星期天去哪儿"的口语表达能力,能够运用本节课的内容完成时间的表达;

(3) 情感目标:了解当地人的思维方式和表达方式,满足学生对汉语的求知欲和好奇心,培养其学习兴趣;通过学习,学生获得成功的体验,建立和增强学习汉语的信心。

二、教学设计

1. 图片导入及"哪儿"疑问词多媒体教学视频导入(10 分钟)

(1) 老师:他们在哪儿?

学生:在教室里。

老师:下课后,你们去哪儿?

学生:去……(每位同学都参与回答问题)

(2) 让学生观看"哪儿"的短视频,回答问题。

问题1:视频中接电话的男人在哪儿?

问题2:视频中的男人要去哪儿?

2. 声韵母和声调学习环节(20分钟)

利用PPT教学生学习声母z、c、s及其与韵母组合的拼读规则,尤其注意儿化音和书写规则,重点纠音。

3. 生词讲解与练习环节(25分钟)

利用PPT讲解课本生词表所列的生词,并学会生词的运用表达。

4. 课文讲解(25分钟)

首先让学生带着问题听两遍课文,回答问题。

问题1:今天星期几?

问题2:昨天星期几?

问题3:女的去哪儿?

问题4:男的去哪儿?

展示几个地点图片,让学生进行回答。

然后讲解对话,最后让学生根据课文中的角色来表演对话。

5. 复习与总结(10分钟)

首先带领学生复习本课的生词,并要求学生对着日历说出星期几;然后让学生复述课文中的对话一和对话二。(晏明丽)

三、教学反思

相比于线下课堂,线上平台教学时学生在课堂上的开口度更易受到多方面因素的影响。客观方面因素有网络稳定性差异、设备配置差异、疫情影响(部分学生在身体不适的情况下能保持正常听课已实属不易,很难再继续回答问题)等;主观因素包含文化的差异、学生个性的差异、学生汉语基础的差异、教师教学方式的差异等。

以上这些线上平台教学经常面临的问题正是我们国际中文教师所要迎接的挑战。如何提高学生的开口度?这也是我接到班级教学任务后首先要考虑的问题。

首先,在班上半数学生都是汉语零基础的情况下,前几次课就让这些成年学生用简单的中文回答问题存在一定难度,这时有必要加入媒介语进行辅助。因为我只会英语,所以在课堂上会适当地用英语进行语言点的讲解,然后再用英语提示语鼓励他们用已经学过的生词说简单的句子。例如:"你去哪儿?(Where are you going?)""你在哪儿?(Where are you?)""今天星期几?(What day is it?)"。这个过程中会有不自信的学生不敢主动回答问题,我会特意选一些简单的问题,逐个点名让他们回答,并且加大表扬力度,通过这种简单的方式来提高他们的自信。虽然他们是成年人学生,但在表扬和鼓励方面教师仍然需要把他们当作孩子看待。

其次,我会用设问法来导入课文和讲解生词。例如:"安娜在哪儿?(Where is Anna? 安娜是班上的学生)""昨天你们去哪儿了?(Where were you yesterday?)"。这种方式能很好地提高学生的开口度。尽管其中有不少学生是被点名回答问题的,但只要他们用中文张口回答,答案正确与否不是最重要的,重要的是让他们勇敢地说出来,在这个过程中我也能适当地给他们纠错。

最后,也是我认为比较重要的一个环节,那就是课后的沟通交流。在线课堂不易实现师生的深度沟通。因此,课后我会通过钉钉或者微信和学生打招呼寒暄,以了解他们对汉语哪方面最感兴趣,想学习哪些汉语知识等。到目前为止,令我印象最深刻的是一位来自波兰的学生。他听课很认真,但很少发言。我能够感受到他对汉语很感兴趣。每当叫他回答问题时,我能感觉到他特别想把这个问题回答好,也能感受到他的紧张。后来通过课后的交流,我知道了他对中国唐代历史特别感兴趣,梦想能用中文看懂唐代的历史。得知他的这个小梦想后,我从网上搜集了一些简单的带英文字幕的有关唐代历史的小故事或者小视频分享给他,并且不断地鼓励他。几次课下来,我发现他学习更加努力,课堂上也不再那么紧张,而且能够积极主动地回答问题,后来通过考试成绩也能看出他的进步非常大。

虽然是线上授课,但我还是坚持每堂课都打开摄像头,让学生能看到并感受到我上课的热情与激情,同时用心和每位学生进行交流沟通,让学生充分感知和体会到这种用心。因此课堂上学生挂机的现象很少,绝大部分学生都能够认真听课并积极主动地回答问题。经过几次沟通交流,学生们在课堂上的开口度提高了很多。(晏明丽)

四、案例分析

本案例是线上汉语综合课,在教学方法的使用上比较传统。利用 PPT 和短视频等教学方式,能够在课程的开始吸引学生的注意力。教学的目标也从三个维度阐述得很清晰,但在教学设计这部分有些许欠妥。线上教学固然是有一些弊端的,诸如学生和教师都受"距离感"所阻,无法直接面对面交流,双方都会心生一些消极情绪。但线上教学也有独特的优势,即线上教学更便于教师灵活地使用直接法。

在多数情况下,教学要求并不是一成不变的铁律,教学原则和教学方式也是相对于特定的学习者而言的。对一个要到中国的旅游者而言,教学内容的实用性居于首位;对一个在本国学习汉语的儿童来说,趣味性才是关键;对一个学历生而言,拿到学位对他/她来说则最为重要。因此教师可以根据不同的目标来激发学习者的学习动力。

教师一般比较注意保护学生学习的积极性,不愿打击他们学习的信心。因此,在纠正错误时,尤其是在口语课中,有时教师只应选择典型的或具有普遍性的错误予以纠正,而对于那些细微的或不具普遍性的错误应持宽容态度。然而学习者的学习风格丰富多样,有的学生期待更多的鼓励和安慰,不喜欢批评;有的学生则比较独立,能够自动激发动机,喜欢教师严格要求,认为这样才能进步。因此,教师在课堂教学中必须了解不同学生的学习风格,区别对待,努力实现个性化教学,以提高教学效果。

就课堂气氛而言,本案例中缺少了一些有效的活动,没有调动所有学生的积极性。从语言课的角度来说,教学设计可以达成语言学习的目的,但有效的课堂活动的缺失却会影响学习效果。因此,教师在练习环节需要设计一些能激发学生表达欲望的活动,让学生愿意开口,从而提高交际练习的有效性,线上教学则更是如此。(潘筱雨)

五、思考

在线上教学时,你是怎样提高学生的开口度的?

六、相关文献阅读

1. 代颖颖.关于学习和掌握舌尖前音和舌尖后音[J].安徽文学(下半月),2011(5):168+180.

2. 周健.汉语课堂教学技巧325例[M].北京:商务印书馆,2009.

3. 胡舒晗.英国中小学线上汉语教学课堂管理案例分析——以苏格兰中小学孔子学院线上项目为例[D].上海:华东师范大学,2022.

4. 吴勇毅.对外汉语教学法[M].北京:商务印书馆,2012.

5. 李如龙,陈瑶.从语音特征出发设计语音教学[J].学术研究,2015(3):132-135.

6. 赵金铭.《汉语拼音方案》:国际汉语教学的基石[J].语言文字应用,2013(S1):81-87.

案例 42　线上教学对话训练[①]

一、案例基本信息

1. 教学主题

在中国购物

2. 教学背景

课型:综合课

教材:杨寄洲编著《汉语教程》第一册上,北京语言大学出版社

教学对象:多国籍汉语学习者(俄罗斯、泰国、印度尼西亚、波兰等)

说明:本课程是江苏大学本科预科 A 路径基础汉语课程,教学班级为预科 1 班,共 19 人。19 人中有 11 人有汉语基础(他们在本国学过 1—3 年的汉语),其余 8 名学生的汉语几乎为零基础。

教学时长:90 分钟

3. 教学方式

线上钉钉平台互动教学

4. 教学目标

(1) 知识目标：语音方面能掌握汉语的辨音辨调,词汇方面重点掌握"买、卖、多少、贵、便宜、太……了、给、找、一共"等生词;熟读课文内容并能复述。

(2) 技能目标:学生能够在听读训练中,准确辨音辨调,学生不仅能听懂与购物相关的句子,而且能熟练运用日常购物常用的表达方式。

(3) 情感目标:培养学生语音学习的兴趣,使他们感知汉语的声调特征,让他们体会汉语声调韵之美。培养学生感知汉语生词的形、音、义的能力,让学生在愉快和谐的氛围中轻松学会生词。

二、教学设计

1. 由"便宜一点儿吧"短视频导入并检验学生的预习情况(10 分钟)

让学生分段观看视频,然后回答问题。

问题 1:男生想买什么?

问题 2:男生问了女老板什么问题?

[①] 本案例图片来自杨寄洲《汉语教程》第一册上第八课。

问题3:女生怎么回答的?

问题4:男生最后买了吗?

问题5:在你的国家,买东西的方式和中国一样吗?

2. 语音练习环节(5分钟)

让学生朗读课本语音练习部分的辨音辨调并适当纠错。

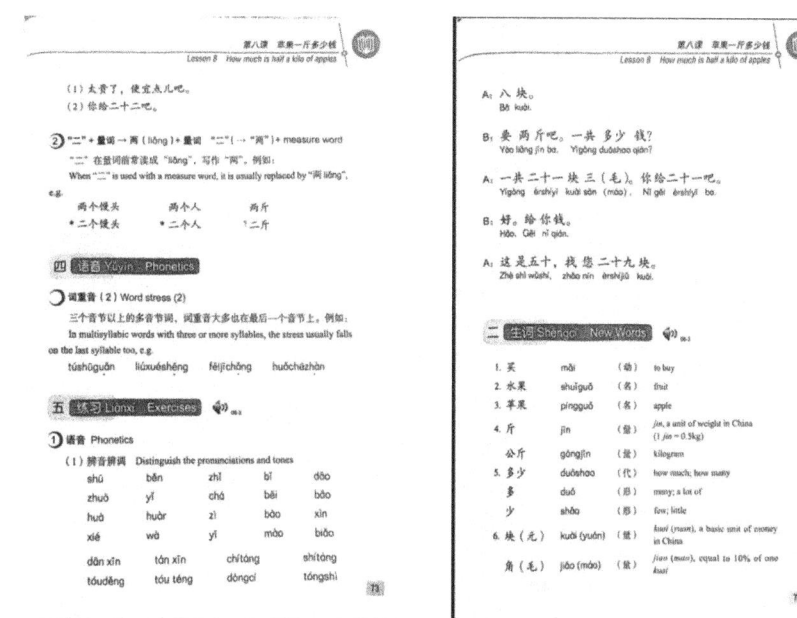

3. 生词注释讲解与练习环节(40分钟)

利用PPT讲解课本生词表中所列与购物相关的生词,如"苹果、橘子以及人民币",直接用实物展示。

重点讲练表示要求、商量的语气的"……吧"和"二＋量词→两＋量词"。

4. 课文讲解(15分钟)

首先让学生带着问题听两遍课文,回答以下几个问题。

问题1:苹果一斤多少钱?

问题2:贵吗？还能便宜点吗?

问题3:买了苹果后,他还买什么了？买了多少?

问题4:一共给了多少钱?

问题5:找回多少钱?

然后讲解对话,最后让学生扮演对话中的角色表演对话。

5. 观看短视频"这个多少钱""绿茶怎么卖",进行互动问答练习(15 分钟)

让学生观看视频,学生根据视频中的信息,两两互问互答。

6. 复习与总结(5 分钟)

先带领学生复习本课的生词,然后复述课文。

三、教学反思

由于疫情等特殊情况,课堂教学受到了一定的影响,很多课程采用线上教学模式进行。国际中文教学在线上教学领域已经取得了丰硕成果,也形成了新的教学模式。因此,疫情期间,不论是哪种课型,都可以通过线上的模式有序进行。在传统的线下课堂教学中,互动教学的开展比较便利、及时,可操作性强。虽然线上教学的氛围感比传统的课堂教学要弱,但其可供利用的教学资源丰富,因此教师要充分利用资源开展好互动式教学。

线上课堂教学,可以通过开启摄像头的模式实现线上面对面的交流和互动。为了增加线上课堂的真实感,在设计话题和练习时,尽可能地贴近学生的生活,互动的频率和难度也要把握好。既让学生愿意参与,也要让学生有话可说。例如:课文的生词讲解部分,我会根据家庭日常的情境,围绕每个生词提出两三个问题请学生回答。如:生词"多少",我会提问"我们班有多少个学生?""我们班有多少个老师?""你的手机是多少钱买的?"等等;另外,请学生写出视频中出现的"便宜""贵""怎么"等词语的句子,并且拍照发到钉钉群里。通过这种方式,我不但能够了解学生是否在线认真观看视频,同时通过他们的拼写能发现书写存在的问题,及时对他们进行纠正。

通过这种线上师生互动、生生互动练习,学生能够将注意力集中在课堂上,确保线上教学的质量,同时学生也锻炼了听说能力。(晏明丽)

四、案例分析

本案例中,虽然班级中有11名学生有汉语基础,但还有8名学生为零基础,因此在教学中教师要注意平衡二者关系,这样才不至于出现汉语基础较好的学生吃不饱,零基础的学生听不懂的情况。因为是线上教学,案例中的教师利用视频导入并设置问题,这可以锻炼零基础学生的汉语视听能力,同时也能激发有一定汉语基础的学生的思考。

通过本次线上教学的实践,我也总结了一些经验和不足:

首先,教师表扬的鼓励性言语内容不宜单一或数量较少。学生在回答完问题后,教师只用简单的"对""好"等最基本的表扬鼓励语言对学生进行反馈,其余鼓励性语言较少,而且存在教师接收到学生发出的正确答案后,不置可否、不做点评,直接进入下一个教学环节的情况。在课堂教学中,教师及时对学生的回答做出表扬与鼓励或者纠正等积极反馈是有必要的,只有提高学生参与课堂互动的积极性,学生在遇到教师提问时才能积极主动发言。同时教师的反馈也在提醒其他学生,这个学生的答案是正确的,教师对他的答案和他勇于发言的态度持认可鼓励态度,能够给别的学生树立起一个积极的标杆。

其次,学生主动说话少且缺少主动提问的意识。特别是在线上教学中,学生不发言时麦克风处于闭麦状态,教师便难以直观地了解学生的课堂参与程度。因此本案例的教师通过让学生拍照等方式和学生进行即时互动,这也是一个很好的办法。在语言学习中,让学生多与同伴开展对话练习、讨论问题等是一种非常重要的教学形式,分小组对话练习可以有效地让学生参与到课堂中,锻炼每个学生的口语能力,增强学生学习汉语的自信心。

再次，网络延迟的情况会严重影响教学过程的流畅性。据观察，因为存在网络延迟的问题，有时教师一个简单的问题需要重复多次，因为不确定学生是否接收到信息。学生齐读课文或单词的环节，因为每个学生的网络延迟时间不一样，出现有的学生读完了，有的学生才开始读的现象，整体效果很差。教师也不容易直接捕捉到与整体朗读中的不和谐，即有问题的地方，不利于及时纠正学生的错误。

最后，学生人数的多少也是影响互动的客观因素。一般认为，小班教学更有利于实施师生互动。根据观察，线上教学中，教师如果想看到学生，只能通过摄像头才能观察到，如果人数过多，即使学生打开摄像头教师也无法轻易地捕捉到学生的动态，而且会遮挡教学PPT的部分内容。因此，班级人数较多的课堂中教师一般选择不打开摄像头，学生也就不容易直观地看到教师的动作神态，这样的话，设置一些互动问答形式，不但可以提高学生的注意力，而且也有利于师生之间和生生之间开展互动。（王悦）

五、思考

线上授课受到诸多因素影响，怎样才能让学生更好地参与到课堂中，你有什么好的办法吗？

六、相关文献阅读

1. 邱微. 小学课堂师生言语行为研究[D]. 长春：东北师范大学，2006.

2. 黄卫萍. 对外汉语课堂的师生互动模式探究[D]. 郑州：郑州大学，2012.

3. 李卓. 基于FIAS的对外汉语初级汉语课课堂互动调查报告——以上海外国语大学为例[D]. 上海：上海外国语大学，2014.

4. 薛璐. 基于iFIAS的初中英语听说课小班教学中的师生互动研究——以长沙外国语学校为例[D]. 呼和浩特：内蒙古师范大学，2015.

5. 张延文. 对外汉语中级口语课堂师生互动研究——以上海师范大学为例[D]. 上海：上海师范大学，2017.

6. 孙闯. 初级阶段汉语综合课课堂师生言语互动研究[D]. 乌鲁木齐：新疆大学，2018.

7. 刘俊生. 基于弗兰德斯互动分析系统的新手教师初级综合课课堂互动研究[D]. 济南：山东师范大学，2019.

8. 詹龙珍. 对外汉语新手教师课堂师生互动研究[D]. 武汉：华中师范大学，2019.

9. 阿尼尔.尼泊尔线上汉语教学互动教学模式探讨——以《成功之路·进步篇》课文《谁发明了筷子》为例[D].成都:四川师范大学,2023.

案例 43　线上教学的学习效率

一、案例基本信息

1. 教学主题

趋向补语

2. 教学背景

课型:综合课

教材:姜丽萍编著,《HSK 标准教程 3》,北京语言大学出版社

教学对象:成人汉语中级班

教学时长:45 分钟

3. 教学手段

PPT、图片、视频、教材等

4. 教学目标

(1) 知识目标:通过词汇的学习,学生能够理解词汇的基本意义和常用表达;通过语法的学习,学生能够掌握趋向补语的用法并正确使用。

(2) 技能目标:通过本课的学习,学生能够熟练掌握生词含义,能够将语法点运用到生活交际中。

(3) 情感目标:通过本课学习,学生能更加了解中国人的语用规则、说话习惯,增加对汉语学习的兴趣。

5. 课前准备

检查网络是否良好,有无卡顿;制作的课件、音视频等能否正常播放;在班级群里通知学生上课的时间;在课前播放中国风的音乐或视频。

6. 线上教学平台

本课程使用钉钉平台进行教学,根据钉钉平台的一些相关功能完成教学环节的设计以及课堂组织与管理。

二、教学设计

1. **复习巩固**:根据上节课的语言点进行提问回顾。教师展示出第一节课的词汇

图片,请学生根据图片说出相应的词汇。

2. 生词讲解:展示词汇的拼音,教师带领学生朗读,去掉拼音后依次点名让学生朗读并纠正读音。通过直观的图片,让学生理解词汇的含义。

3. 学习新课:教师展示图片,请学生根据图片找出对应的汉字,最后学生齐读生词。要求语音标准、声调准确。

4. 语言点讲解:"来""去"表达的方向取决于说话者的位置和他谈论的人或事。

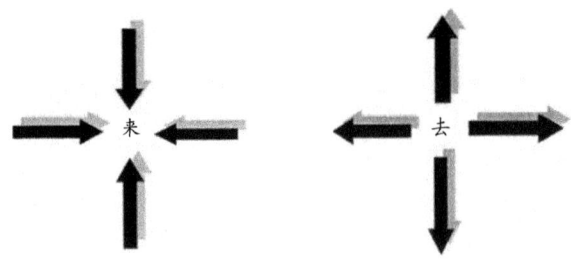

教师从门口走出去后再走进来,让学生说:"老师出去了,老师进来了。"

总结格式:Subject+V+来/去……

让同学们根据图片造句子:小黄跑上来了,小黄跑下去了。

播放一段视频,引导学生用"来""去"造句。如:小明去吉林滑雪,小东来南京旅游。

在疫情之下,各行各业的工作方式都做出了相应的调整,高校也迅速完成了从线

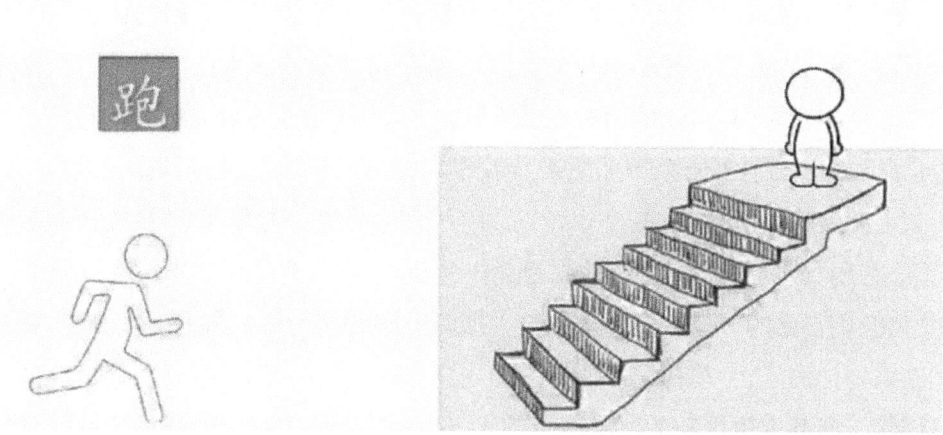

下到线上的转变。这两年这种线上教学模式几乎覆盖全员。在教学过程中我们也发现了一些难点和痛点:师生不能面对面,情感互动交流受阻;网络无法营造出真实的课堂环境,相比较而言,线上课堂教学更加安静;教师无法通过学生的面部表情等行为及时判断学生的上课状态以及对内容的理解程度;没有教师随时随地的关注,学生上课的注意力也会大打折扣。总体而言,线上的教学效率较低,学生和教师都会产生一定的焦虑。

为了提高课堂效率,最大程度地提高学生上课的注意力,我除了丰富自己的教学方式,课上精讲多练,增加互动度,还会提前给学生布置任务。上课的内容除了以书本为基础,我还会进行一些知识补充。所以课后我会安排学生以文字、图片、语音等方式来总结本堂课内容,让他们做成课堂笔记,以加深学生对课堂内容的理解。教师可以借此了解到学生的学习情况并给予反馈,再结合课后练习达到巩固的效果。

如上图,趋向补语一直是学生学习的一个难点,线上教学限制了教师的教学方式,无法利用真实环境让学生理解,因此学生课后的思考总结非常重要。给学生空间,让他们用自己的方式以图片来总结去理解。同时以作业的方式提前布置,也能给他们施以一定的压力,使他们在课堂中的注意力更加集中,取得较好的教学效果。

课堂上我基本以提问的方式进行互动,随机点名、高频提问,让学生处在随时回答问题的状态里。或者两人一组,一问一答,并让他们对同学的回答作出反馈,尽可能地提高课堂的互动率,避免"教师单方面输出"的情况,从而提高学生的学习效率。(王潇)

三、教学反思

由于疫情的影响,本堂课采取线上教学的形式,这给教师教学带来了许多阻力。线上教学时,师生无法进行面对面的互动,使得许多教学内容无法更直观地展现出来。比如这节课所讲的趋向补语,如果在线下授课,我可以借助更多的肢体活动来进行讲解。在线上网络课堂中,很难还原真实的课堂环境。许多学生经常走神,或由于网络等原因不能及时参与互动,使得课堂氛围相对沉默。如果我不及时关注到学生的动态,他们便难以集中注意力,也无法达到应有的教学效果。这一切的影响最终都会体现在学生们的每次测验当中。学生们的分数不理想,就会大大打击他们的自信心,使他们降低学习兴趣,从而对汉语教学和学习造成不利影响。

因此,作为教师,我要及时转变传统的教学观念,将更多的注意力放在学生身上,找到以学生为中心、更适合线上汉语课堂的教学模式和方法。为了抓住学生的注意力,我设计了更加有趣的教学活动和音视频,让他们投入课堂学习当中。虽然没有线下优越的环境,但是教师可以通过点名提问的方式,来提高学生的专注度,并且将听、说、读、写有效地结合,以提高学生对课堂的关注度,激发学生的学习热情。教师的线上教学技能应该成为今后衡量教师能力以及教师职业发展的重要指标。这也要求教师不断学习、不断前进,主动更新自己的教育理念和知识结构,这样才能更好地适应线上汉语课堂教学的新要求。(王潇)

四、案例分析

案例中这位教师反映的问题是：疫情大背景下无法进行线下课堂教学，这确实是特殊背景下教学面临的重要难题。线上教学的效果相较于线下教学确实会大打折扣，然而面临的各种严峻形势迫使我们必须应对这个新的挑战。作为一名国际中文教师，只能从自身出发，尽可能提高线上课堂效率。

案例中的这位教师在课堂上采取了比较积极的措施，比如：教师除了丰富自身的教学方式，课上精讲多练，增加互动，还会提前给学生布置任务。教学内容以书本为基础，会加以知识的补充，课后会安排学生以文字、图片、语音等方式来总结本堂课的内容，以加深学生对课堂内容的消化和理解。借此教师还可以掌握和了解学生的学习情况，再给予反馈，并结合课后练习，从而达到巩固的效果。

教师在线上授课时，也可以加入一些奖励机制和惩罚机制。因为是线上教学，学生虽然进入了线上课堂，但是否认真听讲，教师还真不得而知。假若学生没有认真听课，即使教师备课、讲课再认真，那效果也不尽如人意。所以最重要的一环，是增加学生课堂参与率，让他们真正融入课堂中。线上授课可以加大奖励机制，教师随机抽学生回答问题，回答正确或者他的回答能够体现他的听课认真程度，那就可以进行一定的奖励，比如可以减少部分课后的作业。反之，也要有一些相应的惩罚措施。

不论是传统的课堂还是线上课堂，教师教学的最终目的都是使学生能够学以致用，教师要帮助学生通过课堂的学习实现会认、会读、会写、会说。在不断的练习应用过程中，提升学生对汉语知识的理解和掌握。当今的国际中文教学进入了一个与以往不同的发展阶段，线上教学模式蓬勃发展，平台技术也在不断迭代，教师的教学水平也应随之不断提升。教师信息素养的自我提升意识直接影响现代化教学技术的使用频率和应用质量，但目前无论是汉语国际教育专业的学生还是在岗国际中文教师，对自身信息素养提升的观念和意识都严重不足，信息素养水平整体偏低。由于接触线上教学的时间不长，也缺乏专门的培训课程，许多教师也只能摸索着前进。这对教师是个挑战，同时教师也要加强对自我知识储备的监督与反馈，做到以学生为本，以教适学，以学促教。（赵颖颖、刘承程）

五、思考

线上教学期间，你通常会采用哪些方式来提高课堂的学习效率？

六、相关文献阅读

1. 李泉.2020:国际中文教育转型之元年[J].海外华文教育,2020(3):3-10.

2. 李宝贵,庄瑶瑶.后疫情时代国际中文教师信息素养提升路径探析[J].语言教学与研究,2021(4):34-43.

3. 史金生,王璐菲.新冠疫情背景下高校留学生线上汉语教学调查研究[J].语言教学与研究,2021(4):23-33.

4. 王瑞烽.疫情防控期间汉语技能课线上教学模式分析[J].世界汉语教学,2020,34(3):300-310.

5. 沈庶英,刘芳铭.疫情期间汉语国际教育在线教学反思[J].中国高等教育,2020(9):54-56.

6. 汲传波,李宇明.《疫情防控"简明汉语"》的研制及其若干思考[J].世界汉语教学,2020,34(3):311-322.

案例 44　中外教师教研活动

一、案例基本信息

1. 教研主题

明确教学分工,熟悉教学环境,互通教学理念

2. 教研背景

课型:听说课

教材:国家汉办组织编写《跟我学汉语》,人民教育出版社

教学对象:立陶宛高中生

说明:本课程为立陶宛维尔纽斯大学孔子学院下属孔子课堂的中文必修课,教学年级为高中二年级,共12人,全部为汉语零基础水平。

3. 教研方式

线上

二、案例自述

在立陶宛维尔纽斯大学孔子学院远程中文教学项目中,我负责与一位立陶宛本土中文教师——明珠进行合作授课。

第一次见面,双方简单自我介绍,沟通课程信息。我们提前通过微信联系上对

方,并商量好一个时间进行 Zoom 视频会议,这样有利于更高效地针对大量课程信息进行沟通,比如:中文课的性质、使用的教材、学生的中文水平、我的第一节课如何设计、后续的中文课如何分工。此外,为了熟悉对方、拉近距离,我们也谈及了双方的个人信息,比如:就读的院校和专业、家乡的地理位置等等。关于具体分工,学生的中文课是两节课连上,第一节由我来授课,第二节由明珠老师授课。明珠老师安排我讲授学过课程的听力、口语和文化,她则负责新课的生词、语法和课文。

课前,商讨教学内容,完善教学设计。我们会一起研读课本,摒弃一些陈旧的或对学生不是很适用的内容,比如在立陶宛并不流行的"橄榄球"。明珠老师会建议我下节课讲什么,比如中国的物价,也会告诉我接下来的教学计划,比如她会安排两周时间学习量词。明珠老师还将自己的成功经验分享给我,比如:在给学生取的中文名揭晓时,教师可以读中文名,让学生猜是谁,因为这些中文名基本都是按照学生的母语名的谐音取的,这样能够大大地激发学生的兴趣。

课中,随时协助。明珠老师一般会坐在教室最后的电脑桌旁,如果有需要,她会帮我维持课堂秩序、解释活动规则、监督分组讨论等。

课后,及时给出反馈,互通教学进度。针对一些课堂问题,比如:学生表现不佳、教师语速过快、网络卡顿等,我们会反馈给对方并提出建议,并设法解决问题。我们会在每节课后分享自己的课件给对方,这一方面有利于我们即时掌握教学进度以便下次备课,另一方面也有利于我们汲取对方教学设计中的优点。明珠老师也充当着我和学生之间传声筒的角色。她会将学生的想法转告给我,比如:学生觉得我的课挺有意思,他们很期待上节课没来得及玩的游戏等。

平时,我们偶尔也会就工作以外的话题聊聊天,比如:明珠老师的留学计划,中文表达的小问题,中国和立陶宛两国的疫情或天气,中文教学讲座,为参加春节活动的学生取名字……当然,我们所有的文字、语音及视频沟通都是用中文进行的。虽然我俩都会英语,但是助力中文在全世界的推广是国际中文教师的职责与目标,在对方会讲中文且有意愿讲中文的情况下,我认为应当首选中文进行沟通,以充分展示使用中文的自信。(孙昕)

三、教研反思

与我合作的本土教师明珠非常真诚、负责,我们在沟通中完善课堂设计,在教学中相辅相成,在下课后及时反思,这令我获益良多。

通过她的课件,我观察到,作为一名本土教师,明珠老师自身就有着将中文作为第二语言学习的经历,因此她常常能从汉语学习者的角度,敏锐地预料到学生可能遇到的困难,捕捉到学生容易犯的错误,而这些问题往往是我这个母语者意想不到的。我想,正是合作教学为我带来了这些宝贵的看问题的新视角。

此外,我发现明珠老师非常重视翻译法,她上课时会使用大量的立陶宛语进行讲解,worksheet里也基本都是词语和句子翻译题,不是中译立就是立译中。对此,我持保留态度。我能理解,可能对立陶宛那边的教学环境和教育文化来说,完全用中文教中文不太现实,而且教无定法,教学法也没有纯粹的高下之分,因此我并没有就这个问题和她交流过。但是,在我的课堂上,我还是坚持最大程度地使用中文,极其严格地限制媒介语的使用,久而久之取得了良好的成效。对此,明珠老师表示赞赏,她很惊讶学生能听懂我的大部分课堂用语,并且她也开始尝试着用中文说课堂用语。可见,合作教学也为明珠老师带来了一些积极的影响。(孙昕)

四、案例分析

疫情等特殊情况下,可能会有越来越多的汉语志愿者和本土教师进行合作教学,这是线上教学的一种模式,同时也是考验中外教师合作教学的一个新模式。如何更好地配合,更好地提高线上教学的效果,需要中外教师进行双向的积极沟通与交流。

本案例中的教师,在课程没有开始之前就与本土教师明珠通过微信商议进行视频会议来沟通,借助简单的自我介绍等来讨论课程的性质、使用的教材以及学生的水平等,明确中外教师的授课分工情况。可见双方都是提前做好做足了准备工作,而且还借助个人信息的交换来拉近彼此的距离。

除此之外,每节课前双方商讨教学内容,完善教学设计,还会研读课本,删去一些陈旧的或对学生不是很适用的内容,增加一些学生比较感兴趣的内容和文化教学;课后及时反馈,互通教学进度;也会分享双方的课件以此来改进自己的不足。针对一些课堂问题,比如:学生表现不佳、教师语速过快、网络卡顿等,双方也会反馈给对方并提出建议,商讨解决方案。

另外,案例中并没有提到双方在沟通时是否存在文化差异或者文化禁忌之类的碰撞,如果出现此类问题,相信在双方良好的沟通方式下,也会圆满解决。

这类中外合作教学,最关键的是双方的及时沟通与反馈,案例中的教师为我们提供了一份值得借鉴的优秀答卷。而双方坚持使用中文进行沟通,不仅能让中国教师的自豪感油然而生,而且还能让教师明确——努力促进中文和中国文化在全世界的

推广是每一位国际中文教师的职责与目标。(王丽媛)

五、思考

在你的教学生涯中,你是如何与本土教师合作的?除了与本土教师合作,你还有哪些方法来熟悉你的教学环境?

六、相关文献阅读

1. 周满生,滕珺. 走向全方位开放的教育国际合作与交流[J]. 教育研究,2008,29(11):11-18.

2. 吕明. 美国孔子学院教师教学本土化的调查及培训策略[J]. 延边大学学报(社会科学版),2014,47(5):108-111.

3. 耿燕霞. 以语言教学为本体的文化因素导入[J]. 科技信息,2009(8):467.

4. 蒋丽娜. 对外汉语教学中本土文化的导入研究[J]. 文学教育(下),2019(7):36-37.

5. 陈白颖. 语言利益驱动下的本土文化发展探究[J]. 浙江树人大学学报(人文社会科学),2016,16(1):71-75.

6. 朱华,曾昭聪. 泰国汉语本土教师培训实证研究——以曼谷市教育局汉语教师培训为例[J]. 云南师范大学学报(对外汉语教学与研究版),2010,8(3):70-76.

案例45 线上中文数字教学

一、案例基本信息

1. 教学主题

数字教学

2. 教学背景

课型:听说课

教材:国家汉办组织编写《跟我学汉语》,人民教育出版社

教学对象:立陶宛高中生

说明:本课程为立陶宛维尔纽斯大学孔子学院下属孔子课堂的中文必修课,教学年级为高中二年级,共12人,全部为汉语零基础水平。

教学时长:45分钟

3. 教学目标

(1) 知识目标:学生能够用中文说出数字1—100。

(2) 技能目标:掌握汉语数字的拼读方法及规律,提升学生中文数字听说的快速反应能力。

(3) 情感目标:使学生能够在中文数字的游戏中感受中国人的数字思维,以提高学习的积极性。

4. 线上教学平台及功能

本课程使用 Zoom 平台进行教学,根据平台的一些相关功能完成课堂教学组织与管理,实现线上教学的实时互动、生生互动和师生互动,有利于充分展示和提升学生的听说技能。

二、案例自述

学生学完数字1—100后,教材上提供了"数字接龙"和"数字找邻居"两个数字游戏,在此基础之上,我们设计了更多的练习环节,增加学习趣味性的同时,提高学生的数字反应能力。我希望通过游戏能够调动学生的多种感官来参与课堂学习,从而提高学生学习的积极性和主动性。在思考如何改造游戏时,我借鉴了一些综艺节目里跟数字有关的游戏。

例如,"369"游戏是以考验脑力和反应力而设计的一种游戏方法,其游戏规则为:一堆人围在一起,参与者从数字1开始,一个一个依次轮流数数,当遇到数字3、6、9时,不能念出来而要用鼓掌代替,比如:1、2、啪、4、5、啪……当遇到33、36、96这样含有3、6、9中的任意两个数字时,则需要鼓两次掌。如果有人拍错或念错,那就要遵守游戏规则而接受惩罚,然后重新开始游戏。

结合学生的实际情况,我对"369"游戏规则进行了适当修改。"当遇到33、36、96这样含有3、6、9中的两个数字时,也只需要鼓一次掌。"这样简化有利于减少游戏的复杂度,增强活动的可操作性;"如有人犯错,则接受惩罚后游戏继续进行,而非重新开始",这样就能够避免学生一直在前几十个数字里打转,从而扩大练习数字的覆盖面。

此外,为了帮助学生理解游戏规则,确保游戏能够顺利开展,我设计了循序渐进的具体实施步骤。首先,教师领读 1—10 一行、1—91 一列、10—100 一列,全体学生跟读;其次,检查每个学生的掌握情况,教师随机抽两个数字让学生读;再次,让学生从数字1开始,一个一个依次轮流数数,全班学生过完两轮后暂停,这时学生已经掌握游戏的基本形式,即数字接龙;再次,解释"369"游戏的规则,相当于在数字接龙的基础上只做一处改动,即遇到数字3、6、9时,不能念出来而要用鼓掌代替。犯错者要接受惩罚,惩罚是读刚刚学习的绕口令;最后,将规则再重复一遍,教师进行个人示范,这样基本上能保证学生心领神会。

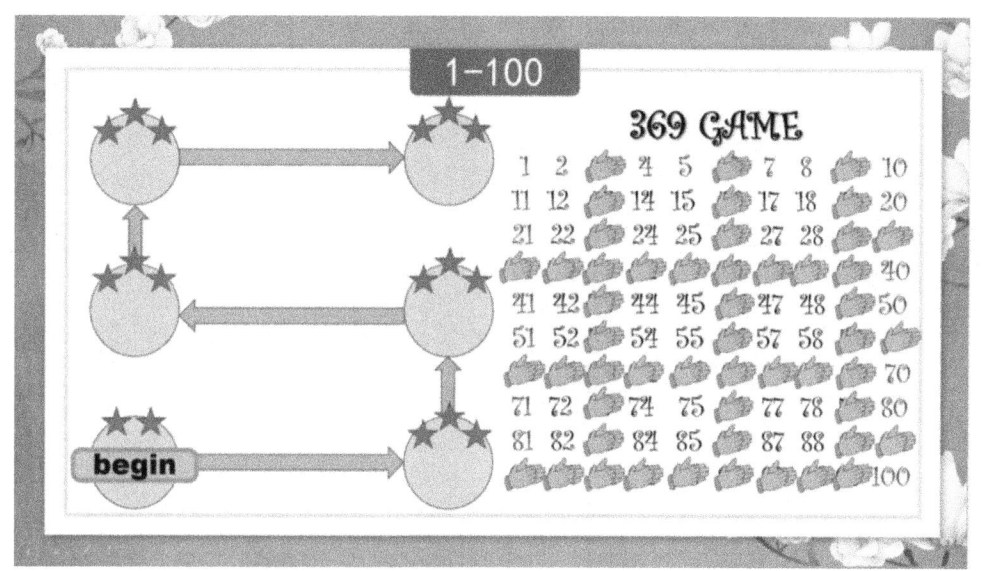

由于是线上教学,教师在线上对学生进行远程授课,所以实际操作时有一些特殊的细节需要注意:第一,在课件上展示带有箭头的学生座位图,表示我们是按照这样的顺序进行数字接龙的。第二,在课件上展示数字1—100,并用鼓掌的图案遮住含3、6、9的数字,直观呈现游戏规则。第三,游戏时关掉桌面共享,这样视频会议的界面就能显示出放大的教室画面,有利于教师看清学生。(孙昕)

三、教学反思

本次数字教学课设计的数字练习活动很有层次,先搭脚手架,再示范游戏规则,最后进行游戏,教学步骤清晰合理。

通过这个数字教学练习课,我也积累了一些经验,比如,在介绍游戏规则时,可以现场播放演示游戏视频。一方面可以节约时间,一方面学生可以通过直观的方式了解游戏流程。同时在选择示范视频时,尽量选择与班级同学年龄相仿中国学生喜闻乐见的游戏项目,既增加了趣味性,也能通过视频展示中国学生的日常学习生活和氛围。(孙昕)

四、案例分析

（一）亮点分析

1. 游戏生动有趣，调动学生的积极性。教师在设计游戏时并没有局限于书本中的"数字接龙"和"数字找邻居"两个数字游戏，而是独具思维，从电视节目中的游戏出发，重新设计了"369"游戏，通过在游戏中不断地重复所学的内容，充分巩固了新学的汉语数字，检查了学生的数字掌握情况。

2. 学生参与度高，课堂气氛活跃。"369"游戏中，由于场景限制教师只能通过Zoom线上平台与学生进行远程联系。教师在课前就定好了学生上课的位置，确保每个学生都可以在游戏中有发言的机会，教师对学生的错误用表演绕口令的方式进行纠正，真正发挥了游戏教学法的作用，增强了学生的学习效果。

3. 课后及时进行教学反思。教学反思是实施有效教学的重要环节，是教师提高教学质量的重要手段。案例中的教师在进行完游戏环节后，对学生在游戏中的表现进行了反思，以此确定之后的复习重点。此外，这还有利于教师不断改进教学游戏，为进一步提高教学质量做好充足的准备。

（二）不足和建议

1. 游戏规则讲解形式过于复杂。案例中的教师为了讲清楚游戏规则，采用了四个步骤，虽然讲解细致，但在有限的课堂中利用大部分时间讲解规则不利于教学进度的推进。因此，教师需要改变规则的讲解形式，可以改成适当运用中介语进行规则的讲解或者播放关于游戏流程的视频，看看视频中的人是如何进行游戏的，这样不仅便于学生理解游戏规则还可以节省规则讲解的时间。

2. 游戏中学生暴露出的问题没有得到充分重视。教师在发现学生错误后，采用让学生说绕口令等方式作为惩罚，但是这种方式有些单调。教师面对学生的错误应当及时指出其错误的原因，并针对其错误进行相应的纠正，只重复绕口令无法及时对症下药，容易浪费课堂时间。

（三）案例思考

1. 教师在整个游戏环节中应该发挥哪些作用？

游戏教学法虽然提倡"以学生为中心"，旨在通过游戏的方式激发学生的学习兴趣，提高学生的学习效率和参与度，但是教师也起着至关重要的作用。①首先，教师作为游戏的设计者，需要在活动开始前说清楚游戏的规则，必要的时候可以邀请学生进行演示，以免学生因为不清楚游戏规则而对活动不感兴趣以至于不想参与其中。

② 其次,教师需要做好监督的工作。教师在设计游戏时就应该考虑到游戏的各个环节是否能够锻炼到学生学过的语音、词汇、语法和汉字等等。在游戏时,教师需要高度注意学生的汉语输出正确与否,考查学生对知识的掌握情况。③ 再者,教师还要对学生的游戏情况进行总结点评。游戏总是有输有赢,教师需对胜利的学生进行肯定,肯定时也需注意措辞,应当落到实处,比如:大卫的字很好看! 对游戏中的失败者也应当给予鼓励。④ 最后,游戏的结束并不意味着学习的落幕,教师还要对本次游戏中学生所犯的错误进行有针对性地查漏补缺,帮助学生进行总结和自我反思。这样不仅能够帮助学生进行复习,更能够为之后的教学积累丰富的经验,不断改进课堂游戏。

2. 如果有学生对你设计的游戏不感兴趣,不想参与,你会怎么做?

教师要了解班级里对游戏不感兴趣的是个别人还是多数人,如果是多数同学对教学的游戏环节不感兴趣,教师可以采用其他训练方法;如果只是个别学生,教师需要进一步了解学生对游戏不感兴趣的原因,有针对性地进行沟通和协调。除此之外,教师还可以在班级开展游戏征集活动,尽量让学生都能玩到自己喜欢的游戏中文版。
(陈倩)

五、思考

线上课堂游戏,怎么让学生积极参与进来。你有好的办法吗?

六、相关文献阅读

1. 刘珣. 对外汉语教育学引论[M]. 北京:北京语言大学出版社,2000.

2. 杨惠元. 课堂教学理论与实践[M]. 北京:北京语言大学出版社,2007.

3. 胡延新. 游戏在外语课堂教学中运用的理论依据和实践[J]. 牡丹江教育学院学报,2008(6):139-140.

4. 张和生,马燕华. 对外汉语教学课堂示范教案[M]. 2版. 北京:北京师范大学出版社,2015.

5. 陈宏,吴勇毅. 对外汉语教学课堂教案设计[M]. 北京:华语教学出版社,2016.

6. 邓杉杉. 汉语作为第二语言教学案例研究[D]. 武汉:武汉大学,2011.

7. 李可. 立陶宛 Svenčioniu. Zigmo Žemaičio 初级中学汉语教学案例分析[D]. 沈阳:辽宁大学,2021.

第二节 线上语言知识和语言技能教学

线上、线下汉语课堂教学的本质区别在于教学内容的呈现方式,线上课堂由于缺少真实的课堂环境,学生感知教学内容和教师情感完全依赖于屏幕,教师的肢体语言和情感信息不能第一时间获得学生的回应,这促使线上课堂需要在呈现方式上、师生情感营造上格外地花心思、下功夫。另一方面线上课堂可以通过技术引入多种形态的呈现方式,如音频、视频、动画、特效等,使课堂呈现方式更多元化,信息量更丰富,特别是在汉语语音、词汇、语法、汉字等语言要素教学和听、说、读、写等语言技能教学方面,线上教学更具有优越性,某种程度上更有利于学习者习得更准确的读音,提高互动效率,增强课堂学习效果。本节以线上语音、词汇、语法、汉字等语言要素教学和听、说、读、写等语言技能的教学案例为切入点,探讨线上汉语教学的呈现方式和操练方式等方面的技巧和方法。

案例 46 线上语音教学

一、案例基本信息

1. 教学主题

汉语拼音教学

2. 教学背景

课型:听说课

教材:国家汉办组织编写《跟我学汉语》,人民教育出版社

教学对象:立陶宛高中生

说明:本课程为立陶宛维尔纽斯大学孔子学院下属孔子课堂的中文必修课,教学年级为高中二年级,共12人,全部为汉语零基础水平。

教学时长:45分钟

3. 教学目标

(1) 知识目标:学生能够掌握汉语拼读方法及规律,完成相应的课堂练习。

(2) 技能目标:学生能够根据语音信息来识别基础汉字、词和简单句型。

(3) 情感目标:学生能够感知汉语的声调、韵律之美。

4. 线上教学平台

本课程使用Zoom平台进行教学,根据Zoom平台的一些相关功能完成教学环节的设计以及课堂组织与管理。

二、案例自述

语音学习是中文学习的第一阶段,因此打好语音基础至关重要。在立陶宛维尔纽斯大学孔子学院远程中文教学项目中,我与本土中文教师合作教学。鉴于我的中文母语者身份,我被安排负责听力、口语和文化教学。课堂使用的教材为《跟我学汉语》,其中80%的教学内容都是按部就班跟着教材来组织设计的,语音部分包括:汉语拼音、听力练习、辨音练习和朗读练习。

语音教学初始阶段的内容主要是汉语拼音。该班学生已经跟着本土中文教师学完声母、韵母和声调的相关内容,本节课主要练习声韵母拼读。根据教材的《声母韵母拼合表》(节选)设计相应的练习环节,比如:第二、三课是b、p、m、f与韵母的拼读,第四、五课是d、t、n、l与韵母的拼读。主要实施环节为:展示→模仿→练习→纠正→小结,具体操作步骤为:教师领读+学生齐读、学生单人读+教师简单纠正、教师针对高频错误进行解释和强化练习。

对于立陶宛学生来说,大多数音节他们都能认读,声调也可以通过模仿而快速领悟。本课重难点是j、q、x与带ü韵母的拼读,比如qun和quan。将j、q、x与ü的拼读规律直观呈现在课件上,重点提示学生关注拼读要点;此外,zhi、chi、shi的拼读也需要重点强化训练。学生经常搞错i的读音;同时教师也将学生受母语影响而产生的负迁移作为训练重点,如:汉语拼音r和英语中的r。

本节课所采用的语音教学方法主要有:手势法、图示法、带音法、吹气法等。在实际的语音教学过程中,教师不能忽略语音模仿的重要作用,因为越是基础的方法,越简单易行且有效。

在语音练习阶段,我设计了形象有趣的多种类型的语音练习。听力练习包括:拼拼小怪兽游戏(听音频选音节)、听对话回答问题。朗读练习包括:绕口令,比如《四和十》;儿歌,比如《祝你生日快乐》;童谣,比如《数青蛙》;古诗,比如《山村咏怀》。教学充分利用线上平台的优势,充分利用网络视频资源。教学步骤为:播放视频→教师领读+学生齐读→学生单人读+教师简单纠正。

在此基础上进一步拓展,将拼音和生字词结合起来练习,比如:声调帽子游戏(看生字选拼音)、选宝箱(看生词选拼音)等。其实这些游戏的本质都是看字词选拼音,只不过是换了一个外在的游戏形式而已,但学生都很喜欢这样的练习方式。

总之,充分利用线上平台语音教学的优势,反复听读,有序提问,能提高课堂效率。教师通过设计互动型游戏课件,增加互动频率,提高学生的参与度,避免线上教学枯燥乏味。(孙昕)

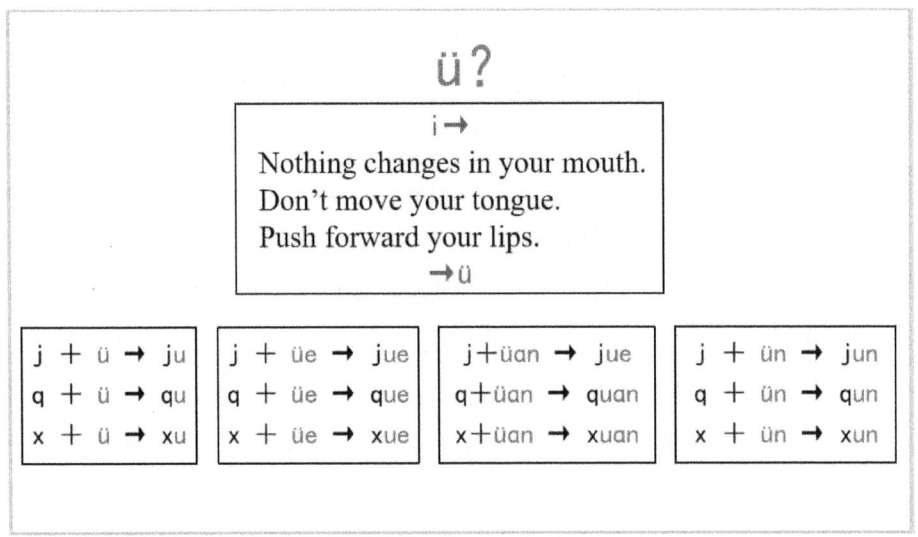

三、教学反思

我负责听说课,合作的本土教师希望我能带着学生练习课本上每节课的Conversation practice 和 Phonetics 部分,所以在刚开始相当长的一段时间内,我都是直接把课本上的练习题照搬到课件上,然后带着学生做练习。比方说 Conversation practice 实际上是机械性的替换练习,而 Phonetics 的第一题则基本是放一段录音后让学生回答问题,且这段录音往往就是课文文本的录音。不仅我自己觉得这样上课很枯燥无聊,而且学生的学习积极性也不高。

因此,我开始苦苦思索提高学生学习兴趣的方法。后来我发现大多数学生对中国文化与国情的介绍更感兴趣,所以我就有意识地在课上加入大量介绍中国文化的内容,比如:双"十一"数字文化、移动支付、中国物价、十二生肖、中国人过圣诞节等。如此操作,学生确实喜闻乐见,但弊端也显而易见。其一,文化介绍占用的时间过多,有时候甚至会播放长达七八分钟的文化介绍视频,一堂课下来学生听得开心却学不到什么东西;其二,由于学生都是初学者水平,所以文化介绍基本都是英语解说,以至于有时候我感到有些恍惚,这真的不是一节英语课吗?

我认为这样的文化介绍只是将文化内容作为逃避听说教学枯燥感的工具,而并没有针对性地解决听说教学所面临的问题,即走错了方向。因此,我又将思路拉回到如何有效提高学生的中文听说水平上。当我意识到这一点的时候,一个学期已经过去了。因此在第二个学期,我进行了大刀阔斧的改革:脱离课本习题的桎梏,将重点放在课堂活动上,主要形式为双人对话和小组讨论,从而大幅度提高学生的开口度。正好在这个阶段,学生经过一个学期的学习已经积累了一些话题和语料,因此交际活动的可操作性较强。实践后发现,改革取得了非常好的成效,有时学生即使没来得及完成讨论任务,也舍不得下课。与我合作的本土教师在课后的反馈中也对我的这种做法予以称赞。(孙昕)

四、案例分析

　　本案例围绕听说展开教学,教师采用多种方法进行授课,努力增强学生学习的兴趣和提高学习效果,学生能够在长期实践教学中进行反思与调整。听说课的课堂也要贯彻精讲多练的原则,要让学生多听、多说,这样才能提高学生的听说能力。案例中的教师根据学生的年龄和喜好,采用形式多样的游戏教学法和中国文化导入法来提高学生的学习兴趣,旨在锻炼学生的听说能力。面对线上教学的挑战、课时和学情的限制以及由此出现的问题,教师能够灵活调整,及时作出改变。

　　在声韵母拼读教学中,教师最初只进行了口头的简单介绍,导致学生学习出现了一些问题。在国际中文课堂教学中,每一个环节,教师都应该有精心的安排,从学生的角度出发,根据内容设计重难点,分层次教学。教师不应对教学中的任一环节有所忽视,面对学生出现的问题,要及时补救,以查找学生的缺漏。

　　此外,照搬教材、采用机械性练习以及在听说课上过多播放音视频是不可取的行为。"语言是练会的,不是教会的。"该教师得出最有效的教学形式就是模仿法和让学生反复听读的结论。那么如何设计有效的课堂教学形式来提高学生的学习兴趣呢?开展多样的课堂练习则是语言教学的关键。练习应根据"理解—模仿—记忆—应用"这一学习规律。

　　在第一学期,教师为提高学生的兴趣,在课堂上播放有关中国文化的视频,"一堂课下来学生听得开心却学不到什么东西",这是本末倒置了。听说课教学,一方面可以引入课堂教学活动,另一方面也可以引入有意义的学习,将一些常用的汉字、词语、短句作为语音学习的素材。教师可以尽量使学生的学习过程变得轻松、有趣,但是对趣味教学要有正确的认识。教师应把握好趣味性的度,对课堂时间进行合理的安排。在一节课中播放七八分钟的非汉语视频,对学生的汉语听说能力并无裨益。因此,教师对导入课堂的教学素材应有基本的筛选,选取一两分钟的短视频,或是将长视频分段播放,以激发学生的兴趣,最后让学生对内容进行讨论。

在第二个学期,教师将课堂活动改为双人对话和小组讨论,不仅提高了学生的开口度,而且增强了学生的交际能力。在听说课中,达到让学生学以致用并乐于用的教学效果是值得学习和借鉴的。

在教学中的反思分为课程反思和教学反思。该案例中的教师在反思中没有针对本节课的教学设计进行相应的反思及调整,而是针对整个教学经历进行了反思,导致问题持续到第二个学期才有所解决。这也充分地提示我们,每节课教师都要认真反思和总结,有针对性地进行调整,避免过长的反思调整影响正常的教学进度和效果。课堂没有彩排,每一次课都是真实的,不可复制的,国际中文教师应具备及时调整反思的能力,有针对性地进行教学设计的能力。(张冰鑫)

五、思考

可以分享一下你在线上的语音教学的好方法吗?

六、相关文献阅读

1. 陈雪竹. 针对以汉语教学为目的国外学习者的语音教学[J]. 首都师范大学学报(社会科学版),2013(S1):41-43.

2. 刘振平. 汉语国际推广背景下的汉语拼音拼写规则的改革[J]. 汉语学习,2010(6):82-89.

3. 张金桥,吴晓明. 外国留学生汉语语音意识的发展[J]. 暨南学报(哲学社会科学版),2007(1):105-108+155.

4. 王安红. 汉语声调特征教学探讨[J]. 语言教学与研究,2006(3):70-75.

5. 程棠. 对外汉语语音教学中的几个问题[J]. 语言教学与研究,1996(3):5-18.

6. 王魁京. 对外汉语教学与跨文化问题的多面性[J]. 北京师范大学学报(社会科学版),1994(6):91-96.

案例 47 线上中级听说课

一、案例基本信息

1. 教学主题

了解中国传统文化

2. 教学背景

课型：听说课

教材：胡波、杨雪梅编著,《汉语听力教程》,北京语言大学出版社。

教学对象：墨西哥成人汉语学习者

说明：本课程是江苏大学海外教育学院为来中国准备就读研究生的留学生开设的汉语预科课程。全班学生已经大学毕业,均已成年,目前在江苏大学学习了一学年的汉语。

教学时长：90分钟

3. 教学手段：

视频、图片、PPT等

4. 教学目标：

（1）知识目标：使学生掌握"汉语听力课堂"上所用到的相关语法知识,了解相关词语和短语的运用以及特定情境下基本用语的使用。

（2）技能目标：提升学生的听力水平和口语表述能力;学生可以在日常生活中用汉语进行沟通,在特定情境中进行相关话题的阐述。

（3）情感目标：使学生通过学习汉语,能深入了解中国传统文化,客观辩证地看待中西方文化差异;让学生感受到中国文化的魅力。

5. 线上教学平台及功能

本课程使用钉钉平台进行教学,根据钉钉平台的一些相关功能完成教学环节的设计以及课堂组织与管理。该平台能够实现线上教学的实时互动、生生互动和师生互动,有利于充分展示和提升学生的听力技能。

6. 课前准备

（1）结合综合汉语课的教学内容,设计、演练课前小游戏。

（2）对课堂中涉及的中国传统文化进行文字、图片及音频材料等的搜集与整理。

（3）教学活动、PPT、教案的设计与打磨。

二、教学设计

汉语听说课选用的是与杨寄洲编著的《汉语教程》配套的《汉语听力教程》教材。因两本教材在语法、词汇上的对应性,所以汉语听说课的进度尽量不要领先于汉语综合课的进度。

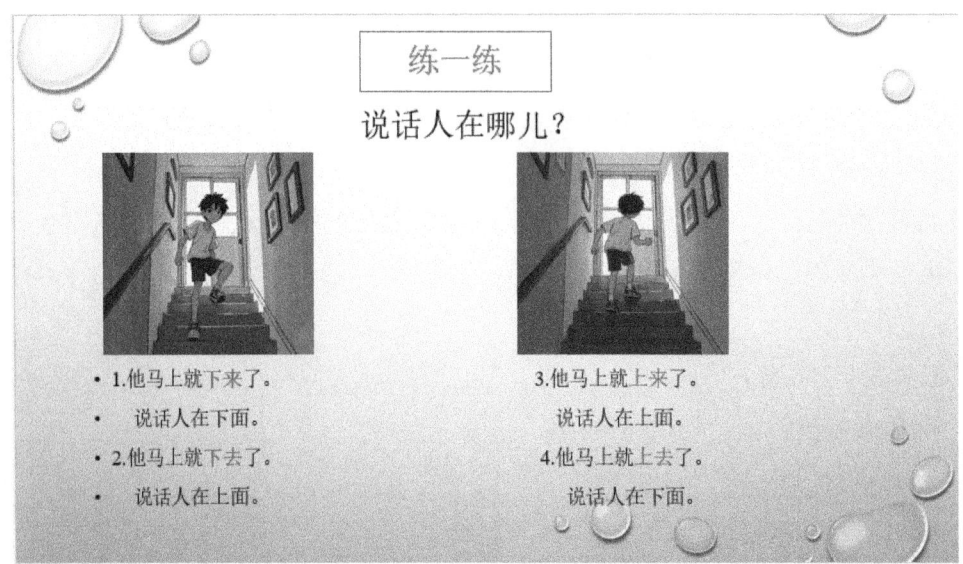

在给中级阶段学生教听说课时,首先我会给学生展示本单元对应的《汉语教程》中的重难点词汇,带领学生进行复习巩固。之后通过看图说话、造句、小测试、小游戏等多种形式让学生复习、运用对应的《汉语教程》单元中的重难点语法知识。这样既能活跃课堂气氛,调动学生的课堂积极性,扫除学生长时间听课的倦怠,也让学生重新回顾一下本单元的基础知识,为后续听说课的练习和运用做好铺垫。

其次,我会通过PPT展现《汉语听力教程》上的练习题,并带领学生逐一完成。对于第一、第二部分的"听下列句子/对话,选择正确答案",我会在一页PPT上放置2—3个选择题,让学生在听1—2遍录音后立刻在钉钉班级群里发送答案。然后我会随机点名,请一位学生来朗读原文并讲解他得出正确答案的过程。对于易错题,我会重点提问,通过"这道题为什么不选B?""小明是什么时候去上海的?"等问题引导学生对题目进行更为全面的理解。对于第三部分的听短文,由于越往后学,短文中的生词越多,难度也逐步增大,我会在听短文前先为学生列出短文中的生词,并在生词后列出例句,带领学生朗读,帮助学生理解。对于课文中出现的大量专有名词,例如《孔子》一文中的"孔府""孔庙""孔林",我在解释意思、给出例句之余,还会向学生展示相关图片或短小视频,让学生拥有更直观的感受。在做完这部分练习后,我会让学生分角色朗读短文。对于一些贴合实际生活的文章,我还会让学生谈谈自己的看法。最后的语音语调练习,我会通过类似的抢答或轮流点名的方式带领学生边听边读边练。

 下面两句话的意思有什么不同？

- 我参加过一个中国朋友的婚礼。
- 我正在参加一个中国朋友的婚礼。

此外，每个单元后我都会在钉钉平台上布置一个口语话题作为作业，如"介绍一个中国明星""说说你最糟糕的一天""谈谈中国婚礼和自己国家婚礼的异同"等，让学生将自己的录音音频上传到钉钉班级群的作业里，并在线上及时批改学生的作业。我会按 A、B、C、D 四个等级给学生作业打分，对于口语作业，除了总成绩外，我还会从"语音语调""流利连贯性""词汇和语法""内容表达"这四个部分打出具体的成绩，让学生可以有针对性地提高自己的口语表达能力。同时，我也会在作业中标出学生在表达上有误的地方。

最后，每次批改完口语作业后，我会挑选作业完成情况比较好的学生让他们制作 PPT，通过 PPT 的辅助将他们的作业在课堂上再次向全班同学展示，表彰努力、优秀的学生，并鼓励同学要向优秀学生看齐。

（王悦澄）

三、教学反思

与汉语综合课有所不同,听说课更加注重锻炼学生的听力和口语表达能力。因此,教师在课堂中更加需要增强趣味性,调动学生的课堂积极性,吸引学生主动参与到课堂中来,与教师进行互动。经过一段时间的教学实践,我发现学生对课堂导入部分的看图说话、趣味小游戏以及之后的口语展示比较感兴趣且参与度很高。有时我会专门空出一节课的时间让学生进行口语话题展示,尽管只要求他们围绕相关话题进行口语表达,但是大多数学生都会主动制作PPT,图文并茂地进行介绍,有些同学甚至会在展示中分享自己拍摄的照片和视频。这样不仅使得课堂气氛十分活跃,也增进了师生、生生之间的了解。师生在课堂上针对口语展示主题的即兴问答互动也使得学生在提高汉语表达水平的同时也更深入地了解中国文化,更加有助于增强学生的跨文化交际能力和对异域文化的思辨能力。

同时,我也发现学生在课堂中完成听力练习时会出现倦怠、走神的现象。一方面,课堂中带领学生做听力练习是必要的,这有助于学生适应考试题型,为他们的汉语水平考试(HSK)做好准备;另一方面,课堂上长时间听音频并做题的教学模式容易令学生感到倦怠,学生的听课积极性大大降低。经过反思,我从下面两方面着手对课程内容进行了改革:①控制课堂中听力练习的时间。围绕汉语水平考试(HSK)要求和《汉语教程》教材内容,精选听力练习题在课堂中带领学生完成,剩余的部分作为作业让学生课后完成并利用辅导时间进行答疑。②在课堂中有机穿插一些师生互动较多的趣味性环节。如选择作业完成度较好的学生在线上进行相关口语话题的展示,或就某一话题进行中文辩论,或做中文你画我猜小游戏,抑或是教学生学唱一首中文歌等,让学生在课堂中不仅要输入也要输出,力求使听说课堂丰富多彩,妙趣横生。(王悦澄)

四、案例分析

本案例的课型是听说课,着重训练学生的听说和表达能力,具有很强的实践性。由于听说课的进度不能先于汉语综合课的进度,因此选用与《汉语教程》配套的《汉语听力教程》教材,保证了教学中语法、词汇的对应性。

在进行听力练习前,教师通过图示法、情景法、游戏教学等手段和方法,在调动学生兴趣的同时对之前所学知识进行回顾,为听说课的练习做好铺垫。复习结束后,教师先带领学生完成句子和对话的听力题,做完题之后请同学朗读,并询问他们这么做的原因,然后教师再对重难点进行讲解。这样既锻炼了学生的听说能力,又能够有效地巩固所学知识。

在短文练习时,为了确保学生能大致听懂短文,教师先带领学生攻克重难点生词,再结合图片、例句、视频等,让学生更好地理解短文。练习结束后,教师带领学生进行角色扮演,对于一些贴近生活的文章,教师通过让学生互动交流等方法,来提高学生的交际能力。学生通过听说练习,把所学的知识应用到自己的日常生活中去,真正做到学以致用。

在教学过程中,本案例中的教师发现学生对于课堂导入部分的看图说话和趣味小游戏以及之后的口语展示兴趣浓厚且参与度高,于是专门设置一节课让学生进行口语话题展示,这不仅使得作业优秀的学生得到了表达的机会,也可以让更多的同学参与到课堂交流中。在这一环节中,教师能够调节课堂气氛,提高学生的学习兴趣和效率,学生在交流互动中也可以进行知识的查漏补缺,进一步提高自己的听说能力。(戚心怡)

五、思考

课堂上,你会用什么办法来提高学生的听说和表达能力呢?

六、相关文献阅读

1. 杨惠元.汉语听力说话教学法[M].北京:北京语言大学出版社,1997.

2. 杨明珠.论中级汉语听力教学中的"说"[J].暨南大学华文学院学报,2007(1):12-16+23.

3. 崔希亮.对外汉语听说课优秀教案集[M].北京:北京语言大学出版社,2011.

4. 徐明.对外汉语视听型中级听力教学模式研究[D].武汉:华中师范大学,2011.

5. 吴思娜.外国留学生听力课堂活动与教材需求分析[J].汉语学习,2013(1):89-95.

6. 蔡燕,王尧美.来华预科留学生汉语听力策略实证研究[J].云南师范大学学报(对外汉语教学与研究版),2013,11(1):29-37.

7. 许晓华.留学生对中级汉语听力课的需求分析及教学启示[J].语文学刊,2014(13):107-109+113.

8. 曹立群.对外汉语听力教学初探[J].考试周刊,2016(84):168-169.

9. 郁俊玲,童玮琳,王凯迪等.浅析外语听力教学中的现状、问题及假设[J].英语广场,2018(10):126-127.

案例 48　线上阅读课

一、案例基本信息

1. 教学主题

阅读课教学

2. 教学背景

课型: 阅读课

教学环节: 生词讲解—限时默读—检查并讲解—朗读

3. 教学手段

实物、图片、PPT、对话、讲解等

4. 教学任务

(1) 提高阅读理解能力。

(2) 积累汉语语言文化知识。

5. 教学思路

掌握汉语文化词汇的基本内涵,了解和熟悉文化词汇背后所蕴含的中国社会文化;通过相关词汇、语法和句式的学习,能够运用恰当的语句表达文化观点和文化差异。

二、教学设计

1. 生词讲解

扩展词汇量是阅读课的重要目标之一,因此,教师在领读生词后应挑选出一些生词进行重点讲解。挑选生词要遵循以下两个原则:1. 每篇课文中讲解的生词不宜过多,否则会影响阅读时间;2. 尽量选择容易影响学生对课文理解的生词或含有文化意义的生词进行讲解。比如,在《乌鸦与狐狸》中有这样的句子:

"有一天,乌鸦出去给它的孩子找吃的,好容易找着一块肉。"学生很可能会把"好容易"和"好多""好高""好大"等混同起来,把"好容易"理解为"很容易"的意思,导致对整句话的理解与原意完全相反。因此,教师在授课前要预估到学生可能存在的理解难点,并进行提前讲解。

2. 限时默读

阅读理解和阅读速度是影响阅读效率的两大要素。限定时间默读是一种有效提高阅读速度的途径。只有限定时间默读,才能给学生造成一定的压力,使大脑在高度集中和紧张的状态下,积极地指挥、调动各感觉器官和神经系统而快速地活动,久而久之,形成快速刺激——反应的习惯,助推阅读速度的提升。

同时,应当让学生带着任务进行阅读。阅读课文通常是一个理解、记忆、运用的过程,而练习正是运用的主要环节。在学生阅读完课文后,要求他们做一些选择正确答案、判断正误、选词填空、解答问题等关于语法、词汇、课文、修辞等各方面的练习。学生通过练习检查阅读理解的程度,综合提高阅读理解能力。教师也可以通过问答式对课文内容、情节和某一关键词句及主旨大意作一些不同深度、不同层次的提问,这样既可以检查学生阅读理解的情况,又能培养学生的逻辑思维能力和概括表达能力。

3. 检查并讲解

这是扩展知识的重要环节。教师在备课时应有一定的预见性,预估出哪些词句或语法现象对学生存在难度,或容易产生歧义,并事先准备好相应的对策,并在学生默读之后,进行及时的讲解。此外,对学生所做的练习进行检查,发现学生存在的普遍问题时要及时进行讲解。

4. 朗读

课上阅读以默读为主,但也可以选择一两段精彩段落让学生朗读。这样不仅可以丰富教学方式,活跃课堂气氛,提高学生的学习兴趣。更为重要的是教师可以从学生的停顿、语气中判断学生在理解上是否存在问题,并对错误进行及时纠正,使学生正确地理解句子的含义。这有助于学生更好地理解全文内容。(倪晓燕)

三、教学反思

阅读课与精读课不同。精读课是学生吸取知识的基本途径,其主要任务是利用课文进行听说读写的综合训练。而阅读课只是单项技能训练,其任务概括起来说只有两项:一是提高阅读理解能力,二是积累知识。而阅读理解能力、知识的积累取决于阅读量——阅读量越多阅读越熟练。学生对词的再认速度越快,阅读速度就越快,对语篇的理解也就越好。因此,不能把阅读课上成精读课,而要根据阅读课的特点进行教学设计。

我对阅读课的四个基本环节,也进行了总结和反思。扩展词语作为阅读课的重要目的之一,在生词数量的选择和生词内容的选择上都有一定要求。首先,数量不宜太多,否则将影响阅读时间;其次,选择的生词应是能够帮助学生理解课文的关键词语，或者是有文化意义的生词，而不能进行随意而毫无根据的选择。限时默读是提高阅读速度的有效途径，对时间进行限制，能让学生大脑处于紧张和兴奋的状态，但也要注意，一定要让学生带着任务去阅读，否则，无任务状态下进行的限时阅读是没有意义的。检查环节，尽管事先对学生会有哪些难点疑点做好了准备，但是也要随时关注学生情况，根据课堂现场状况及时进行调整。朗读环节有效活跃了课堂气氛，但也要注意控制课堂节奏。所朗读的精彩片段的选择也应该符合学生的兴趣。（倪晓燕）

四、案例分析

图示法、情景法、互动讲解法都是语言教学中常用的方法，都具有直观、生动、易懂等优点，而且能够增强师生互动，提高学生的学习积极性和课堂活跃度，能够有效贯彻"以学生为中心"的教学理念。

根据本案例中提供的信息来看，该教学课型为"阅读课"，教师基于提高学生的阅读能力和增加学生的知识积累这两大目标进行授课。首先它有效地将其与精读课进行了区分，明确了阅读课的教学任务。接着从各个教学环节的特点出发对教学设计提出了建议，并对各个环节可能出现的问题以及需要注意的事项进行了反思和总结，比如，挑选生词要遵循以下两个原则：1. 每篇课文中讲解的生词不宜过多，否则会影响阅读时间；2. 尽量选择会影响学生对课文理解的生词或含有文化意义的生词进行讲解。限时默读结束后有正误的基本练习和教师问答式提问这两种教学方式，虽然方式不是单一的，但面对新的课堂，教师应更加注重练习环节的设计，努力设计出非机械而有趣又有效的练习方式。在检查和讲解环节，教师提前预估问题并进行了准备，也对普遍性问题进行了讲解，但同时应增强自身的灵活度，增强随课堂具体状况及时应变的能力，因为一堂好的课一定是师生共同构建的，是"活的"。同时也不能忽略个别同学所存在的阅读问题，要顾及全体学生。在朗读的环节，选择精彩片段让学生进行阅读可以活跃课堂气氛，但也可以穿插分角色朗读等新方式，让学生都参与进朗读的环节，提高学生的开口度。在朗读后进行及时纠错，有助于学生更好地理解课文内容。但在纠错时要关注学生心理，对于发音等一时难以解决和纠正的情况，应以内容理解为重，不要过于严苛。（胡澳琦）

五、思考

在线上阅读教学中，你有什么好的方法可以快速提高学生的阅读速度呢？

六、相关文献阅读

1. 胡文仲.英美文化辞典[M].北京:外语教学与研究出版社,1995.
2. 李泉.对外汉语课堂教学的理论思考[J].中国人民大学学报,1996(5):90-96.
3. 刘珣.对外汉语教育学引论[M].北京:北京语言大学出版社,2000.
4. 李泉.对外汉语教学思考集[M].北京:北京语言大学出版社,2017.
5. 周小兵,宋永波.对外汉语阅读研究[M].北京:北京大学出版社,2005.
6. 白朝霞.试论对外汉语教学中的跨文化交际观[J].德州学院学报,2006(2):47-49.
7. 周红.对外汉语教学情境的立体化探讨[J].语言文字应用,2006(4):96-102.
8. 彭志平.汉语阅读课教学法[M].北京:北京语言大学出版社,2007.
9. 陈贤纯.对外汉语阅读教学16讲[M].北京:北京语言大学出版社,2008.
10. 刘颂浩,朱勇,范红娟.汉语阅读教学研究[M].北京:北京语言大学出版社,2016.
11. 朱芷萱.对外汉语线上阅读课教学研究——以疫情期间华中师范大学某预科班为例[D].武汉:华中师范大学,2021.

案例49　精读与泛读[①]

一、案例基本信息

1. 教学主题

阅读课《济南的泉水》

2. 教学背景

课型: 阅读课

教材: 姜丽萍主编,《HSK标准教程5上》,北京语言大学出版社

教学对象: 泰国成人汉语学习者

说明: 本课程是泰国来华留学研究生的汉语班课程,教学等级为HSK五级,班级学生共12人,班级整体汉语水平相当。

教学时长: 45分钟

---

① 此案例图片均来自姜丽萍主编的《HSK标准教程5上》。

3. 教学手段

图片、PPT 等

4. 教学目标

(1) 知识目标：本文介绍了济南泉水的悠久历史、趵突泉的传说以及济南泉水众多的地理成因。要求学生能够顺畅阅读和理解课文，掌握文章大意，并能用所学词语、语言点叙述课文基本内容。

(2) 技能目标：学生能用汉语清晰地表述身边的景色。

(3) 情感目标：学生通过阅读课文，了解济南泉水的悠久历史，激发主动学习了解中华文化知识的兴趣，感受中国人对泉水的情感。

5. 课前准备

(1) 准备好各类生词卡片。

(2) 教学活动设计、PPT 制作。

二、教学设计

1. 复习旧课（2 分钟）

检查学生的作业完成情况，并查漏补缺。

首先通过提问的方式，引导学生回答问题：你们认为"天然的泉水"应该是什么样的？我们平时喝的矿泉水，是不是"天然的泉水"？为什么？

2. 导入新课（3 分钟）

设置情境，让学生讨论有关天然的泉水是什么样的，并展示济南有名的泉水的照片。

热身 1 Warm-up 请做一个小调查，了解一下济南有哪几个泉群。除了泉水，济南还有哪些值得去看的地方？

2 你喝过天然的泉水吗？如果请你形容一下天然的泉水，你会想到哪些词语呢？

词语		
样子	美丽	
味道		

3. 新课讲练(15分钟)

(1) 生词与课文讲解

本节课的生词采取穿插在课文中的方式进行讲解。

教师将每段的生词与课文内容进行讲解与拓展。

课文的讲解采取分段的方式进行讲解,主要步骤如下:

学生读课文,找出不认识的生词。→教师领读课文,学生把不认识的生词注音,教师纠音。→教师通过提问的方式,梳理文章线索,学生带着问题再读课文。→学生回答问题,并自主归纳段落大意。→学生复述课文。

① 第一段

关于济南的泉水历史的文字记载,最早可以推到多少年前?

文人们从哪些方面写过济南的泉水?

老百姓们对泉水有什么样的感情?

生词讲解:利用语境、常用搭配、词语扩展等方法来讲解生词在课文中的意思。

② 第二段

这个传说中的年轻人叫什么名字?

他是做什么的?

一次,他在路边救了谁?

龙王给了他什么?这个东西最后变成了什么?

生词讲解:利用语境、常用搭配、词语扩展等方法来讲解生词在课文中的意思。

③ 第三段

济南市区内有多少个天然泉水?

它们都是用什么来命名的?

生词讲解:利用语境、常用搭配、词语扩展等方法来讲解生词在课文中的意思。

④ 第四段

济南的泉水是怎么形成的?

生词讲解:利用语境、常用搭配、词语扩展等方法来讲解生词在课文中的意思。

(2) 课堂练习

通过梳理文章线索的方式,带领学生梳理课文内容,总结重点生词和语言点。

学生完成判断文章内容对错的练习。

学生自主复述课文。

4. 语言点讲练(10分钟)

(1) 起来

"起来",动词,"动词+起来",表示由分散到集中。例如:
(1) ……地下水流到这里,碰到火成岩挡住了路,就积蓄起来,越积越多。

● 练一练:完成句子或对话
 (1) 刘方喜欢把旅游时买的门票_____。(起来)
 (2) 你刚工作,别太着急,经验_____。(起来)
 (3) A: 儿子,是你把爸爸的烟放在这鞋盒子里的吗?
   B: _____。(起来)

(2) 于

"于",介词,相当于"在、从、对、向、比"等。例如:
(1) 这家公司成立于1997年。(表示时间)
(2) 这种药主要用于感冒的治疗。(表示范围)
(3) 济南的泉水,来自于济南市以南的广大山区,……(表示处所)
(4) 运动有助于健康。(表示对象)
(5) 李明半年没找到工作了,没办法,只好求助于当经理的老同学王峰了。(表示对象)
(6) 队员们都认为对方的水平远远高于自己。(表示比较)

● 练一练:用所学词语改写句子
 (1) 乒乓球运动是在19世纪末产生的,说起来还有一段有趣的故事呢。
   乒乓球运动_____。(于)
 (2) 工作上,对已取得的成功,他从不满足,而是给自己提出更高的要求。
   _____,而是给自己提出更高的要求。(于)

5. 课堂练习(10分钟)

练习词语搭配部分,讲解动词+宾语,定语+中心语,状语+中心语,中心语+补语,动词+数量词几个结构。

完成词语辨析:美丽-优美,并完成选词填空。

	美丽	优美
共同点	都是形容词,都可以形容风景、环境等。	
	如:济南是一座风景美丽/优美的城市。	
不同点	1. 多用于形容长相、样子、打扮等好看。	1. 侧重形容动作、形象等给人美好的感受。
	如:她有一双美丽的大眼睛。	如:演员们的动作十分优美。
	2. 一般多形容视觉的感受。	2. 还可形容非视觉的感受。
	如:雨后天空中出现了一道美丽的彩虹。	如:一进院子就听到了丽丽那优美的歌声。
	3. 有修辞的用法,有美好、高尚(gāoshàng, noble)的意思。	3. 没有这种用法。
	如:她有一颗(kē, a measure word)美丽善良的心。	

完成练习1、2、3。

6. 课堂小结(3分钟)

每小节课都对本课内容进行梳理了和回顾,检查学生的掌握情况。

7. 布置作业(2分钟)

(1) 根据学生的掌握情况,布置重点生词的抄写与造句练习。

(2) 完成课后练习4。

(3) 完成拓展部分练习。

(4) 预习下一课生词。(倪晓燕)

三、教学反思

阅读课的目的是让学生理解文章的主要内容和观点,获取有用信息,并通过大量的阅读积累潜移默化地提高学生的汉语水平,而不要求学生全面准确地掌握文章中的每个生词、每个细节。阅读课的任务不是培养学生的语言应用能力,而是培养学生的阅读能力,使其掌握一定的阅读技巧。那么如何培养学生的阅读能力?教师在阅读课上可以通过"精读"的方式传授给学生一定的阅读技巧,从而帮助学生养成正确的阅读习惯,提高学生的阅读能力。课后我进行了总结,阅读教学中的精读主要体现在以下几个方面:

首先,面对一篇文章,学生感到为难的主要是生词,而要达到一定的阅读速度,同时不影响对文章的整体理解,避免一遇到生词就查词典。怎么办呢?教师可以教会他们通过汉字结构特点和上下文来猜测词义。汉字中有90%以上的形声字,形声字都是由两部分组成的,一部分表音,一部分表意,如"清""晴""睛""青"表音,"氵""日""目"表意。教师可以在阅读课上经常给学生讲解、总结汉字结构方面的知识,使学生在阅读时能够凭借汉字结构知识猜测生词大致的词义范围。构词法、构词特点等方面的知识也同样可以帮助学生理解新词。

其次,在阅读课上教授学生一定的阅读技巧。比如,对于阅读材料中的句子,教师在阅读课上引导学生从总体上加以把握,教会学生如何快速抓住句子的主干,即找主要的、关键的词。这里所说的主干就是主语、谓语和宾语。汉语句子的自然语序一般是:主语(定语加名词)—状语—动词谓语—补语—宾语(定语加名词)。汉语修饰语一般在被修饰语前。掌握了这个规律,学生就能够比较容易地按照汉语的自然语序找到句子的主干,从而较为快速地获得对句子尤其是长句的理解。总之,在阅读教学中,教师更应该精讲一些阅读技巧,使学生能够既快又准确地获取文章的主要内容和有用信息。

最后,教师在阅读教学中需要给学生传授一定的文化因素。语言和文化关系紧密,语言知识的背后往往蕴含着一定的文化因素,缺乏关于文化知识的积累很容易造成阅读理解的障碍。比如,汉语中的亲属称谓词"哥哥、弟弟、伯伯、舅舅、姑姑"等十分具体,这些称谓折射出汉民族看重亲属关系的态度以及父权宗法制度和观念在汉族社会长久存在的客观现实。学生了解了语言背后的文化因素,便能够加强对语言知识的理解。

而对于阅读教学中的泛读,则主要从阅读目标这一维度来进行理解。阅读课关注速度和广度,对深度和精度的要求则相对较低。对于一篇文章,要求学生首先把握文章的主要内容和主要观点;其次是清楚文章的结构和脉络,统观全文,抓大放小,不要过多纠缠细节,允许丢失一些信息。对于生词,阅读课上所增加的词汇量应该是数量而不是质量,学生在阅读课上积累的更多的是接受性词汇,即见到时能辨认的词汇。此外,为了巩固阅读教学中教师所教的技巧,教师可以适当补充一些练习材料,

使学生通过练习进一步强化阅读技巧,从而提升自身的阅读能力。(倪晓燕)

四、案例分析

根据本案例中提供的信息来看,该教学课型为阅读课,教师通过采用精读与泛读相结合的方式,注重阅读技巧的讲解和培养。通过阅读三遍课文,教师采取泛读—精读—泛读相结合的方式,帮助学生养成正确的阅读习惯,在潜移默化中提高学生的阅读能力。教师对阅读练习的讲解具有针对性,能够针对每一个生词进行不同程度的讲练,并且通过提问的方式进行互动,有助于学生领会文章的主旨大意。

对于文章中生词的讲练,可以采用更加丰富的方式。建议教师运用多种方法,不仅可以采用例句,还可以采用图片、创设情境表演、通过上下文猜测词义等方式,帮助学生理解掌握生词。对于生词的练习,建议教师可以采用"词、词组、短句、长句"等模式逐层练习,最后进行综合训练。

导入部分学生讨论得不够充分,时间设置不够合理。复习旧课与导入新课总共用时5分钟,讨论只有3分钟,学生讨论的时间不够充足,若直接引导学生进入阅读,可能导致学生注意力不集中的状况。教师可以再适当增长讨论时间,并补充相关的背景知识,减少学生阅读的困难,以达成更好的教学效果。(刘雯静)

五、思考

你是如何处理阅读教学中的精读和泛读的呢?

六、相关文献阅读

1. 徐子亮,吴仁甫.实用对外汉语教学法[M].北京:北京大学出版社,2005.

2. 齐春红.汉语课堂教学案例与分析[M].北京:科学出版社,2018.

3. 柳茜.阅读教学成败的关键:选文趣味性——基于汉语学习者视角的反思[J].语言文字应用,2018(4):123-131.

4. 陈洪特.利用汉语阅读教学技能丰富英语教学[J].语文建设,2014(36):7-8.

5. 王环宇.浅谈对外汉语教学中的课外阅读[J].首都师范大学学报(社会科学版),2014(S1):108-111.

6. 戴雪梅,付玉萍,邹燕平.元认知策略与对外汉语阅读教学[J].首都师范大学学报(社会科学版),2013(S1):44-46.

案例 50　汉字部件教学

一、案例基本信息

1. 教学主题

汉字书写

2. 教学背景

课型： 书写课

教材： 无书写课专用教材，配合综合汉语课使用《汉语教程》（北京语言大学出版社，杨寄洲编著，第 3 版）

教学对象： 江苏大学 2020 级预科生（学生主要来自俄罗斯、乌兹别克斯坦和印度尼西亚等国）

说明： 本课程是江苏大学预科生的汉字书写课程，每周两个课时，主要配合综合汉语课讲授汉字知识。

教学时长： 90 分钟

3. 教学手段

PPT、图片等

4. 教学目标

（1）知识目标：通过汉字笔画笔顺的讲解，使学生掌握汉字结构、笔画、偏旁等相关常识，了解汉字的构形规律和特点。

（2）技能目标：能正确工整地书写、认读汉字，尤其是相近汉字。

（3）情感目标：通过学习汉字的相关知识，培养学生对汉字的感悟和领悟能力，领略中国文化和汉字的魅力。

5. 课前准备

（1）学生书写作业中问题比较集中的案例。

（2）教学活动、PPT、教案的设计与打磨。

二、案例自述

"汉字书写"课是配合《综合汉语》开展的汉字书写技能训练课程，每周两课时。主要是结合《综合汉语》的进度，对近期课文中出现和涉及的汉字进行汉字笔画、部件、结构和偏旁等相关知识的讲解。

在对 2020 级江苏大学预科生进行"汉字书写"课程教学的时候,一方面考虑到这些学生中的相当一部分可能会进入中国大学就读,另一方面当时所教授的班级是 5 个班级中成绩较好的两个班,因此对他们的要求相对较高,在汉字笔画的书写方面也要求格外严格。在书写汉字"晚"的时候,根据以往的教学经验,学生很容易把笔画"竖弯钩(乚)"写成"捺(㇏)",而有的汉字如果把"竖弯钩"写成"捺"就会变成另外一个汉字,如"无—天"。因此,在上课的时候,我就特别强调了"晚"字最后一笔是竖弯钩,但还是有很多学生写成了 ,我只能在作业的批改中再次强调。此外,受"晚"字的影响,很多学生在写"换"的时候,把"换"的第八笔写成了和"晚"的第九笔一样两边不出头: ,又由于把最后一笔"捺"写成"竖弯钩",导致写成了另外一个汉字"挽"。根据学生在书写作业里出现的情况,在接下来的课堂中,我会进一步加强汉字笔画的讲解和练习,并且预判学生可能出现的偏误,尽量提高学生书写的正确率。(田海虹)

三、教学反思

在国际中文教学中,汉字的书写一直是令留学生较为头疼的一个难点,江苏大学为预科生开设专门的书写课,旨在强化学生的汉字系统知识。在教学中,我会根据课文中出现的汉字,结合汉字系统知识,让学生从汉字笔画、部件、结构等诸方面对汉字有更加全面的了解和认识,尽量减少学生书写汉字时的各种错误,提高学生的汉语综合能力。(田海虹)

四、案例分析

该案例中教师对学生的学情有较好的认知,针对基础比较好的学生提出了较高且严格的书写要求,并根据教学经验对学生的易错点进行了准确的预判,比如文中所提到的"竖弯钩(乚)"与"捺(㇏)",教师预判了易混点,并在课堂教学中着重做了强调。针对学生的作业中出现的错误,尤其是课堂中经过强调但依然出现的错误,教师在作业中又再次做了强调与讲解练习,经过讲解—强调—试错—再次讲解—再次练习等一系列的过程,纠正了学生的偏误,提高了汉字书写的正确率。

针对目前汉语教学重听说、轻读写的普遍教学情况,案例中的教师能够根据学情,关注并努力提高学生的书写技能,使学生对汉字的字形能更好地掌握。

但当案例中出现了两个比较容易混淆的汉字部件时,教师应该在教学中加强两个类似部件的对比,比如文中"换"和"晚"中两个很容易混淆的部件,可以通过对比,让学生自己总结出两个部件的区别,加强学生对类似部件的比较辨析,而非教师的反复强调。有时候教师反复强调的东西反而会加深学生识记错误的记忆,所以在偏误预判与纠错过程中应该调动学生的主观能动性,驱使学生主动发现错误和不同,并避免出现类似错误。

线上教学的技术手段限制了教师的教学方式,在现实的汉字笔画教学过程中,最好的笔画书写示范过程是教师边板书,边和学生一起念笔画。在这个过程中,学生可以很直观地感受并认知汉字笔画书写的顺序和笔画的正确书写方式,避免线上的一些错误。(孙玲)

五、思考

线上授课遇到学生把汉字的印刷体写成了手写体,比如"辶"旁,你是怎么处理的呢?

六、相关文献阅读

1. 李俊祺.浅析"形音义关系"在初级汉字教学中的应用[J].汉字文化,2023(4):80-82.

2. 田艳.国际中文教育视域下汉字教学理论问题探究[J].民族教育研究,2022,33(4):161-168.

3. 李泉.新时代对外汉语教学研究:取向与问题[J].语言教学与研究,2020(1):1-10.

4. 李泉,宫雪.汉字作为文字教学的"终止期"——基于汉字"字""语"兼具属性的考量[J].华南师范大学学报(社会科学版),2017(4):80-85+190.

5. 鲁馨遥.汉字书法教学在对外汉语教学中的应用[J].东南大学学报(哲学社会科学版),2015,17(S2):176-177.

6. 陆丙甫,谢天蔚.对外汉语教学中的文本多元化[J].世界汉语教学,2014,28(1):113-127.

案例 51 汉字教学与文化

一、案例基本信息

1. 教学主题

汉字与文化

2. 教学背景

课型: 汉字课

教材: 自编教材

教学对象: 多国籍汉语学习者

说明: 本课程为线上汉语夏令营训练课程中的汉字课,共 10 次课。班级里共有 20 人,他们均通过了 HSK 六级考试,为汉语高级水平学员。学生为来自亚洲、欧洲、非洲等国家的大学生,其中也包含海外华裔学生。课堂为全中文授课,部分文化词汇使用英文注释。

教学时长: 90 分钟

3. 教学手段

视频、图片、PPT 等

4. 教学目标

(1) 知识目标:让学生了解汉字的发展历程,掌握常用的造字法,感知汉字与文化的关系。

(2) 技能目标:能够默写汉字的各类形旁并进行归类;规范书写汉字,掌握正确的书写笔顺,能够做到结构准确、字形优美。

(3) 情感目标:通过汉字背后知识的讲解,让学生进一步体会博大精深的中国文化。

5. 课前准备

(1) 汉字趣味知识视频。

(2) 汉字字典、PPT、教案的设计与打磨。

二、教学设计

1. 中文姓名的含义(15 分钟)

- 汉字
  - 你知道这是什么吗?
  - 请告诉我你的中文名字。

本次课的主题为"汉字的历史"。为了与学生建立情感关系,了解学生的基本情况,教师在首次课"汉字的历史"中设计了中文姓名问答环节。一方面引导学生关注姓名的含义,另一方面通过学生对自己名字含义的解答,了解学生的汉字文化底蕴。如果学生没有中文名字,可以根据本节课的授课内容,课后自取中文名字。

2. 汉字的起源探秘(25分钟)

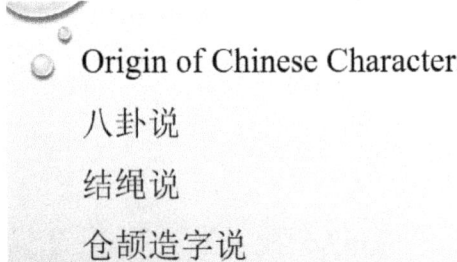

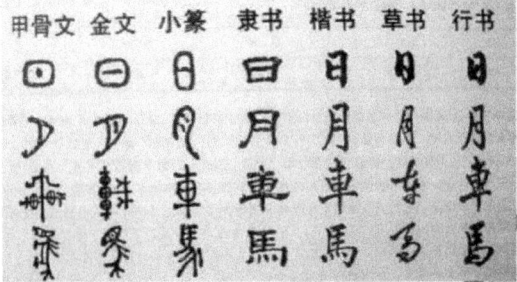

本部分我们向学生讲解汉字的发展历程,从甲骨文讲到金文、小篆、隶书、楷书、草书直到行书,再给出具体的汉字字形演变图示,播放仓颉造字、秦始皇统一文字等相关视频,使汉字的发展历程形象化、直观化。

3. 造字法(20分钟)

- Formations of Chinese Characters:
- Pictograms 象形
- Self-explanatory 指事
- Combined-meaning 会意
- Pictophonetic compound 形声

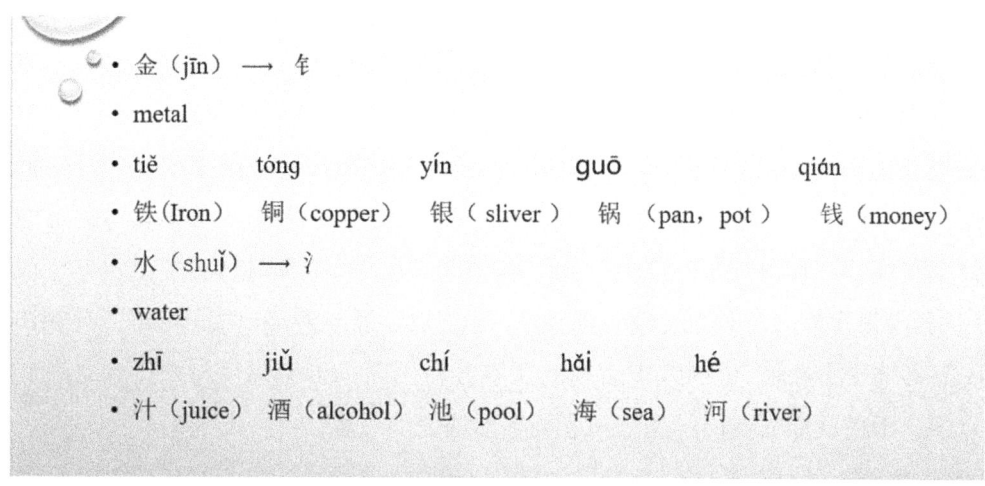

本部分我们向学生讲授六书的相关知识,重点讲形声字,为后续的课程"汉字与人体""汉字与植物"和"汉字与地理"等打好基础,培养学生形成汉字思维,形成类推意识。

4. 汉字的书写与笔顺(20分钟)

向学生介绍汉字书写的"永字八法",让他们掌握具体的汉字构件,同时让学生准备纸、笔来书写自己的姓名和今天课程中学习的汉字。同时设计游戏,让学生根据图片提示猜汉字。

5. 复习与总结(10分钟)

就学生提交的书写作文情况总结学生易错的字形,最后10分钟和学生共同练习易错汉字,并总结今天的课程学习内容。布置本系列课程的结课作业——汉字演讲比赛:我最喜欢的汉字。(夏禹圣)

三、教学反思

由于疫情的影响,线上汉语教学已成为常态。线上的汉字教学操作难度较大,难以实时观察学生的汉字书写情况。为了保证汉字教学的乐趣,我们以文化教学为结合点。我们按照专题讲授汉字,比如"汉字的历史"讲授汉字的发展和造字法;"汉字与人体"讲授与身体相关的汉字;"汉字与天地"讲授与天文地理相关的汉字;"汉字与建筑"讲授与建筑相关的汉字。汉字的源流是"图画",我们这样的讲授能够回归汉字本身,从形旁入手,让学生形象地理解汉字。但这样的课程设置也会带来一些问题,例如出现交叉归类的汉字怎么办?讲到"汉字与天文"时,我让学生列举"月字旁"的汉字,初衷是让学生列举"月字旁"表示与天文天象有关的汉字。学生列举了"朦""胧""明""朗",但部分学生列举了"脑""肺""胖""肥"这些和身体有关的汉字。汉字经过演变,很多意义不同的形旁也归为一类,比如"月字旁"和"月肉旁"。月和肉的"小篆"形体十分相似,也导致了后期的汉字会使用同一形旁表示与"月"和"肉"相关的汉字。因此我们需要向学生展示它们字形演变的过程。

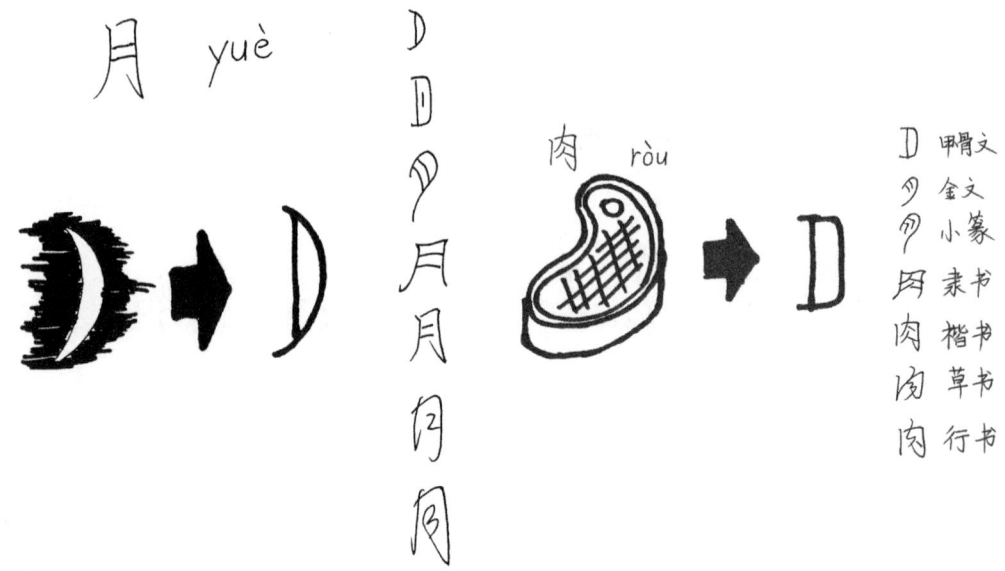

讲到"汉字与建筑"时,因为考虑到许多学生没有来过中国,对中国的建筑从未有过直观感受,也很难体会"宫""塔""台""亭"的美妙之处,所以我们介绍完中国的著名建筑后便让学生介绍自己国家的著名建筑,再从图景过渡到汉字。讲"汉字与植物"时,让学生介绍自己国家的国花和有名的植物;讲"汉字与地理"时,让学生介绍自己国家有名的山脉和河流,让学生从这些实物风景中体会汉字描绘的魅力。线上的汉语教学可以鼓励学生多观察身边的生活,我们也可以将汉字课升华成"跨文化交际",让学生们在体会中国文化的同时,也学会用汉语来介绍本国的文化。(夏禹圣)

四、案例分析

汉字作为世界上最古老的文字之一,是一种独特的表意文字,它历经数千年,仍然保留着深远的文化内涵,是中华文化的重要体现和传承。本案例中,受疫情影响,教师以文化教学为结合点来保证汉字教学的乐趣,能够结合实际情况进行教学。案例中的教师按照各个文化章节来进行教学,有助于学生在学习汉字的同时能够对不同类别的中国文化进行深入的了解,增加学生的感性认识。

在讲授这些章节的汉字时,教师注重培养学生的理性认识。就比如案例中所提及的"月字旁"和"月肉旁",教师让学生先清楚它的演变过程,从而使他们更好地识别汉字。开展线上教学,可以适当借助辅助工具,如进行书写训练时,教师可以使用书写软件,实时地检测学生对汉字书写的真正掌握情况;练习书写的同时,增加汉字构字理据的讲解,如"六书""偏旁"和"部件"等相关知识。

国际中文教师在教学中可以根据不同的教学对象、教学目的进行多种形式的教学改进,设计更有针对性和训练性的活动或游戏来增加课堂的授课效果。教师平时还需多注意收集、积累教学游戏,并因地制宜、因人而异地在教学中加以使用。好的设计活动或游戏在很大程度上会让课堂变得更活泼,让学生学得更轻松。每位教师在教学中都希望成为一个优秀的活动设计者和管理者,一个优秀活动的设计是在无数个活动中不断积累、不断打磨中锻造出来的。在活动中教师要细心观察、不断钻研、心系学生,对活动中出现的问题,及时总结和反思,做一个用心的教师。此外,国际中文教师要对课堂有足够的控制能力。在本案例中实施教学活动时,教师对课堂进行了很好的管控,课堂教学井然有序,教学设计得以顺利进行,这是课堂教学顺利实施的保证。所以优秀的教师一定是一个好的课堂管理者。(朱颖、李建慧)

五、思考

在汉字教学中,你是怎样阐释汉字所蕴含的中国文化的?

六、相关文献阅读

1. 施正宇.关于对外汉字教学一些问题的思考[J].国际汉语教育(中英文),2018(3):3-19.

2. 袁喜竹,唐红梅.浅谈多媒体在对外汉语汉字教学中的应用[J].当代教育实践与教学研究,2019(7):41-42.

3. 李彦菲."六书"理论在对外汉语汉字教学中的应用[J]. 散文百家(理论),2020(8):107-108.

4. 楼兰. 对外汉语教学中的汉字教学策略研究[J]. 福建广播电视大学学报,2020(2):22-25.

5. 李莹. 对外汉语汉字文化教学研究[J]. 吉林省教育学院学报,2021,37(5):159-162.

6. 廖凯. 对外汉语线上汉字教学的问题与对策[J]. 文学教育(下),2021(5):148-150.

7. 朱祉默. 关于对外汉语汉字教学策略的相关思考[J]. 文化学刊,2022(6):166-169.